大学戦略経営論

中長期計画の実質化による
マネジメント改革

篠田道夫 著

東信堂

目　次／大学戦略経営論

序章　今なぜ戦略経営が求められるか………………………3
淘汰の嵐の中の経営／中小規模大学の質向上が要／私大を巡る厳しい競争政策／経営政策と教学改革の一体化／戦略経営の意義と必要性／マネジメントの水準と大学の質／本書の構成

第1章　戦略経営構築の基本手法、基本指標…………11
第1節　戦略経営構築の基本手法……………………………11
1. 戦略の基本構造、基本サイクル　11
2. 戦略経営推進のためのツール　14
3. リーダーシップの確立、チェンジリーダー　20

第2節　戦略経営の基本指標…………………………………23

第2章　戦略的マネジメントの実践事例……………29
　　　　――22大学の経営改革の実際
1. 戦略を具体化し確実な実践を図る――大阪経済大学　29
2. PDCAサイクルの全学的な定着――福岡工業大学　33
3. 理事会を中核に改革を進める――広島工業大学　37
4. 鮮明な経営コンセプトで改革を推進――山梨学院大学　41
5. 強い経営とボトムアップ――東京造形大学　43
6. 斬新な改革を作り出すマネジメント――桜美林大学　45
7. 達成指標を鮮明にした堅実な運営――国士舘大学　49
8. 企業手法の大学への創造的応用――静岡産業大学　52
9. リーダーシップによる運営――女子栄養大学　56
10. 明確な目標の浸透による運営――中村学園大学　60
11. 4年制大学へ攻めの革新的転換――星城大学　64
12. 教職員参加型の中期計画立案――京都女子大学　67
13. 学園一体の改革を目指して――京都ノートルダム女子大学　71

14．周年事業を機に中期計画を策定——神奈川大学　75
　15．初めての将来構想で改革推進——大妻女子大学　79
　16．経営危機，全学一致で乗り越える——兵庫大学　83
　17．定員割れ克服へ果敢な挑戦——長岡大学　87
　18．「ビジョン21」を柱に改革を推進——新潟工科大学　91
　19．日常改革の積み重ねによる前進——長岡造形大学　95
　20．評価を生かした教育品質の向上——新潟青陵大学　99
　21．外部評価生かした堅実な改革推進——新潟薬科大学　103
　22．「教育付加価値日本一」大学の源泉——金沢工業大学　106

第3章　戦略経営の確立に向けて　115
第1節　各大学の経営改革に共通する原理　115
　1．中期計画の意義と必要性　115
　2．戦略推進型の運営—マネジメント改革　118
　3．戦略を具体化する—中期計画の実質化　122
　4．戦略を遂行する—リーダーシップの発揮　126

第2節　理事会実態アンケート調査を読む　130
　1．調査法人の概況と特徴　130
　2．理事会の構成と運営　133
　3．中長期計画の策定と効果　139
　4．監事、評議員会の機能　145
　5．当面する経営課題　147

第3節　教学経営の確立　151
　1．教学マネジメントとは何か　151
　2．教学マネジメントの領域と課題　153
　3．教学経営改革に求められるもの　155
　4．教学経営の確立に向けて　159

第4節　管理者像、リーダーシップの発揮　159
　1．大学管理者像の確立を目指して　159

2．管理者は現場と会社の結び目にいる　161
　　3．中堅管理者が会社を動かす　163
　　4．課員の力を生かす　166
　第5節　日本福祉大学のマネジメント …………………………………… 167
　　1．管理運営改革と日本型学校法人制度　167
　　2．政策統合組織の形成　171
　　3．経営組織、教学組織　174
　　4．事務局の組織と運営　178
　　5．執行役員制度　183
　　6．政策を軸とした運営　188
　　7．事務局建設40年の歩み　195
　第6節　国立大学法人のマネジメント …………………………………… 201
　　1．国立大学法人の運営システム　201
　　2．国立大学法人の中期計画　205
　　3．国立大学法人の評価の実際　209
　第7節　評価を改革に生かす ……………………………………………… 213
　　1．評価を改革に生かすために　213
　　2．私大改革担う高等教育評価機構　217
　第8節　財政、人事・人件費政策の確立 ………………………………… 220
　　1．財政悪化と人件費　220
　　2．教員人員計画、教員制度　224
　　3．職員人員計画、人事制度　227
　　4．人件費抑制の方策、手法　228
　　5．人事・処遇の一貫した政策　231

第4章　戦略経営を担う職員 …………………………………………… 233
　第1節　新たな大学職員像を求めて ……………………………………… 233
　　1．戦略経営の確立　233
　　2．戦略遂行を担う職員　234

3．職員の「専門性」「プロフェッショナル」　235
　　4．アドミニストレーターへの飛躍　236
　　5．教学、経営職員に求められる力　237
　　6．力量形成のためのシステム　239
　　7．持続改革を担うチェンジリーダー　240
　第2節　職員の開発力量をいかに養成するか………………………241
　　1．今日までの職員育成の取組み　242
　　　1）各種の研修制度、大学院の役割　242
　　　2）職能資格制度の意義と課題　246
　　　3）立命館の政策立案演習による育成　248
　　2．各大学の人事考課制度の到達と改善の取組み　250
　　　1）各大学の人事考課制度の事例　250
　　　事例1　考課制度の先駆的導入―淑徳大学　251
　　　事例2　職員の成長を支援する制度―関西学院大学　253
　　　事例3　個人評価から組織目標達成評価へ―兵庫大学　254
　　　事例4　管理者育成を軸に信頼性を高める―広島修道大学　256
　　　事例5　アセスメントを重視した設計―名古屋女子大学　258
　　　事例6　年功型を維持しながらの改善―大谷大学　260
　　　事例7　合意を重視した制度導入―西南学院大学　261
　　　2）各大学に共通する改革の特徴　264
　　3．日本福祉大学の事業企画書による能力開発　267
　　　1）経営戦略と直結する事業企画書　267
　　　2）日本福祉大学職員人事制度の概要　284
　第3節　職員の経営、管理運営参画……………………………………302
　　1．アンケートに見る職員の位置と役割　302
　　　1）「職員の力量形成に関する調査」　303
　　　2）「財務運営に関する実態調査」　310
　　　3）「私大理事会の組織・運営・機能・役割に関する調査」　311
　　2．職員参加に関するこれまでの論説　314

3．日本福祉大学における職員参加の「戦い」　322
　　4．職員の管理運営参加の手法　325
　第4節　大学職員の固有の役割（労働）とは何か……………………329

終章　戦略経営こそが大学の未来を切り拓く……………335
　　二極化の分岐点─戦略経営／戦略経営の効果の実証／経営手法は千差万別／痛みの伴う改革を乗り越えて／戦略経営こそが未来を拓く

あとがき………………………………………………………………………341

参考文献………………………………………………………………………343

初出一覧………………………………………………………………………347

大学戦略経営論
―中長期計画の実質化によるマネジメント改革

序章　今なぜ戦略経営が求められるか

淘汰の嵐の中の経営

　私立大学は今、淘汰の嵐の中にある。僅か1年で5大学が廃校を決めるなど、倒産時代に突入したともいわれる。大都市圏にある大学を除くと、定員を満たせない大学のほうが多数を占めるという異常事態が進行している。

　この背景には、1993年から始まった18歳人口の減少がある。しかし、より直接的原因は、規制緩和、大学・学部設置の自由化政策だ。

　1992年には205万もあった18歳人口は、2011年には120万にまで落ち込む。この間、85万人も減少したにもかかわらず、私立大学数は、380校から590校へ、何と200校以上も増えた。大学規模の急激な増加がなければ、これほどの定員割れもなかった。定員を満たせないのは、人口減による自然現象というより、この政策転換によるところが大きい。競争を通して大学を改革し、活性化させ、変われない大学は淘汰していく、この競争と淘汰への政策の大転換である。

　問題は、この大学の市場化と競争時代への大転換、いわば戦国時代に、我々のマネジメントが追い付いていない、仕事の仕方が根本的に変えられていないという点にある。これが最も肝心な本質問題であり、本書のテーマでもある。

　1970年代から90年代まで続いた規制と保護の時代、護送船団方式と言われた需要過剰の時代に形作られた体制が、大学の機動的な経営、時代に対応した改革を阻害し、教職員の本来の力の発揮を弱めてきたと言える。

　一方、大学の市場化、競争時代は、逆に大幅な自由の拡大、やろうと

する意欲と力があれば、チャンスの時代でもある。そして、努力しただけ評価される、まさに本物が見える時代である。経営、教学のマネジメント、我々の仕事ぶりが問われている。

中小規模大学の質向上が要

自由化政策とは、強いところがますます強くなる政策でもある。この厳しさは、都市と地方、大規模と中小規模の2極化がクローズアップされるように、全ての大学に平等に降りかかっているわけではない。大都市規制の緩和政策により、都市型大規模大学への学生の集中傾向は、ますます激しくなっている。

よく言われる上位20数大学に、私大全志願者300万人の半分、150万人が集中する構造が、端的にこの事態の重さを表している。九州の全ての私大、132学部の志願者13万人と、早稲田大学1大学の志願者がほぼ同数である。在籍学生数1万人を超える僅か40数大学に、私大在学生208万人のうちの、80万人を超える学生が集まっている。入学定員3000人を超える大規模校では、18歳人口が減少する中でも志願者を増やしており、逆に800人以下の中小規模校では大幅な減少となっている。この構造が、中小、地方私大の厳しさを表している。

入学定員充足率は、現在でも106％であり、全国平均にすると定員を超える入学者がある。ではなぜ、半分近い大学が、大幅な定員割れに陥っているかと言えば、前述の定員を多く抱える大規模大学が、1.2倍〜1.3倍ともいえる入学者をとっていることによる。国立大学も、定員超過という点では同様である。この改善が、大学規模問題解決には、決定的な影響を持つ。

進学率は50％の大台を超えた。しかし、学生数も、大学数も、諸外国との比較から見ても、過剰ではないというのが、文科省、中教審の見解であり、これは正しいと思う。進学率の高まりを維持し、優れた人材を多数育成し社会に送り出すのが、高等教育で、世界に例のない7割を超えるシェアを持つ私立大学の最大の使命であり、それがまた教育立国

を掲げる日本の、国力の根源でもある。

　中でも、多様で個性ある教育を支えているのが、大学数では500校近い、圧倒的多数を占める中小規模大学である。この中小規模大学のマネジメントが改善され、教育が充実せねば、日本の大学教育の質の向上はあり得ない。本書は、これらの大学の充実と改革に焦点を当てている。

私大を巡る厳しい競争政策

　競争と淘汰の政策は、こうした大学数の増加に止まらない。国立大学法人化もこの競争時代への対応策ともいえ、中期目標・計画による改革が進むにつれ、私大との競合、学生争奪戦も激しさを増している。株式会社立大学の認可も、この流れを強めてきた。

　第三者評価の義務付けは、改革を励ます効果を持つ半面、問題がある大学を浮き彫りにし、退場を促す機能も合わせ持つ。新たな情報公開の義務付けも、説明責任の明確化とともに、弱点も社会に明らかにすることで同様の効果を持つ。

　ＣＯＥ、ＧＰなど競争的資金の拡大は、採択されるか否かが、資金獲得だけでなく社会的評価に連結する仕組みを一層強化させている。経常的な補助金の減額、特別補助や競争的補助金の拡大は、強いところに、ますます資金が集中するシステムでもある。定員割れしている大学への補助金減額幅を、従来の15％から50％近くに拡大する厳しい措置も進められている。

　競争により大学改革を促進する政策からさらに一歩踏み込んで、市場評価を得られない大学の退場を促す方向への展開が進んでいると見ることが出来る。赤字法人は拡大し、大学で45％に近づき、短大では55％となっている。定員割れで補助金がカットされた大学・短大も急増している。

　こうしてみてくると、あらゆる大学政策が、競争を通して改革を後押しする側面と、弱いところの淘汰を進める側面の2面を持っていることが分かる。厳しい環境、競争と淘汰の政策が、本来の意味での経営の登

場、強いマネジメントを求めている。

経営政策と教学改革の一体化

　このような状況を踏まえると、大学をめぐる環境には、2つの側面、外的には規制緩和と市場化による競争激化、内部ではその結果としての教育や経営の困難さの増大がある。

　経営困難を抱える法人は増え、経営システムのあり方やガバナンスの改善が強く求められることとなった。競争の激化は、必然的に明確な大学の特色化に基礎を置く、目標を鮮明にした経営戦略の策定を求め、この実現のためのマネジメント、全学的な力の集中の必要性を鮮明にする。

　経営困難は、財政悪化に止まらない。定員割れの急速な拡大、全入状況の進行は、学生の質的変化をもたらし、地方・中小私大の教育全体にわたる困難を拡大させている。考えてみると、経営危機と教育の危機は、コインの裏表である。経営危機の元凶、定員割れ、全入とは、大学の選抜機能の喪失であり、意欲や目的意識の低い学生の受け入れである。こうした学生の育成を引き受けること、この重い教育の課題の方が、大学のより本質的な危機だと言える。

　これを放置すると、学生の学力低下や進路を切り開く力の低下をもたらし、それが大学の特色や強みの後退、就職水準の低下を引き起こし、ひいては志願者減へとつながる悪循環に陥る。いまや教育の中身・特色、就職状況が直接入学者確保に結びつく点で、教学の有り様やその充実が経営存立基盤そのものに直結するようになってきた。また、地方に立地し、地元の支持基盤の強化が大学の発展に直接結びつく大学では、地元資源を活用した教育、地元企業や自治体と連携した研究や社会人教育事業などが不可欠である。研究や社会貢献もまた、経営戦略の重要な一環となる。これら全体の改革、改善なしには、地域や社会での評価の向上も、経営改善も望めない。

戦略経営の意義と必要性

　言い換えれば、経営と教学は共通の現状認識や目標の下、一致した基本政策の推進やマネジメントが求められていることを意味している。経営が、間接的な条件整備からより直接的な大学政策への関与や教学との政策統合を不可避とする。「大学の市場化」と切り結ぶためには、経営、教学、研究、社会貢献の各テーマが、全体のミッションやビジョンの下に一本に束ねられ、ひとつの方向を鮮明に指し示すことが必要だ。ここに中長期計画に基づく戦略経営が求められる由縁がある。

　中長期計画立案の第1の意義は、大学の目指す基本方向を指し示す明確な旗印を掲げ、全学一致を作り出す点だ。言論の自由を基調とする大学では、ベクトルの一致なしには改革への力の集中は困難だ。

　第2に、即効性に欠ける教育・研究改革を基礎に、困難な社会的評価を獲得するには、単年度だけの事業、個々バラバラ、単発の改善の寄せ集めでは無理で、目標実現への総合的施策や年次計画が欠かせない。

　さらに第3には、右肩下がりの限られた財政構造の中では、重点を鮮明にし、そこに絞り込んだ事業展開が強く求められる。平等主義から中心事業にシフトした資源の投下政策への転換が必要だ。

　私学の最重要課題は、こうした目標を鮮明にした戦略経営の確立であり、教育の特色化による社会的評価の向上である。もちろん戦略経営とは「経営優先主義」ではない。あくまで大学教学の中期的な発展構想を核にしなければ、大学は存立し得ない。大学の本質的な価値を担保しながら、社会的ニーズや人材需要にいかに迅速に対応し、評価の向上に結び付けられるか、ここに大学経営の特質がある。そして私立大学の経営人材、職員像も、まさにこの課題を担い推進すること抜きには考えられない。

　最大の問題は、中期計画の立派な冊子があるかないかではない。大学をリードする政策が如何に実質化しているか、教職員に浸透し、具体化され、実践されているか、それを推進する組織になっているかが問われている。本書で言う「戦略経営」とは、こうした目標と計画、その遂行

システムが機能している現実の経営である。これを、理論から出発するのでも、企業経営論の援用でもなく、あくまでも大学自身が作りだすマネジメントの優れた実践、努力した実例を通して明らかにしていきたいと考えている。

マネジメントの水準と大学の質

『月報私学』(2007年8月号) 掲載の「財務から見た地方・中小規模大学」(両角亜希子) の中の「大学類型別の最近5年間の収支変化」(図参照) によると、地方・中小規模大学 (207校) は、都市・大規模大学 (114校) に比して明らかに財政悪化している比率は高い (地方47%：都市29%)。他方、帰属収支差額比率が10%以上改善しているのもまた地方・中小が高い (地方22%：都市8%) という事実を指摘している。

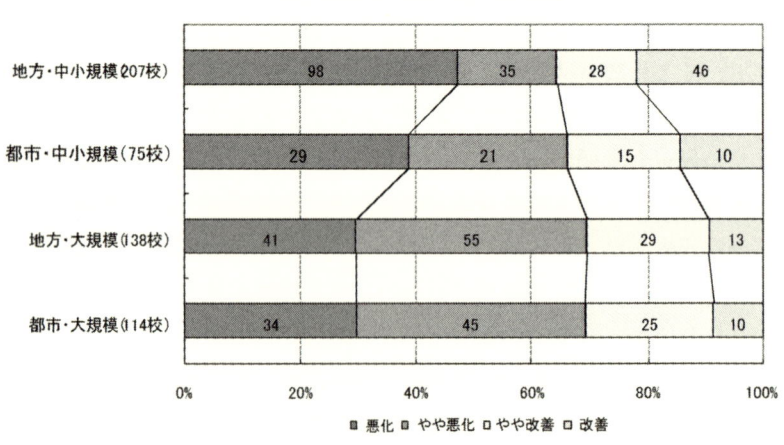

図　大学類型別の最近5年間の収支変化

(注) 平成12年度と平成17年度の帰属収支差額比率の差額から、4つに分類した。
悪　　化：5年間で帰属収支差額比率が10%以上、減少した
やや悪化：5年間の帰属収支差額比率の下げ幅が0-10%
やや改善：5年間の帰属収支差額比率の上げ幅が0-10%
改　　善：5年間で帰属収支差額比率が10%以上、増加した
出典：「財務から見た地方・中小規模大学」両角亜希子『月報私学』2007年8月号

これは地方大学の中でも、経営の急速な悪化と大幅な改善という２極化が激しく進行すると共に、都市大学より経営改革が進んでいる地方大学がかなり多いことを物語っている。厳しい環境の中だからこそ、突き詰めた改革が行われ、マネジメントによる差がはっきり現れていると言える。

　この、地方大学の方が改善著しい大学が多いということは、２極化の要因が、単に地方にあるからとか小規模だからではなく、根本のところに、このマネジメントの確立があることを示している。置かれている条件の如何にかかわらず、マネジメントのあり様が、大学の存立と発展に決定的な意味を持つ。二極化の真の分岐点にあるのは、この戦略的な経営の有無である。

　清成忠男（法政大学元総長）氏は、2006年8月7日の日本経済新聞「教育・研究の質保証、大学の組織全体に依存」において、「教育・研究の質は、それを支える大学全体のシステムに依存している」として、ドイツの大学評価機関での国際ワークショップにおける議論を紹介しながら、「こうした討論を踏まえると大学の質は、最終的には大学のガバナンスに依存するという結論が導き出される。学内におけるガバナンス、学外のステークホルダーとのかかわりにおけるガバナンス、そしてトータルなガバナンスのあり方が教育・研究の質を決定する。」したがって、「大学の組織や意思決定のプロセスを評価対象として重視する」ことが大切だと提起している。この、マネジメントの質こそが問われなければならない。

　また両角氏は「高等教育においては、システム全体の制度的な問題だけでなく、個別の高等教育機関の組織、行動の現実とそのあり方が重要な問題となっている。しかし日本ではこの問題について実践的な関心が強い半面で、体系的な研究はまだ少ない。」（「大学の組織・経営―アメリカにおける研究動向」）と指摘する。個別法人のマネジメントの経験の中から共通する原理や法則を導き出すことが、日本の大学改革の前進にとって極めて重要になっているといえる。この視点からも、本書をお読みい

ただければ幸いである。

本書の構成

本書の「序章」では、今なぜ戦略経営が求められるかを、大学を取り巻く情勢のエッセンスと課題から提起した。その上で、「第1章」では、戦略経営を構築するための基本手法や基本指標をご覧いただく。まず、今回の調査全体から見えてくる、経営のあるべき姿の指針を提示し、そこから徐々にその内容と事例、共通の原理を探っていきたい。

その上で、「第2章」で、政策目標を掲げその実現に努力している22の私立大学の改革の取り組みや教訓を、私大協会附置私学高等教育研究所の調査等をもとに、事例として取り上げている。歴史や伝統、体制や組織の違いにより様々な形で遂行される私大のガバナンスの努力と改革の姿をご覧いただきたい。事例は、あくまでも調査時点のものである。その上で、「第3章」でそれらに共通する特徴は何かを、アンケート調査結果も含め、まとめた。教学経営のあり方、リーダーシップ論、国立大学法人の中期目標の遂行や日本福祉大学の取り組み、認証評価を如何に改革に生かすか、財政・人事政策等についても述べた。そして最後に、「第4章」で、この戦略遂行を担う職員の新たな役割とその力量形成、特に、今日アドミニストレーターとして求められる職員の開発力量や職員参加型の運営を如何にして実現していくか、人事制度や管理運営の改革と関連させながら述べている。私大改革の困難な課題と向き合う各大学の取り組みの中からヒントになるものを掴んで頂ければ幸いである。

大学に、ひとつの理想的経営論は存在しない。あるのは創立の理念を実現しようとするひたむきな努力と、その結果としての優れたマネジメントである。

第1章　戦略経営構築の基本手法、基本指標

第1節　戦略経営構築の基本手法

1．戦略の基本構造、基本サイクル

戦略の基本構造

いかなる組織も、目標、目的なしには機能しない。そしてその達成のためには、実現への具体的方策、戦略や計画が不可欠だ。

一般に「**戦略**」と総称される中には、次の4つのカテゴリーが含まれている。

第1は、**ミッション**（Mission）と呼ばれるもので、経営体が事業を行う上での基本的な理念、使命、規範を定めたものである。私立大学では、その存立意義を示す建学の精神や教育理念などがこれに当たる。大学のような非営利組織で行動の一致を作り出すためには、特にこうした使命の共有が強く求められる。

第2は、ビジョンとか**目的**（Objectives）と言われるもので、ミッションを具体化し目指すべきゴール、組織の望ましい姿、到達すべき目標（方向性とその内容）を明示する。

第3が、**戦略**（Strategy）あるいは中長期計画と呼ばれるもので、ミッションとビジョン・目的をその実現という視点で具体化し、目標達成のための基本政策を大綱的に取りまとめたものとなる。

第4に、**戦術**（Tactics）あるいは短期計画として具体的な行動計画（アクションプラン）に落とし込んで、全員の業務や活動の指針として機能させることが必要だ。これは大学においては、年次の事業計画、

予算編成方針や教育改善計画のような形で策定される場合が多い。

　こうした経営体としての存在意義や事業領域、コアとなる資源や重点、到達目標や競争戦略を明確化することは組織の存立と発展に不可欠である。それは、「ミッション・目的・戦略・戦術」の頭文字を取って**MOST分析**などと呼ばれる。建学の精神はあっても、その実現計画が不明確なケースも見られるが、基本戦略の形成とその実行計画への具体化は、競争環境の中での大学改革に欠かすことは出来ない。

戦略経営の基本サイクル

　戦略の策定とあわせて、重要なのがその実際の遂行、マネジメントで、これなしには戦略は実現しない。マネジメントの基本は、よく知られた**PDCAサイクル**で表される。**プラン**（Plan）で戦略や計画の立案を行い、**ドゥ**（Do）がその実施、実行、**チェック**（Check）がその到達度の評価、問題点の分析であり、**アクション**（Action）が改善行動となる。このマネジメントサイクルを如何に大学運営の実情に合わせて展開するか、戦略を実現するための経営システムのあり方や管理運営、意思決定組織の整備や運用の改善が求められる。

　この、プラン（戦略）を出発点とする運営は、別の言い方をすれば、「目標によって管理する」経営システムを構築するということである。この「**目標管理**（MBO）」（Management By Objectives）は、自立的な戦略目標の策定とその構成員による共有、主体的な運営参加と自己統制を基本性格とし、非営利組織である大学運営に最も相応しいマネジメントである。この手法が大学全体の政策遂行、部門や課室の運営、また構成員個人の業務遂行にも貫かれていることが、一貫した目標実現に全員が自覚的に立ち向かう**戦略経営**の実現にとって大切な点である。

戦略の定義

　では「**戦略**」とは何か。波頭亮氏の定義によれば、「競合優位性を活

用して、定められた目的を継続的に達成しうる整合的な施策群のまとまり」である。この定義には戦略の内容に関わるいくつかの重要なキーワードが含まれている。

まず「**目的**」で、何を達成するための戦略なのかが、定性的、定量的にはっきり明示されていることが大前提である。目標とすべき指標設定如何によって、採用すべき戦略は当然異なってくる。

次に「**施策群**」とは、戦略の実践に関わる組織や人員の実際の行動に結びつく具体的計画としてブレイクダウンされ、どの部署が、いつまでに、何をやるかを明確化した方策である。

「**競合**」も重要で、そもそも戦略とは、競争する相手がおり、そことの関係で市場や社会から優れていると評価を得るためのものである。大学はこの認識に甘さがあったが、全入時代は、競争相手をはっきり意識した政策が求められる。

「**優位性**」も大切で、戦略が自らの強みを生かし、有利な点を最大限に活用したものであれば、競争相手に対しての有効性は高まる。競合校には真似の出来ない何らかの要素が差別化の源泉になっておれば、市場においてイニシアティブを確保することが出来る。競合校にはない自大学の強みを発見し、強化することが重要だ。

次に「**整合性**」で、戦略の中身をなす具体的施策が、一貫した狙いやポリシーによって束ねられ、一つのベクトルに向かって整合的に機能するようになっていることが重要だ。ボトムアップを重視するといっても、各部署からの計画や提案の寄せ集めによる総花的なものでは、大学全体をひとつの特色、個性あるものとして形成できないばかりか、資源の集中も困難だ。

最後に「**継続性**」で、環境の変化に対応し、こうした戦略の構築と遂行が継続できるか、新たな課題に挑戦する持続的改革が推進できるかという点である。こうした改革の持続こそ、大学のパワーであり発展の源である。

2．戦略経営推進のためのツール

内外環境のSWOT分析

次に、こうした戦略を策定し推進する上での基本ツールを見ていきたい。

まず代表的な環境分析、戦略形成手法にSWOT**分析**がある。自大学とそれを巡る環境を「強み・弱み・機会・脅威」に4分類して分析し、それらを一目で分るような方法で記述することによって課題全体を明らかにし、最適な戦略を選択・実行する方法である。

強み（Strengths）で、自大学の優位性ある事業、歴史的に形成してきた伝統的強みや新規に開発した斬新な企画・事業などを鮮明にし、そのいっそうの強化策を考える。

弱み（Weaknesses）を明らかにして、その対応策、補強策、代替策を練る。自らの強みと弱みを客観的に分析し、把握するところから全てが出発する。

機会（Opportunities）は何か、事業発展のチャンスや可能性はどこにあるのかを探り、その展開のための方策を策定する。

脅威（Threats）は何か、発展を阻害するもの、壁となっている障害、強い競合相手はどこかを明確にし、その対応策、脅威を最小に抑える方策を検討しなければならない。

自大学にとって有利な環境と不利に働く要因を、将来予測をも行いながら明確に捉える。これらは当然絶対的尺度はないので、あくまで競合校との競争関係に基づき、あるいは市場の中のポジションを踏まえて検討する。一般論でなく具体的な事実に基づいて、優先度の高い順にポイントを絞って列挙する必要がある。

機会と脅威を横軸に、強みと弱みを縦軸にしたSWOTマトリクスを作成し、強みを機会に生かす積極策の検討、弱みを機会に対応させた段階的改善策、弱みに脅威が結びつく分野では撤退策を模索するなど、複合的に検討を進めることより総合的な施策になる。

機会と脅威は外部環境に当たり、強みと弱みは内部環境にあたる。この**外部環境・内部環境**のポイントを押さえた分析こそが、戦略形成の重要な基礎的作業となる。これによって大学全体の課題を明らかにすることも可能だし、教学・経営別、さらには学生募集、就職、財務、社会連携活動等の分野別の分析にも有効な手法となる。またこれらを自己評価に生かすことが出来るし、逆にこうした分析に第3者評価時のデータを積極的に活用することも意義がある。

　選択と集中、コアコンピタンス

　戦略の策定と遂行の中で重視すべきなのが**コアコンピタンス経営**の考え方である。分析作業は、勢い短所や問題点、課題を明らかにすることが重視されがちだが、戦略として大学のこれからの発展の基軸は何かを考えるとき、長所、強み、それも中心となる強みは何かを鮮明にすることが特に重要だ。大学が社会的に存立している以上、他にない強みは当然持っている。この他大学が真似できない、あるいは真似しようとしても難しい内部に蓄積された固有の教学上、経営上あるいは社会連携事業の特色やスキル、この中核能力＝コアコンピタンスに着目し、これを育て強める施策が求められる。これこそが**差別化戦略**の根幹であり、問題点を克服、改善する施策以上に、大学の将来を切り拓く原動力になる。

　投資できる資源には限りがある。大学の中核事業の発展を考えると、コアコンピタンスの形成と強化に連動する事業を選定し、そこに特化することが必要となる。これが経営に「**選択と集中**」が求められる所以だ。選択と集中とは、事業全体を見直し、目的に対し、必要・不必要を明確にしていく手法で、重点事業への資源の集中の一方で、不要不急の業務の縮小や廃止は不可避である。生き残りのためには、他大学の優位に立つための教学・経営資源は何か、逆に不必要なものは何かを明確に判断し、**リストラクチュアリング**（**事業再構築**）を遂行することが強く求められる。大学独自の個性を強める資源投入を強化するためにも、選択と集中の考え方は重要な経営原理のひとつである。

先進改革に学ぶベンチマーク

戦略の形成過程に、斬新な手法を導入し、劇的な改善を実現する手法として注目されるのが**ベンチマーキング**である。同業や他業種のベストプラクティス、一流の成果を上げている所を探し、その成功要因や手法を学び、活用することを通して、自大学の改革、改善を図る取り組みである。

どんな問題でも即座に解決策を考え出し、実行できる人材はそう多くいるものではない。知恵を絞っても解決策が見つからない場合、他人の知恵や経験に学ぶベンチマーク手法は有効だ。しかも、現行のやり方とは全く異なる新しいやり方や視点を学び、取り入れることも出来る。しかもベンチマークには失敗というリスクが少ない。なぜなら最初からベストの良いところを取り入れる取り組みであり、しかも、すでに実践で検証済みの方法だからである。

ただし、結果だけを真似る単なる「物まね」では良い成果は得られない。自大学の現状とベストの間には当然ギャップがある。このギャップの原因分析、なぜ差が出ているのか、その実践方法や組織体制の違いなどPDCAの全ての過程にわたって分析し、トータルに改革しなければ、結果だけの模倣では根本的な改革にはなりえない。

ベンチマークの対象は大学運営や教学内容から、研究事業や社会連携活動の取り組み、経営、財務運営、事務システムなど多様であり、それによって選定すべき対象も異なる。当然同系先進大学がまず対象となるが、異なる系統の大学、違う業種や団体、企業も含め広くその分野におけるベストを対象とする。見落としがちなのは自大学の中でのベンチマークである。努力した優れた実践例は、よく見れば小さなものでも身近に必ずあるもので、この教訓の全学的普及、共有も重要だ。

マーケティング・マインドを生かす

こうした戦略の具体化のための調査や、実際の成果を上げるための手

法に**マーケティング**がある。マーケティングとは、どのような価値を市場に提供すればニーズを満たせるかをリサーチし、ニーズにあった製品を企画・開発する。そして適正な価格を設定して市場に告知し、顧客に提供して満足度を得る（利益を上げる）ことだと定義される。マーケティングは４Ｐの頭文字で表されるが、大学に即して考えれば、

製品（Product）は、教育内容やキャリア形成・就職支援、充実した学生生活の提供、

価格（Price）は、学費や諸経費、奨学金など生活支援体制、

立地（Place）は、キャンパス、施設設備、学習環境や交通の便なども含まれ、

宣伝・広告（Promotion）は、広報、学生募集、さらには大学の対外活動や社会連携も含まれると思われる。

顧客のニーズをつかみ、顧客の満足度を得るために、この４Ｐを総合的に捉え、一連の改善プロセスを進めることになる。従ってニーズを掴むマーケットリサーチが重要視される。常に市場の需要を調査・分析、それに基づいて教育や環境を改善し、適正な価格を設定してその中身を積極的に広報し、最終的に学生募集に結実させる。

この一連の流れは別の言い方をすればＣＳ経営（Customer Satisfaction）、顧客満足を第一とする経営の実現とも言える。提供する製品・サービスが顧客の目的に合致しなければ、顧客の満足を得ることは出来ない。今焦点の顧客である学生を獲得するための募集活動・大学広報は当然のことであるが、就職先の開拓と学生進路支援においても、また学生の満足度を高めるための教育改善の取り組みや学生生活充実のための企画などにとっても重要な手法として生かされるべきものである。**マーケティング・マインド**を大学の全ての分野での事業企画や実践に活用することが求められる。

政策全体を俯瞰する戦略マップ

中期目標・中期計画を策定する際、実践的にも使われている**戦略プラ**

ンニング手法も有効な方法だ。戦略策定会議等を立ち上げ、建学の精神や組織の規範、ミッションや教育・研究の方向性をまず明らかにする。内部環境、外部環境を分析し、**戦略ドメイン**（ミッションを実現するための研究・教育・管理など主要領域の確定）と中期的遂行課題を設定、その実現のためのアクションプランを具体化し、その下に、3－5年後の具体的成果目標、成果指標を記載するというもので、基本の流れはMOSTの戦略立案に共通のものだ。優れているのは、これらを長文の文章で表現するのではなく、**成果体系図**（戦略マップ）として、1枚の概要図で示し、可視化させている点にある。

　成果体系図の記載方法としては、まず、一番上にミッション・ビジョンを簡潔に箇条書きし、その下にその目標を実現するための柱となる主要領域を戦略ドメインとして、例えば研究、教育、国際化、社会貢献、管理運営・組織、学術情報、環境基盤、経営資源…など5～10項目前後に分け、横並びに記載し、その下にドメインごとの基本目標を簡潔に明記する。そして、さらにこの基本目標を実現するための行動目標を記載し、その下にそれを実現するための行動計画、アクションプランを箇条書きで書いていく。行動目標が2つ、3つになる場合は番号をふって記載し、下にいくほど実践的な内容となる構造となっている。参考に掲載したのは、福岡工業大学で現在進行中の第5次マスタープランである。（第2章、事例2、福岡工業大学参照）

　この成果体系図（戦略マップ）は、ミッションとそれを実現する政策全体、計画の全容を一覧でき、構造的に把握できる点でたいへん優れている。目標の実現に向かって全体が一貫した施策になっているか、その具体的施策のレベルが妥当なものかの検証にとっても意義がある。目標から実行にいたる流れ全体を俯瞰でき、系統的に理解できる仕組みだ。政策そのものの全教職員の理解と行動の一致を作り出す上で効果的な手法だと思われる。

第1章　戦略経営構築の基本手法、基本指標　19

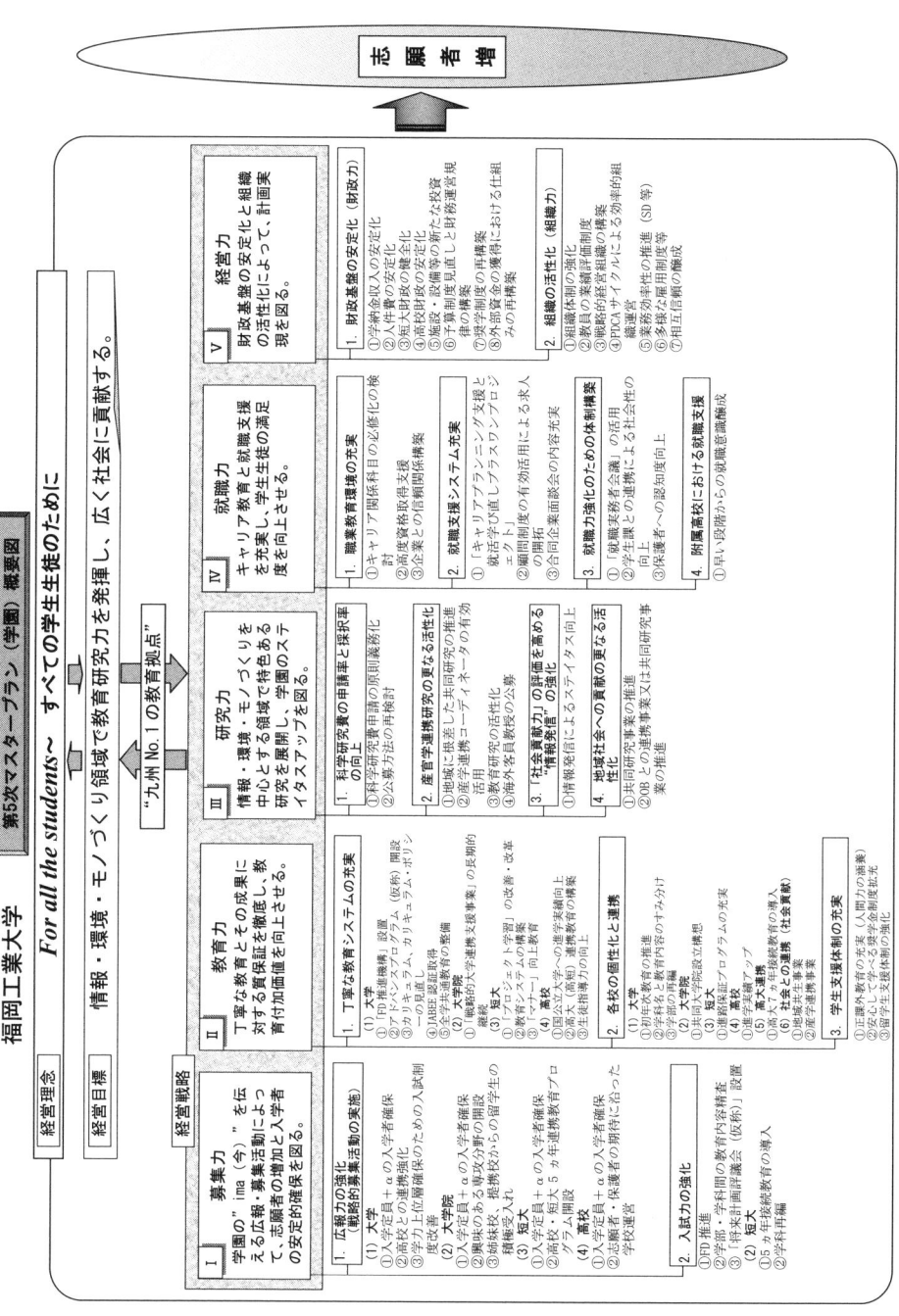

3．リーダーシップの確立、チェンジリーダー

リーダーによる**戦略の分配**

こうした戦略を遂行していくためには、当然、強いトップの**リーダーシップ**が求められる。今日のリーダーに求められるのは、先見性のある戦略を明示すること、構成員に戦略を浸透させ納得を得ること、そして構成員の行動を目的達成に向けて組織することである。

トップには戦略への確信、責任感、信頼性、そして先頭に立って改革を推進する強い姿勢が求められる。しかし戦略は、当然ながら一人では実現できない。ここに**戦略の分配**という手法がとられることになる。戦略をテーマごと、重点課題ごとに組織や個人に分配し、具体化し、実践の課題に落とし込んで、行動指針にまで高め、組織的に実現するための手法である。分配に当たっては、戦略の全体目標と分配する部門目標との関係性や整合性を明確に説明づけることがポイントとなる。戦略の部門における位置づけや意義の理解を前提に、分配する組織や人（責任者）の特定、期限の明示、権限の付与等が必要である。大学においては、これらの分配は会議体で行われることが多いが、一般に課題遂行責任（者）や期限が曖昧な場合が多い。方針や政策を会議体で決定する場合、「誰が、いつまでに」を常に意識的に明確にすることが、実行性を保障する最大の要件である。

その上で、この戦略の具体化（分配）を担う経営、管理運営組織をどう編成するか、この意思決定システムの迅速化、運営の効率化、責任体制の確立もまた重要な要素である。大学の管理運営を同僚制、官僚制、法人性、企業性の四つに分類する**マクネイの大学組織モデル**がある。政策方針を明確に策定し、その実施を構成員に強く求める「法人性」の組織モデルから、戦略の共有を前提に、環境変化や顧客ニーズの変動に、現場で敏感かつ柔軟に対応できる「**企業性**」**組織モデル**への移行が、今日の大学組織改革のひとつのテーマとなってきた。明確なトップからの戦略設定（分配）とその実践における分権化の新たな組織体制の構築、

大学組織におけるトップと現場の権限委譲と新たな接合システムの創造が重要な検討課題となる。

チェンジリーダーの重要性

　また、戦略の実現を実質的に担う幹部層、特に中堅管理者の役割、レベルアップは、実践的には極めて重要である。大学では**トップダウン**も求められるが**ボトムアップ**も不可避で、この接合なりバランスが重要となる。そして、その接合の中核を担うのは、戦略目標を理解しつつ現場も熟知している**ミドル層（中堅管理者群）**にある。ミドル層を戦略の具体化と実現の中核部隊と位置づけ、ここを基点にトップとつなぎ、課員を業務遂行に組織し、戦略の創造的実践を行うのが現実的である。これが**ミドル・アップダウン・マネジメント**による運営だ。

　現場のニーズや問題点、競争環境を把握している中堅幹部が、戦略策定にも参画し、かつ策定後はその実践の先頭に立つ。それをトップが効率的に統制することを通じて戦略の実現を行うのが戦略の分配の本質である。大学改革推進の中核を担う教員・職員幹部のレベルアップ、能力育成、この層の厚さこそが問われている。多忙な現実業務に苦闘しているミドル層の目標実現への目線の高さが、戦略の水準を決める。単なる管理サイクルを回すだけの管理者から、戦略目標に従って現場を実際に変革する、新たな事業を創造する、これを課員を巻き込みながら推進する**チェンジリーダー**こそが求められている。

　戦略重点課題を構成員全員の業務課題に落とし、行動指針にしていくこと、すなわち戦略と個々人の業務課題の接合によって初めて、目標は実践される保障を得る。この遂行システムが**目標管理制度**で、この要にミドル（中堅管理者）がいる。

　仕事は常に定常業務と戦略業務に分けられる。前者は組織の維持に欠かせないが、後者は組織の発展、明日の存立にとって欠かすことは出来ない。全ての専任構成員が、日常課題とあわせ戦略的テーマを目標として設定し追求する、**政策型業務**を中核に据えなければならない。そして、

こうした改革型業務を作り出せるか否かは、まさにこの現場に居る管理者の資質、姿勢にかかっている。チェンジリーダーへの管理者の転換こそ、戦略経営を支える最も大きな力となる。

管理業務改善のための手法

では、この管理行動の現状や問題点を客観的に分析・評価できるのか。その点で、三隅二不二氏（前大阪大学教授）が開発した**PM理論**（PerformanceとMaintenance）に基づくリーダーシップの科学的診断法は有効な手法だと思われる。その基本的考え方は、リーダーシップを映す鏡、客観的な測定は、企業であれば自分の部下、教師であれば教え子であるという点だ。

目標を実現させるために組織があり、それを方向づけるリーダーが生まれる。組織は目標を達成する行動を強めるほど個人を統制することとなり、その反発から常に崩壊の危機を内包し、それを抑える行動が強まるという二面のバランスの上に成り立っている。

三隅氏は、集団におけるリーダーシップを「集団の目標達成や課題解決を促進し、集団に胚胎する崩壊への傾向を抑制して、集団の維持を強化する機能」（『リーダーシップの科学—指導力の科学的診断法』三隅二不二、講談社、1968年7月）と定義した。リーダーは、資質より実際の行動様式によって評価は決まり、かつ機能や効果も測定できる。

PM論におけるP（パフォーマンス）は、集団における目標達成や課題解決に関するリーダーシップを意味しており、M（メンテナンス）は集団の維持に関するリーダーシップを指す。簡潔に**目標達成行動**と**集団維持行動**とも呼ばれ、この二つの次元の異なる行動の強弱や特性の分析によって、リーダーシップの実態、管理行動における強みと弱みやその生産性への影響を科学的に明らかにできるとする。

もちろん職場の違いによりPとMの力点の置き方は違ってくるが、このバランスの取れたリーダーが高い業務遂行能力を持つことが調査の積み重ねで立証された。その測定は部下への職階・職種別の調査票（アン

ケート）による上司の評価という形で行う。

　監督者の管理行動として、Pについては、計画や目標、期限等に関する指示や報告の強弱、仕事をする上での環境設定や状況把握、計画化や指導の強さ、適切さについて聞き、またM行動については、部下の意見を良く聞くか、その実現に努力し、信頼し、公平に扱い、気を配り、好意的かというような点を聞いている。これにより管理者本人の意図とは別に、部下がそれをどう受け取っているか、管理行動の客観的特性と効果が浮かび上がることとなる。

　今日の大学職場では、特に改革提言力、目標達成行動とそのマネジメントが求められるが、これを目標達成行動と集団維持行動に分け、各大学が求める管理者像に従って設問し、職員に調査することで管理行動の実態はかなり客観的に把握できる。この実態把握や評価改善提案は、部下との信頼関係を持って組織を牽引できるリーダー育成に大きな意味を持つ。

　ドラッカーも、リーダーは資質や能力でなく行動様式だとして、
　①ポストを地位でなく仕事とみなし、唯一使命と目標に沿って判断、行動すること、
　②特権ではなく責任と捉えていること、
　③信頼されること、その前提に賢さよりも一貫性があること、
の三要件をあげている。管理者の資質として考えさせられる基本点である。

第2節　戦略経営の基本指標

戦略経営のモデル

　では具体的に、優れた戦略経営のモデルはないかと聞かれることがある。しかし、あらゆる法人に有効な、万能の経営モデルは存在しない。各法人の成り立ちと理念、目標と到達点、置かれた環境と解決すべき課題によって取り組むべき方策は千差万別だ。

それでは戦略経営確立のための共通の基準や原理はないかというと、そうではない。これから本書で明らかにするように、各法人の優れた取り組みの集大成は、前進し続ける経営のあるべき姿、取り組むべき基本方策を示している。このエッセンスを整理し、簡潔に俯瞰できるように私なりにまとめたのが次の「**戦略経営の基本指標**」である。これはこの間の大学経営実態調査、アンケート調査から得られた優れた経験の集約であり、本書に書いた多くの実践事例のまとめでもある。単純化するほど、それを遂行する上での条件設定などが捨象される点は、ご容赦願いたい。この指標が、いかなる内容と意味を持つのかという視点で、本書をお読みいただければ幸いである。なお、このまとめを行うに当たって、以下の二つの作業を行った。

評価機関が設定する基準
　そのひとつは、認証評価機関が、大学の経営や管理をどのような基準で評価し、またあるべき姿を設定しているかという点である。大学評価・学位授与機構、大学基準協会、日本高等教育評価機構の3つの評価機関の、管理運営に関する**評価基準**を見てみたい。
　大学評価・学位授与機構では、基準の11に管理運営の項を置いている。主要な点を引用すると
　①管理運営のための組織が…大学の目的達成に向けて…適切な規模と機能を持っているか、
　②学長のリーダーシップの下で効果的な意思決定が行える組織形態になっているか、
　③学生、教員、職員…学外関係者のニーズを把握し、適切な形で管理運営に反映されているか、
　④管理運営に関する方針が明確に定められ、…諸規定が整備され…、構成員の責務と権限が明確に示されているか
などとなっている。管理運営組織の目的達成のための適切な機能、効果的な意思決定、リーダーシップの発揮、学内外のニーズの反映、評価と

改善の仕組み等、主要な柱が、抽象的ではあるが示されている。大学基準協会や日本高等教育評価機構も、ほぼ同様である。ただし、経営組織、法人の体制や運営の評価を重視しているのは、私学を主な対象とする日本高等教育評価機構である。

　以上の3機関の評価の基準をみると、政策の立案と効率的で迅速な意思決定、執行体制の強化という機能の向上と共に、どちらかというと規定に基づく厳正かつ適正な運用をチェックする項目が重視されているといえる。

再生研のチェックリスト

　同じく戦略経営の基本軸を考える上で、私学振興・共済事業団が設置した学校法人活性化・再生研究会のチェックリストがある。これは、再生研・最終報告『私立学校の経営革新と経営困難への対応』(2007年8月1日)の附属資料(p58)に、「管理運営等に関するチェックリスト」として掲載されている。構成は8項目で、経営戦略を構成する基本項目が網羅されている。その概要を紹介すると、

1、**経営理念と戦略の策定**」：建学の精神を時代に即した使命として確立し、その実施計画としての中長期計画、経営戦略を全学の総意で策定、全部門に明示しているか、経営環境、経営資源の変化を分析し、戦略に反映するとともに、その評価に基づく見直しが行われているか。

2、**ガバナンスの確立**：理事会の、決定機関としての確立と方針の全教職員への周知、それらの企画や調整のための組織の設置等。合わせて評議員会や監事機能の強化、適正な運営をチェックするための内部統制機能の確立や公認会計士の助言の活用、規程整備やそれに即した厳正な運営。

3、**組織運営の円滑化**：教職員からの意見反映の仕組みや業務分担、組織体制の見直しや効率的な事務体制への改善、計画的な研修の実施や人事考課、評価制度の改善・充実、適切な労使関係の構築など。

4、**危機管理体制の構築**：リスクマネジメント、危機管理の対応方針の明示、危機管理マニュアルの作成、倫理綱領と行動規範等の作成やコンプライアンス体制の整備。

5、**財務体質の改善**：経営戦略を達成するための重点的な財務計画が立てられ、収入と支出の統制、人件費・経費の縮減、財務分析、競争的資金や寄付金など増収努力。

6、**教学内容の改善**：大学の使命を踏まえた教育方針、カリキュラムの充実、教育方法の改善、教授能力の向上、学習支援体制の強化、学生相談体制の整備など。

7、**学生への支援**（略）

8、**情報公開と発信**（略）

　これは、前年の2006年7月7日に発表された再生研「中間まとめ」のチェックリストの内容に、私高研のこの間の調査からの提案も加味して頂き、共通する内容も多い。これらを踏まえて20項目にまとめたのが以下の「**戦略的経営の基本指標**」である。

　経営改革の基本指標としてご覧いただくとともに、○（実施されている）、×（実施されていない）、△（着手しているが不十分）で評価いただき、改善の目安にして頂けば幸いである。

戦略的経営の基本指標

1、**戦略の策定**　ミッション、戦略、基本政策が策定され、全学へ周知されているか。

2、**戦略の具体化**　戦略、政策が年次計画や分野別計画として具体化され、実行計画になっているか。

3、**評価・分析に基づく政策**　現状を評価し、環境分析を行い、第三者評価や自己評価が生かされ、またSWAT分析やベンチマークなどの基本手法を活用して、先見性のある政策策定が行われているか。

4、**企画部門の確立**　上記の政策を調査、提案する企画部門が専門的に確立し、また政策案を策定・審議する組織、政策を具体化し推進する

責任体制が確立され機能しているか。
5、**リーダーシップ・スタッフ機能の強化**　理事長・学長などトップのリーダーシップが戦略目標実現の方向で発揮され、またそれを支えるスタッフ組織、支援組織が整備され機能しているか。
6、**理事会機能の実質化**　理事会が経営の統治機関として実質的役割を果たし、政策イニシアティブをとり、また、監督・執行機能が発揮されているか。
7、**責任と権限の明確化**　理事や幹部教職員の責任分担と権限が明確にされ、方針ごとの遂行責任者や実施期限・到達目標が明示され、実施後の評価・総括、改善の取組みがなされているか。
8、**政策の財務への貫徹**　政策重点が予算や財務運営に貫かれ、重点投下が行われているか。財政が長期的な指標に基づき運営され、評価されているか。財務分析や将来予測(シュミレーション)が行われ、改善方策が提示されているか。
9、**コアコンピタンスとリストラクチュアリング**　コアコンピタンス経営の視点から、重点にシフトした運営が行われ、選択と集中、適切なリストラクチュアリング、事業の見直し再編、資源の再配分、経費節減が行われているか。
10、**戦略と部門目標との連結**　戦略目標や重点事業が、経営、教学、事務局の組織目標に連結し、それを踏まえて各組織の目標・計画が立案され、実行管理され、到達度の評価が行われているか。
11、**戦略と個人目標との連結**　戦略目標や重点事業が、教職員個々人の教育目標、業務目標に連結し、年間の教育目標や業務目標、課題が設定され、評価され、考課され、到達度や問題点が明らかにされているか。
12、**ボトムアップ重視**　末端の組織や個人からの意見・提案や情報提供を積極的に求め、生かす仕組み、風土になっているか。そのような議論や会議運営、組織運営が行われているか。
13、**コミュニケーションと情報公開**　事業、業務の遂行上の問題点や

具体化にあたってのアイディア、経験を積極的に交流し、コミュニケーションを行っているか。また、学内情報は、公開・共有されているか。

14、**主体的・自立的行動**　各組織や個人が政策に基づき主体的、自立的に動き、またそれを奨励しているか。

15、**学長機構の強化**　学長のスタッフ機能が整備され、全体戦略に基づいた改革の方針が、大学・学部、部局に提起され、決定し、推進する仕組みになっているか。

16、**全学的な意志決定機構の整備**　学部からの提案を生かすとともに、1学部の反対で全学政策の遂行が滞ることの無いよう、大学としての全学的な意思決定、調整機構が整備され機能しているか。

17、**経営と教学の統一**　経営と教学が目標を共有し、一致、連携して政策実現に当たっているか。また、政策を統一し、執行を調整し、また情報を共有する組織が設置され、機能しているか。

18、**職員の運営参加と教職協働**　経営、教学の各機関に、職員がふさわしい役割と責任・権限を持って参画し、その提言が生かされ、また教職協働による業務遂行が行われているか。

19、**政策の浸透と議論**　全学的政策について、適切に構成員への説明、情報提供が行われるとともに、多様な意見表明の機会や議論の場が設けられているか。トップダウンとともに、適切なボトムアップがなされているか。

20、**教職員の能力向上**　FD、SDなど、教職員の能力向上、育成のシステムが整備され機能しているか。

第2章　戦略的マネジメントの実践事例[注]
——22大学の経営改革の実際

　ここからは、しばらく、マネジメント改革に積極的に取り組んでいる大学の実例を見ていきたい。それぞれの大学が掲げるミッション実現のための努力、取組みの中から改革の実際の姿、方法、その背後にある組織や人の動きを掴んでいただき、経営のあるべき姿、戦略的マネジメント像を形づくっていただければ幸いである。

1．戦略を具体化し確実な実践を図る —— 大阪経済大学

中期計画の策定

　大阪経済大学は、経済学部、経営学部、経営情報学部、人間科学部を持つ学生数およそ7500名規模の大学である。「自由と融和」を建学の精神とし、教育理念として「人間的実学」を掲げ、豊かな人格形成とよりよい社会人・職業人の育成の同時達成を目指し、特色ある実践的な教育を展開してきた。

　創立70周年を迎えた2002年を「改革元年」と位置づけ、改革の目標と計画を鮮明にすると共に、全学をあげた取り組みとすべく「第1次中期3カ年計画」（2003年〜2005年）を策定した。その柱を、

　①理論と実学の融合教育の確立、

　②地域社会、企業社会、国際社会に開かれた大学づくり、

　③人文・社会科学系のCOEを目指す、

などに置いた。教育・研究改革から学生募集や就職、学生生活支援、地域等との連携、施設・設備計画から管理運営・組織改革、財政・人事計

画までを網羅する12の大項目、101の小項目から成る具体的計画とし、その実践を進めてきた。とりわけ教育については職業人育成を重視し、キャリア・サポートシステムの構築、インターンシップ、現場体験型教育、資格講座の充実などきめ細かな施策を行い、就職実績の前進を図った。また、教育理念に基づく学部の再編・拡充を進め、ビジネス情報学科、ファイナンス学科、ビジネス法学科など、求められる最先端の実学教育の充実を進めてきた。それらの成果は好調な学生募集にも反映されている。

戦略を計画に落とし込む

　それらの到達と総括の上に立って、2006年度から、新たに「第2次中期計画—教育力・就職力・研究力・経営力の強い大学を目指して」(2006年～2008年) を策定し、実践をすすめている。ここでは、人間的実学教育の目標をいっそう深化させると共に、改革による成果を社会的評価や学生募集に定着させ、関西の経済・経営系私大の中で独自の位置の確立と個性ある発展方策を明確にすることに重点に置いた。

　第2次計画は、4つの基本目標と6つの大きな柱にまとめられており、その中身は

　①幅広い職業人の育成を目指す人間的実学教育の推進、
　②経済・経営系の伝統を生かした社会・人文系の総合大学づくり、
　③地域社会・企業社会・国際社会との連携強化と社会貢献、
　④自由と融和と協働の大学運営の確立

である。その優れた点は、構想のタイトルにもある通り、実現すべき大学の到達目標を端的に示し、さらに、その実現のための政策、計画を事業計画や教育システム、組織・制度にまで落とし込んで具体的に提示している点だ。しかも2012年、創立80周年までに到達すべき大学の大きなビジョンを提起しつつ、その目標への接近を計画的に図る構造となっており、構成員に、教育理念-長期ビジョン-短期計画の全構造が具体的施策を伴って理解される形となっている。しかも、その推進の要と

しての理事会改革、大学運営の改善、職員参加や人事制度改革、教員評価など、組織・運営・事務改革にまで踏み込んで、改革に実効性を担保しようとしている。さらに、年度ごとの事業計画として「運営基本方針」を定め、年次的な実行計画を具体的に提起している点など、優れた特徴を持っている。

政策を推進する体制

こうした政策の策定と推進を担うのは、まずは理事会である。理事会は18名で構成されるが、うち学内者は11名、教員8名、職員3名（事務局長や本部長）の構成で、学部長理事制をとっている。大学教学、事務局の責任者を網羅しており、現場の実態を踏まえた政策の策定とその実際の遂行に責任が負える構成になっている。経営事項はもとより、教学の基本政策も全て理事会審議で一義的に処理、調整することができ、経営・教学が一体となった、迅速な意思決定と執行が可能な仕組みとなっている。理事は、細かく課題別に担当・分担が設定されている。これも責任を持った業務の構築や指揮権限の明確化による改革の前進に寄与していると思われる。

中期計画は、事務局の各部門からの提案をベースに練り上げられるが、出来上がった素案は、理事会はもとより教授会や事務局の各レベルの会議にも図られ、全学で討議し一致するスタイルが定着している。策定に一定の時間を要するが、一旦決まれば全学の組織がその目標の実現に向け行動することとなる。学部は4つあるが、全学事項は大学評議会で決定するシステムになっており、大学としての意思形成が迅速にできるシステムだ。

事務局への権限委譲

事務局は、事務局長の下、経営本部、教学本部に分けられ、政策に基づき統一的に業務執行される仕組みが整っている。経営本部長の下には総務、財務、広報渉外、入試の各部長が置かれている。教学本部長の下

には、学生部長、教学部長、研究支援部長、進路支援センター長等が置かれ、全て職員が担っている。執行機能はできる限り職員組織に権限委譲し、責任を持って推進するやり方だが、教授会組織の対応する各専門委員会と連携して、教職一体で仕事が進められている。学生部長、教学部長、入試部長等教学の執行を職員が担っている点では、新たな教職協働を模索する組織運営といえる。

職員人事考課制度を実施しているが、この優れた特徴は、「自己目標設定管理表」の記載に当たり、定められた中期計画や運営基本方針の重点課題との連結を意識的に行い、しかも課題の達成方法や業務高度化の方策、またそのための能力開発目標を明確に定めようとしている点だ。政策遂行に挑戦することを通して職員業務のレベルアップに努めている。定年を教員67歳、職員62歳に下げた。常勤監事を配置し、業務監査にまで踏み込んだシステムを作るなど、自らに厳しい制度改革も進めている。

調整型運営からの脱却

大阪経済大学は、強力なトップダウンによる運営ではなく、学内各層の合議を大切にしながら大学行政を推進する大学である。こうした大学では勢い各組織の利害がぶつかり、調整型の運営に陥る危険性を持っている。調整型運営では、本格的、抜本的な改革に踏み込むことが難しく、また長期的・計画的な改革を推進する点でも難点を持っている。そうした弱点を克服すべく、2002年をスタート地点として、学内での徹底的な議論により、痛みを伴う自己改革を含んだ中期計画を立案した。そして、その実践を保障するための実施計画として、学内各層が取り組むべき改革の内容と目標を具体的に、詳しく策定することとした。そのことで改革の推進に曖昧さや妥協を廃し、政策遂行上での揺れを最小限にし、目標達成を確実なものとする工夫を行っている。

方針の全学共有と執行における教職一体の参加型の運営も、こうした進め方にマッチしたこの法人らしい特徴になっている。特に政策遂行の

現場にいる職員を複数名理事として登用するとともに、経営、教学両本部長や教学関連部長等の職員に執行権限を大幅にゆだね、信頼関係を持って業務遂行している。職員の提案を積極的に大学運営に取り入れることによって、実践的な基盤を持って改革推進を図っている。

２．ＰＤＣＡサイクルの全学的な定着 ── 福岡工業大学

経営の基本精神

　福岡工業大学は、1954年の福岡高等無線電信学校に始まり、1963年大学設置、1966年に現在の福岡工業大学に名称変更した。大学院、工学部、情報工学部のほかに文系学部である社会環境学部も設置され、およそ4200人の学生が学ぶ。「情報、環境、モノづくり」の３分野の教育を通じて社会に貢献できる人材育成を目指し、それを実現する学部構成となっている。短大、高校も併設され、学園全体では6100人が在籍する。

　この学園の経営を特徴付けるのは、明快な経営戦略（マスタープラン・MP）の策定とその具体化として分野別にアクションプログラム（AP・年度事業推進計画）を策定、その実現の裏づけに一般予算とは別の特別予算を編成、その進捗管理、評価を実績報告会、成果発表会などの形で改革推進を行っている点だ。まさに、ＰＤＣＡサイクルを経営戦略の遂行のみならず、教学改革、事務改革のツールとして教職員が使いこなし、独自のやり方で学校運営の基本サイクルとして全学的に定着させている。経営理念として掲げる「For all the students─全ての学生・生徒のために」とその推進のための標語「Just Do It（すぐ実行する）」のプレートは全管理者の机に置かれ、常に業務の基本に立ち返り、改革を恒常的に推進する精神を表している点で、この学園の経営を象徴するものといえる。

マスタープランの策定

1998年からスタートしたマスタープラン（MP）は、3年ごとに更新され今年から第4次計画として新たに始まった。戦略の柱は5つ、
　①広報・募集活動の強化による志願者増、
　②丁寧な教育による教育付加価値の向上、
　③特色ある研究の展開による学園のステイタスアップ、
　④就職支援の充実による学生満足度の向上、
　⑤財政基盤の強化と組織の活性化による計画の実現、
である。簡潔に募集力、教育力、研究力、就職力、経営力と表現している。これを「戦略マップ」(19p、福岡工業大学第5次マスタープラン参照)に落とし込み、経営理念、経営目標、経営戦略が一覧できるようにすると共に、この5つの分野ごとに、実現のための具体的な施策を明確に示し、取り組むべき課題が、教学組織別、部課室別に端的に把握できるようになっている。

　この学園改革の羅針盤ともいえるマスタープランは、トップダウンで示されるのではなく、学園を構成する理事会、教学、事務局、各学校の代表者によって、時間をかけて議論され、とりまとめられる。会議は全てオープンで、議事録もＷｅｂ上で公開され、構成員以外からの提案や意見も積極的にとり入れる場を持っている。こうした全学あげての議論の過程こそが、現状や課題、改革方向を全学が共有し、一致して目標に立ち向かうための、極めて大切な時間と位置づけている。

アクションプランの具体化

　こうして全学の一致で作りあげられたMPは、当然、全学の諸機関の3ヵ年の共通する目標となり、あらゆる組織を拘束する。そして、その実現のために、各組織ごとに具体化のための年度ごとの実施計画（AP）が作られ、審査会において、目標との整合性や効果等について評価、検証を受けた上で、その実施の裏づけとなる重点事業予算（特別予算）が組まれることとなる。2007年度、大学の場合は、

①教育内容の改善事業、
②教育方法改善事業、
③学習支援事業、
④就職・課外教育支援事業、
⑤その他総合的教育改善、
⑥研究事業の高度化、
⑦志願者対策、
⑧組織体質・財政の強化

の8つの柱に沿って予算化され、全予算の3割強が投下される。逆に一般予算は、課題や状況に応じて一定の圧縮率をかけ、削減を計画的に行っている。

このように、MP－AP－特別予算の流れで実行計画に落された事業は、教職員が参加する「AP中間報告会」「APレビュー報告会」「成果発表会」など年何回かに分けて、事業の進捗状況や到達状況を報告する場を設けて、成果を確認すると共に問題点を明らかにし、次年度の改善につなげている。このための共通の書式として「APレビューカード」が作られ、「事業名・達成目標・進捗状況・効果・進捗度（％）・問題点・解決策」などを記載し、これに基づいて評価する仕組みとなっている。

PDCAを具体的な会議設定を行って年間計画（スケジュール）として確定し、教授会も巻き込み、教員（教学事業）も含めこのサイクルを定着させている点は優れている。また、職員の場合は、このMP、AP目標を個人の業務目標に連結させ達成度評価を行うことで、全職員が目標を実現する業務遂行過程を通して成長できる仕組みを構築している。

先駆的改革の背景

こうした本格的な経営改革が成功した背景には、理事長を中心に学長、校長の強いリーダーシップがある。それは、6年間、500号に及ぶ理事長からの学内通信（『Just Do It』として発行）にもそのメッセージと精神が端的に表われている。常に考え方は示すが、方針を一方的に提起するの

ではなく、教学組織の意見を丁寧に汲み上げ、現場各層からの積極的提案を生かしながら大きな目標にまとめあげていく、そして一旦確立した計画は、厳しく実行を求めることでリーダーシップを発揮している点に大きな特徴がある。

　そして、これらの推進を支える中軸に、1990年代後半より行なってきた企業経験者の中途採用と幹部登用による人材強化策がある。

　また、政策を軸とした運営を実務上担う中核組織として、法人事務局(長)直轄の改革推進室の役割も大きい。よく練られ、調査された政策原案の準備なしには、民主的な議論の積み重ねだけでは、抜本的で先見性のある政策立案は困難だからだ。同様の機能は、大学教学改革においては、教務部(長)直轄の教育改善支援室が、研究推進の分野では産学連携推進室が果たしている。企画部門が、全学改革のみならず分野別の改革推進も担っている。

　理事会は9名で構成され、日常執行機関として常任理事会（学内理事4名で構成）が機能している。そして、このライン機関運営を政策的に支えるものとして理事長主宰の経営懇談会（常任理事、学長、校長等）と学長主宰の運営協議会（学長、常務理事、教学役職者等）の2つの組織が大きな役割を果たしている。この2つの会は、決定機関ではないことで自由な発想による長期的視点での議論を可能にすると共に、経営と教学に関連する課題を実質的に一致させることを通して、学園、大学の一体的運営を担保している。

経営システムを担うもの

こうしたシステム全体によって、ボトムアップを重視した運営方法をとりながら強固な経営戦略を確立している。一旦確定した方針は確実に重点予算に反映させ、実行に移し、中間点で集団的に到達点を評価し、全学あげて推進するこの学園独自の強い運営体制を作り出してきた。トップのリーダーシップ、とりわけスローガンとして掲げる「学生生徒のために」「すぐ取り組む」熱い思いが教員・職員に浸透している。

経営陣にはダイエーホークスの取締役編成管理部長をしていた大谷忠彦常務理事をはじめ外部からの採用者がいるが、企業経験を一方的に押し付けるのではなく、学内合意を大切にし、信頼関係を築きながら徐々に改革的手法を導入してきたことも成功の要因にあげられる。改革推進室をはじめ各分野に配置された企画推進組織も持続する改革のエンジンの役割を果している。

3．理事会を中核に改革を進める —— 広島工業大学

中長期運営大綱の柱

学校法人鶴学園(広島工業大学)は、小学校、中学校、3つの高等学校、大学（3学部）、大学院を持つ、8000名規模の総合学園である。建学の精神に「教育は愛なり」、教育方針に「常に神と共に歩み、社会に奉仕する」を掲げ、学生・生徒・児童に熱い想いをもって教育にあたり、自然や神への畏敬の念を持ち、社会に貢献できる人材の育成を目指している。

　こうした理念、目標を実現するため、鶴学園の経営戦略の中軸として「中長期運営大綱」(2006年度〜2015年度)が制定されている。「中長期運営大綱」では、運営の4つの基本方針として、

　①私学として特色ある教育の実現を図る、
　②各学校の連携・協力の強化を図る、
　③教職員の意識改革と研修の充実を図る、
　④財政基盤の確立を図る、

を掲げている。鶴学園としての個性ある教育の創出のために、特に、学校間の連帯や教職員の意欲向上、全員の団結で前進をはかる家族的一体感を残した鶴学園らしい推進方策の基本を提示している。

　その目標を実現するための5年間の計画として、「中期的運営目標」で5つの大きな柱を掲げている。

　第1は、教育の特色を明確にした「鶴学園ブランド」の創出、

第2に、教育の質の向上を核とした大学教育の改革で、新分野の学部創設や異分野との融合を目指す学科の設置も進め、女子学生比率も高める。
　第3に、小学校からの12年一貫教育」により、鶴学園の建学の精神に基づく、旧来の6・3・3制度にとらわれない独自のカリキュラム体系を創出し、県内外で卓越した教育実践を作り上げることを目指している。
　第4に、社会のニーズに応じた学校教育の実現を掲げ、社会的な要請の変化に対応した専門学校、高校の再編や充実を図ること、
　第5に、教育環境の整備とキャンパスの再構築を掲げ、計画的な整備の実現を目指している。
　その上で、広島工業大学の改革課題としては9点をあげ、「地域産業界に貢献できる中核技術者の育成」を目指し、教育の改善やカリキュラム開発の促進、就職支援の充実、地域産業界との連携強化、外部研究資金の導入、教員評価制度や自己点検・評価制度の充実、などをあげ、これらの課題の具体化と計画的な実施を目指している。

PDCAの年間計画化

　特に優れているのは、この中長期戦略を年次計画に具体化するため、年度運営計画（事業計画）を策定し、具体的な実行計画や予算編成に落とし込んで、その実現を計っている点にある。5月には前年の実施状況、到達状況について問題点や課題を明らかにし、運営報告（事業報告書）として取りまとめる。その総括を踏まえながら、7月の運営計画概要の各会計単位（部課室等）からの提出に始まり、その理事長総括作業、10月から予算編成方針の立案、12月の理事長予算査定を経て、1月に運営計画と予算を確定、その後第1次補正を行うPDCAサイクルを年間スケジュールとして確立している。
　こうした流れの中に、建学の理想を実現するための10年計画、「中長期運営大綱」や、その5カ年計画としての「中期的運営目標」が位置づ

いている。

　そしてそれを単年度の計画として具体化したものが「年度重点運営計画」で、最終的に学内各組織や部課室単位で個別方針が策定されることとなる。これをベースに予算編成方針が立案され、予算編成を実施、重点課題が最終的に予算に反映されているかどうかも含め、理事長査定が行われることとなる。大きな目標設定とともに、それが実行計画にまで落ちて、現実化されているかどうかをトップが直接関与・指揮することで改革の確実な前進を図っている。

　また、この各部署ごとに具体化された年間重点課題を、人事考課における被考課者の重点目標設定に連動させている。大学の全体目標を意識しながら個人目標を設定させることで、重点課題を予算とだけでなく業務遂行と繋ぐことができ、計画実践をより確かのものにしている。

シンプルな運営組織

　これらを推進する中核は理事会であり、これが、年にもよるが10数回開催されている。理事は現在12名だが、大学学長、小・中・高校長、専門学校校長の各教学機関の代表6名と事務局長が理事となっており、理事会が中長期計画や各学校の教学改革も含む年次の運営計画（事業計画）の立案、推進機関として機能できる構成になっている。月によっては理事会が何回も開催され、具体的なところまでの方針の議論と決定を行うことで、諸課題の推進や大学の行政運営に実質的な役割を果たしている。

　学内の日常的経営業務運営の中心は、理事長・総長が主宰する「朝のミーティング」で、たいへん特徴のある取組みだ。基本的に毎日、9時15分から1時間程度開催し、ここに学長、副総長、事務局長、総務部長等が常時出席している。ここで、あらゆる経営業務、教学の基本事項などが協議され、様々な情報交換が行われるため、複雑な学内の会議体を極力少なくして、迅速な意思決定や執行が図られる仕組みとなっている。屋上屋の重層的な会議運営が一般的な大学組織の中では貴重な取組

みといえる。

政策遂行を支えるもの

「中長期運営大綱」の策定過程においては、教授会、各学校等でも審議を行い、教学機関とのすり合わせも行われている。大学組織は、教授会、大学協議会、代議員会など、課題・テーマに応じて柔軟に開催されている。そして、これら教学機関の会議には、基本的に、理事長・総長、副総長は毎回出席することが、伝統的に行われており、この努力が経営・教学の実質的な連携をより強固なものにしている。そして、こうした計画策定を支援し、必要なデータ、資料を整えるのが企画広報室をはじめとする事務組織である。

2007年度より3年の準備・試行期間を経て、教員業績評価を、大学、各学校あわせて実施することとなった。評価項目としては、教育業績、研究業績、大学（学校）運営、社会貢献の4本柱に基づき、大学・学校ごとに具体的基準・配点を定めるが、いずれも教育実践にウエイトをかけた構造となっている。職員人事考課は、すでに2007年度から実施されており、レベルアップシート（能力考課）、チャレンジ＆カンバセーションシート（業績評価）をもとに業務の到達度合いを評価するとともに、育成が図られ、昇任、異動、昇給に活用されている。

トップを中核とした経営

鶴学園（広島工業大学）は、鶴衛理事長がトップを担うオーナー型の学園である。しかし、理事長自らがアメリカの進んだ大学運営を直接学び、その手法を随所に取り入れることで近代的な運営システムに改革する努力を続けている点に特色と強みがある。創立の精神を体現するトップの経営管理責任を明確にし、その強みを生かした大学行政への直接関与を、ポイントを抑えて実行している。他方、大学運営には近代的手法を取り入れ、ミッションに基づく基本方向は示すが、実現すべき政策自体は学内の知恵や実態をよく反映した客観的なものとして策定している。

このことで、恣意的ではなく、現場を踏まえた政策に基づく運営、この確実な実行のための業務管理によって、ミッションの実現に迫っているところに優れた特徴がある。トップを中核に経営と大学が動く仕組みを、政策を軸に構築した事例といえる。

4．鮮明な経営コンセプトで改革を推進 ── 山梨学院大学

個性派私学の旗手

　山梨学院大学は、法学部、現代ビジネス学部、経営情報学部を擁する総定員3280人の大学である。「個性派私学の旗手」をキャッチフレーズに、地方にありながらブランド確立のための戦略を策定し着実に実行してきた。経営の4つのコンセプト「良質な教育サービスの提供」「ネットワークによる新しい教育システムの展開」「地域連携と生涯学習事業の開発」「カレッジスポーツの更なる振興」を掲げ、重点事業に積極的に取り組んでいる。特にスポーツにおいては20回をこえる連続出場を果たしている箱根駅伝を始め、レスリング、スケート、ラグビー、陸上競技、ホッケー、柔道、水泳、野球などを重点育成し、全国的な知名度をあげる活躍を維持している。このために陸上競技場や野球場などスポーツ関係施設を整備すると共に、力のある選手を集め育成するための授業料免除制度など年数億円の経常経費を投下している。

　しかしスポーツだけを重視する大学ではない。大学・短期大学で特色GP・現代GPを合計7つ獲得し、地方大学としては全国屈指の特色ある教育で成果を上げていることに端的に現れているように、優れた教育実践を積み上げ、学生を育成してきた大学である。最近ではロースクールや小学校を設置すると共に、商学部を現代ビジネス学部にリニューアルするなど積極的な改革を行っている。この推進の原動力に古屋忠彦理事長・学長の強いリーダーシップがある。

実効性のある計画

　「学園づくりの目標」や経営コンセプトを具体化するため、年度ごとに「運営方針」「事業計画」「教学政策方針」を立案、決定している。これを理事長・学長が直接全教職員に向かって、1月の新年スタート時の「新年祝賀式」や4月恒例の「辞令交付式」など機会を捉えては説明を行い、その徹底を図っている。

　しかし、これらの方針はトップから一方通行で出てくるものではない。法人本部長と事務局長による全学の諸機関、部課室のヒヤリングをベースに、現場の問題点や課題を踏まえて取りまとめられる。トップの目指す理想と直面する現実の融合の中でこそ、実効性のある個性的な大学作りのための基本政策策定が可能となる。予算査定の最終段階は理事長陪席のもとで行い、目標とする事業が適切に具体化され、財政投下されているか、逆に不要不急の事業の改廃が進んでいるかの確認を行っている。政策の具体化や重点予算にトップが直接関与することで実行性を担保している。

　理事会は定数7名と機動的で、方針を実行する管理運営組織として運営協議会、行政職代表者協議会、教学事務連絡会議が置かれている。運営協議会は大学、各学校の役職者、事務局幹部によって、行政職代表者協議会は事務局の課長以上の役職によって構成され、毎月1回開催される。いずれの組織も年度方針の徹底と重要事項の審議、方針の具体化をはかると共に、政策の遂行に現場からの意見を反映させることを狙いとしている。

　また職員の自己申告書に基づき、全職員に対し法人本部長、事務局長による面接を行い、業務方針の浸透や業務の到達状況の評価を行っている。こうしたシステム全体を通して大学が目指す目標や政策を、教育や業務に具体化し実践に繋げている。

5．強い経営とボトムアップ── 東京造形大学

強い経営と選挙制度

　東京造形大学を経営する学校法人桑沢学園は、デザイン教育の草分けとして、特色ある教育、人材育成を行ってきた。造形学部1学部、入学定員380人の単科大学である。小田一幸理事長に、厳しい中、財政再建を果たし今日の発展を築いた施策は何かを伺った。

　まず経営責任体制を強化し、実効性のある審議と迅速な意思決定を実現するため、理事は年次的に10名にまで減じてきた。名誉職的な理事を減らし、確固とした改革を先導できる理事会を作り上げてきた。理事会は月例開催され活発な議論が行われている。強いリーダーシップで経営組織改革を進めてきたが、学内選出評議員は、寄付行為の定めにより教職員全員の投票によって選出される。学内各層の意見を反映する措置として創立以来行われてきた。学長選挙への全教職員の参加と合わせ、総意による大学運営実現の制度的保障として重要な意義と特色をなしている。

　一時は多額の負債を抱え、経営が困難な時代もあったが、長期的な視野で再建の方策を定め、特にトップから無駄を省き、特権をなくすと共に、人件費削減（計画的な人員の削減や組織のスリム化による）を中心において財政の再建を実現させた。教職員を大切にすると共に、危機意識を共有し、力を合わせた取り組みで、混乱なく今日の安定を作り出した努力は特筆に価する。

政策一致に基づく運営

　常務会は、理事長、学長を中心に理事、関連役職者で構成され毎週定例的に開催される。経営の中核をなす東京造形大学、桑沢デザイン研究所の日常経営事項の決定、事業執行の調整が行われる。特に学長との政策一致を重視し、教学の重要事項も事前審議し、また情報交換を密にしている。将来構想については、理事会内に21世紀委員会が設置され、

その下に施設検討委員会や新教育検討委員会が置かれ、中長期計画や短期計画が作られる仕組みになっている。政策上の発想や新しい事業への挑戦はトップから‥と言う風土があり、それが選挙等を通じたチェック、ボトムアップのシステムと良くマッチした運営を作り出している。トップの発想を組織の審議や事務局の検証によって現実計画へ高め、具体化する方策が採られている。中長期の計画に基づき年度予算編成方針が決定され、それをもとに毎年1月に理事長の所信表明が全教職員の前で行われ、課題と方針が示される。

事務局組織は、部課室を廃止し、センター、グループ、チームの呼称に変えた。これは課室の壁を低くし、テーマに応じて柔軟に連携できる組織運営を狙ったもので、先進的な取り組みとして評価できる。

2 大学に共通する教訓

山梨学院大学と東京造形大学に共通するのは、トップの明確な方針提起と全学への浸透の努力だ。ミッションや改革目標を掲げると共に、それをトップ自らが直接教職員に語りかけ、また質問に答えるなど全学に徹底させる仕組みを持っている。政策を具体化し日常経営を推進する常務会、常務理事会、教学部門長会議、運営協議会等が、いずれも定例で開かれ、学内各層の意見を吸い上げ、方針を豊かにする場として機能している。

さらに東京造形大学では評議員や学長が全教職員の投票で選ばれる仕組みをとっており、山梨学院大学では事務局長等が部局や全職員面談を行うなど、トップダウンにボトムアップの仕組みを巧みに組み合わせて、政策の全学的共有と推進をはかっている点に特徴がある。改革方針は、21世紀委員会などの専門的な企画・立案組織、良く練られた中長期計画を策定している。経営と教学の認識の一致に努め、全学が統一した政策のもとで、力を合わせて改革に取り組める環境を作り出している。

大きな方針提起はトップの決断によるところが大きいが、これを現実的な政策として、構成員の知恵も生かしながら立案、全学浸透を図り実

践に結び付けているところに、改革推進の原動力がある。

6．斬新な改革を作り出すマネジメント ── 桜美林大学

意欲的な教学改革

桜美林大学は、総合文化学群、健康福祉学群、ビジネスマネジメント学群、リベラルアーツ学群で構成される入学定員1800人の大学である。短大、高校、中学、幼稚園も併設し、学生・生徒総数約1万人を擁する。「キリスト教主義に基づいた国際教養人の育成」を建学の精神とし、明確なミッション（使命）、ビジョン（目標）、バリュー（共通の価値観）を掲げている。

桜美林大学は、学群制への全面的な移行をはじめとする抜本的な教学改革に取り組んでいる。学群制度は、従来の学部の壁を取り除き、学生自身が本当に望む教育を受けられるよう、所属学科を越えた幅広い基礎科目を学んだ上で専門科目を履修できるようにする日本でも数少ない意欲的な取り組みだ。学群制導入以前にもセメスター、ＧＰＡ、アカデミック・アドバイザー制度、学生の学びを主眼に置いた新たな学習区分制度など様々な教育改革に取り組んできた。また教員をユニット所属とし、教員人事権も学部教授会を改組した学群教授会からの代表によって構成される人事委員会に移管するなど全学的な視点で教学改革が遂行できる運営システムを目指している。

アメリカ型理事会

なぜそうした改革が可能となったのか？同大は創立以来アメリカ型理事会と性格づけられ、15人の理事中、大学学長、中・高校長、幼稚園長の3人以外は全て学外者で、理事長も非常勤であった。理事会は年2-3回の開催で、経営の基本政策を決定し、執行機能は持たず、日常経営は、学長、校長、園長に委任されてきた。各学校の自律的な運営行え

る反面、基本政策にかかわって理事会との間で判断や意見の相違が発生することがあったという。また学内経営業務の遂行に当たって、担当理事制や常務理事会を置くことが出来ず、経営政策の遂行や管理運営の責任体制の確立、経営と教学の一体的運営の推進などで不十分さやバランスを欠く面も出ていた。

　2003年、理事会の互選により学長である佐藤東洋士氏が理事長に選任された。これにより、創立以来初めて学内者による常勤の理事長が誕生した。これはまた経営と教学が政策、執行面で一体化して機動的な動きが出来ることを意味するが、教授会をはじめ学内からは、教学の自立性が損なわれる等の批判があったという。その後、アメリカ型理事会システムの基本形は維持しつつ、学長が経営トップを兼ねる利点を生かして、理事長・学長をトップとする経営・教学一体化のシステムを徐々に整備していくこととなる。

理事長と学長の一体化

　この間のいきさつについて、佐藤理事長・学長は「学長は何ができるのか」（『IDE』2006年1月号）で語っている。

　アメリカの理事会は、時に学長が理事になることもあるが、100％外部の有識者によって構成されている。理事会の役割は①学長を選任すること、②選任した学長を財政面でサポートすること、③学長を評価すること、④学長を解任することなどである。理事長の職務はこの議長であり、日本の場合とは異なっている。アメリカ型理事会の本質は、学長が日常的に大学の経営と教学の総責任者として、その全ての権限を委譲されている点にある。国立大学の法人化も、学長に経営も含む全権限を集中させることで改革を進めようとしている。

　佐藤氏自身、副学長、学長時代を通して先述した理事会との微妙な判断のずれを感じておられたので、教授会や教職員組合からは、教学と経営は一定の緊張関係を保つべきだと抗議も受けたが、理事長を受けることにした。「なぜならば、経営が確固とした教育理念を持ち、大学が掲

げる使命を遂行する強い意思を持たなくては、良い大学は出来ない。したがって教学と経営は一体不可分である」と語る。

学長のあるべき姿

その上で学長は何をしなければならないか。教学のトップとして将来に対しての見通しを示し、ビジョンを持つことである。日本の大組織のリーダーは、勢い現状の問題への迅速な対応を期待されてきた。しかし、教育の府である大学のリーダー、学長という職を考えた場合、今進行中の諸事業の取りまとめより、大学の将来像を組織の構成員に明快に提示すること、そして学長が責任を取るという意思表示を明確にすることである、と話す。

その例として、桜美林大学が先駆的に取り組んできた先述の学群制組織への大きな転換を上げる。この構想自身が学長のビジョンとして学内に提起されたが、教員は総論賛成、各論反対の典型であった。佐藤学長は教職員全員を対象とした説明会を何回も繰り返し開催し、自らが目指す将来像をはっきり説明し、学長が全責任を負うことを述べ同意を得ていった。

組織運営の工夫

桜美林大学では、現在でもアメリカ型理事会の基本枠組みは保持しているため、1号理事を除いて全ての理事が外部者で構成されている。そこで学内経営業務の遂行体制については、日本福祉大学の制度を参考に、担当分野に責任を負う執行役員制度を導入した。当初の配置は①法人・労務担当②教学担当③財務担当④情報担当の4分野とした。これにより経営の意思決定の円滑な教職員への浸透と責任体制の強化を図った。執行役員会（毎週開催）は、常務理事会としての機能も併せ持つことを機構上も明確にし、学内経営の中核機関として位置づけた。

理事会は月例開催に改め、理事には大学改革への提言をレポートしてもらうなど実質化させると共に、学長、副学長による学長室会議（毎週

開催)、学長、副学長、学部長による大学運営会議(隔月開催)、学部長、学科長など全役職者による教学部門長会議(月例開催)などを設け、政策・方針の全学的徹底を図る機構整備を行った。また、政策原案を専門的に調査、企画、立案する事務機構として企画開発室を設置し、現実的な計画機能を強化した。大学のミッションを誰にでもわかるようにホームページや広報物の冒頭に明示し、その実現方策としての事業計画を毎年立案、その到達を評価する事業報告書を公開している。

佐藤氏は、トップのリーダーシップは重要だが、トップダウンに走りすぎると現場の教員のやる気をそいでしまう。改革を他人事と思わせないためには、教員自身に考えさせ、案をまとめさせることも必要だと語る。実際、教員評価制度など自らの利害に絡む制度の導入に当たっても、教員の検討チームを作り、そこに原案作りを任せたところ「評価をするなら給与に反映させなければ意味がない」など積極的な提案が出てきた。方針が現場に浸透すれば改革に前向きに取り組んでくれる。トップは現場から上がってきた案には、よほど譲れない点がない限りそれを尊重し、問題があれば実施した上で軌道修正するやり方が大切だと語る。

実質権限の一本化

アメリカ型の理事会の強み、外部者の知恵や力を効果的に大学運営に生かしながら、学長・理事長兼務による実質権限の一本化で迅速な意思決定システムの整備を行い、執行役員会設置による執行体制の強化、経営と教学の一体化した運営体制の整備、企画部門や政策遂行に関わる事務体制の強化など一連の改革が、学群制度の導入など思い切った改革の推進を可能としてきた。そしてこの源には、ミッションを実現するための斬新な改革を提起し続ける理事長・学長の強いリーダーシップと、それを支える教職員幹部の日本の最先端の改革に挑戦しようという高い志がある。

7．達成指標を鮮明にした堅実な運営 ── 国士舘大学

新たな総合計画

　国士舘大学は、6学部、学生およそ1万2千人強を擁する大学だ。政経学部、体育学部、法学部、文学部と並んで、2002年には21世紀アジア学部という特色ある学部を立ち上げ、また2007年からは工学部を改組・発展させた理工学部をスタートさせた。医療と工学を結ぶ「健康医工学系」といった新分野を開拓している古くて新しい大学である。

　1917年（大正6年）創立、90年を超える歴史があり、『誠意・勤労・見識・気魄』の四徳目を涵養することを教育指針に掲げている。そうした人材養成に向け、PBL（プロジェクト・ベースト・ラーニング）という、設定したゴールに向けプロジェクトを進める手法で知識や技術を積み上げて行く新しい教育方法の開発・実践にも挑戦している。創立100周年、2017年に向け、国士舘大学の新たな中長期の総合計画の策定、推進を進めている。また、世田谷キャンパスに新たな土地を購入し、新教育棟建設を進めるなど、キャンパス整備にも取り組んでいる。

学内理事懇を軸に

　大学運営は、学長スタッフ組織が日常的に機能し、学長のリーダーシップの下、大学の政策立案とその遂行に役割を果たすとともに、理事会と連携の取れた運営を行っている。学長の下には、「学長調整会」と「学長室打合せ会」の二つの組織が置かれている。調整会は、学長、副学長（2人）、学長室長、教務、学生両部長に教学担当の常任理事も加わり月3回、打合せ会には、さらにセンター長や事務部長等も加わって月2回と頻繁に開催されている。教学政策、教学運営のあらゆる事項を審議し、また決定事項の推進や調整を行っている。

　ここで原案が作られた諸計画のうち、理事会との調整が必要なものは「定例学内理事懇談会」で事前に審議・調整される。ここには理事長、4名の常任理事、教学側からは学長、学長室長、教務、学生両部長、中

学校、高等学校校長等が出席する。そこで確認、了承されたものが、学部長会を経て各学部教授会に諮られ実行に移されるとともに、理事会議決が必要なものは理事会にかけられる。「理事懇談会」で学内の全ての基本案件が実質審議され、また日常経営・教学の基本政策をまとめ確認する場として大きな役割を果たしている。月2回と頻繁に行われ、経営、教学が一致した政策と足並みをそろえた行動を行う上での原動力となっている。この審議を経て確定した大学政策は、学長が招集する学部長会議、大学院研究科委員会、付置研究所長会議等を経て教学現場に伝えられ実行される。

職務分担による責任体制

理事会は現在10名で構成され、理事長、学長を除く学内理事4名が常任理事として、学内経営に当たっている。常任理事の業務分担は具体的で、将来構想から大学教務、学生生活支援、スポーツ振興、学生・生徒募集、施設、財務、情報、広報、渉外、募金、職員人事などをはじめ全24項目に上り、一人当たり5〜6項目を担当している。各事業の担当者をもれなく明確にすることで、目標達成に向け役割と責任を分担した経営を目指している。

理事長が召集する機関として学部学科等改組整備検討委員会、創立100周年記念事業委員会、自己点検・評価委員会などがある。とりわけ重要なのが学部等改組検討委員会で、理事長をトップに学長、副学長、常任理事、学部長、校長、教務・学生・就職の各部長、総務・教務・企画部門の事務幹部で構成される。経営・教学・事務のトップが集まるこの会議体で学園全体の将来構想や発展計画が審議・策定されることとなる。法人・大学の基本政策の準備・調整は、学長室や理事長室が業務上担い、その下にある企画課が専門的な調査や企画の立案、取りまとめに当たっている。

年間8箇所の定例監査

監査システムの整備も進んでいる。監事監査規程、内部監査規程等が整備され、専任職員配置の監査室が置かれている。監事の監査業務の支援と合わせて、内部の業務監査を定期的に実施している。5年サイクルで全組織の監査が完了するよう、毎年8箇所ずつの定例監査が行われ、理事長宛の監査報告書を提出し、持続的な業務の改善、向上を推進している。

内部監査規程には、目的として「業務の適正な執行、経営効率の向上、業務の改善の促進」がうたわれ、監査内容として「業務の運営・諸活動の有効性、制度・組織・規程の妥当性、事務の効率性・適法性、予算執行処理・会計処理・財産管理等について定期監査、臨時監査を行う」と定めている。監査室は、被監査部門に必要な資料・帳票の提出、議事録の閲覧、会議出席、説明等を求めることができる。2週間前までに監査予定を告知、終了後1ヶ月以内に監査報告書を理事長に提出、理事長は速やかに当該部門に結果通知と業務是正の指示を行い、是正後ただちに改善実施報告を受けるというサイクルで、学内全部局の恒常的な業務改善を推進している。

優れた事業計画立案

年間の法人・大学運営の基本指針として事業計画がその中核の役割を果たしており、またその事業の到達を総括する形で、事業報告書が取りまとめられている。事業計画は、法人・大学を構成する全ての基礎組織（経営・教学・事務）から、それぞれで検討された各単位別事業計画が集約され、当年度の重点を念頭に取捨選択した上で、予算編成方針等とも整合させながら取りまとめられる。この作業は、財務部、企画課、学長室が共同で担っており、法人事務局長が全体を整理・調整のうえ、理事会はじめ学内機関で審議決定される。

その中でも特に事業計画の現場からの提案書（計画書）が優れている。単なる事業（予算）要求書ではなく、どうしてその課題・事業が必要か、問題点はどこにあるのか、「現状の課題」欄に記述し、その上で事業の

「実施計画」を具体的に記載している。さらに事業の「達成目標」とその達成度合いを示す指標を、定性的に、あるいは可能な数値指標も入れ込みながら設定する。あわせて現在の評価と目標達成時の評価を5段階の数字で表す試みも行っている。これは事業を単に計画するだけでなく、その遂行を通して目標をどの程度達成できたのか、この達成指標をいろんな角度から設定することを通して評価にも使おうとするものである。単に事業がやれたかやれなかったかではなく、どこが前進しまたどこが不十分だったのか、年度終了時に事業を振り返り評価に活用できる点で工夫された事業計画書となっている。「経費」欄の予算計画も、前年の予算措置から今年度の要求、次年度以降の見通しまで数年計画として記載させるようになっており、この点も計画的な予算編成を行ううえで大切である。まだ開始されたばかりだが、この継続により、経営や大学運営のPDCAサイクルの構築に役割を果たすものと期待される。

　大きな大学の統合的な計画の推進には独特の困難さが伴う。現場からの実態や提案を組織的に汲み上げる制度を構築すると共に、それを理事長、学長機構が丁寧に把握・調整し、また将来構想に基づく適切な方向付けを行い、その実施結果については監査室での恒常的な内部監査システムによって改善を積み上げるなど、事業計画を軸に目標の推進と改善のサイクルが機能する、堅実な運営体制を作り出している。

8．企業手法の大学への創造的応用 ── 静岡産業大学

地域に根ざす教育重視大学

　静岡産業大学は、磐田市に経営学部、藤枝市に情報学部を置く総定員2000人の大学である。理念に「東海に静岡産業大学ありといわれる、小粒だがキラリと光る個性ある存在、大学の新しいモデルとなる、専門的職業教育を推進する」を掲げ、ミッションとして「時代の先端的な教育を行うことを第一義的使命とし、教育の品質と生産性を重視し、入学

はやさしいが卒業は難しい大学を目指す。偏差値では測れない個々の学生の潜在能力を引き出し開発することを重視、学生の夢、志が成就できるようサポート、支援する。そのための教育のプロに徹する」ことを教員に求めている。

合わせて県民大学宣言を発し、「地域社会に貢献する人材の育成、地域の産業・文化の発展のための連携、協力」を掲げている。この実践として、地元企業の出資による20の寄附講座（冠講座）を開講、各業界の今を学生がいきいき学ぶことができる仕掛けを作っている。講座には、ヤマハ、スズキ、ブリジストン、タミヤ、中外製薬などの日本を代表する企業の名前が並ぶと共に、静岡銀行、浜松ホトニクス、磐田信用金庫、静岡県の厚生部、産業部、藤枝市など地元企業、自治体も多い。そのほかにも「ジュビロ磐田のチーム経営」と題して、ジュビロの現職経営者やスタッフが授業を担当したり、「静岡第一テレビの番組製作」と題して、テレビの製作現場や放送局の経営を現場の専門家が語る講義も行われている。またインターンシップにも精力的に取組み、地元密着型大学の実践、学生が体験的に学ぶことを通して成長できる仕組みを作っている。

学生重視の大化け教育

教育第一主義の理念の下、「分からないのは教え方が不十分だからだ」の合言葉で、全教員がティーチングメソッド（教授法）の開発に取り組み、小集団による研究と実践を積み重ね、年一回研究会を開きその成果を発表している。その中から生まれたのが「大化け教育」「オバケスイッチ」のコンセプト。入学時には将来の目標が持てなかった学生でも、それぞれが持つ固有の能力を引き出すことができれば、必ず学生は変わり、生きいきと学び、活発に動き出す。教育はそのきっかけを与えること、すなわちオバケスイッチを見つけ出すことだ。学生を大化けさせるために体験型学習を重視し、学生に自信を与えること、そのための手法を教員が切磋琢磨し開発している。大化けして希望の仕事に着いた

卒業生たちの経験談も大きな励ましとなっている。

　また、ここでは学生満足度調査を学生自身が行っている。調査方法を考え、分析し提言にまでまとめる。その内容は講義の良い点・悪い点、施設等の改善課題、学生の悩みや勉強への意欲、将来への希望等多岐にわたり、そのまとめは理事会、教授会に直接学生からプレゼンされ改善に生かされると共に、大学の将来構想の策定にも影響を与えている。こうした学生参加型の創意に基づく取組み一つひとつが学生に自信を与えている。

方針管理制度の創造的応用

　創立15年、地方に立地する小規模大学で、キャンパスは2つに分かれているなど厳しい条件下にある大学がなぜこうした成果を上げ得たか。それには米国ブリジストンの経営責任者などを経て2000年4月より学長に就任した大坪檀学長のリーダーシップによるところが大きい。専門であるマーケティングや経営戦略論をうまく大学運営に取り入れ改革を推進している。

　大坪学長は、厳しい環境の中での大学再生には、魅力作りの戦略の再構築が不可欠だとする。大学のよって立つ基盤、達成目標、管理運営理念などを出来るだけ具体的に、そして共鳴、感動を与えるよう記述する必要があると「静岡産業大学の理念とミッション」を提起した。戦略は大学全体の行動の長期の基盤をなすものであり、建学の精神を誰でも解るように具体的に示し、構成員に伝達し続ける必要がある。そしてそれに基づき年度ごとの学長方針、学部長方針を立案、提示する。

　しかし、ここまでは実施している大学は多い。優れているのは、この方針の達成度報告などフィードバック体制、コミュニケーションシステムを整備した点だ。学長用、学部長・事務局長用、委員会用、教員・職員用など対象ごとに作られた報告書の書式は、分担された課題の遂行状況をチェックすると共に、実践にあたっての問題点や課題、提案や要望、工夫、私の貢献策などを記載する欄を設けている。委員会や職員からの

報告に当たっては「活動状況」や「業務実績」の報告とあわせ、「提案要望事項」「事務改善・要望事項」「学内外に知ってほしいこと」等の記載を求めている。方針の実践過程での問題点や改善点、さらには様々な提案事項や要望を集約することによって、方針がより現実の実態を踏まえて遂行できるようなシステムになっている。

「方針管理制度」と総称されるこれらのシステムは、掲げた戦略を適切に具体化し、推進する上で極めて重要だと位置づけている。すなわち、学長方針などでテーマごとに執行責任者、責任機関を明確にし、その進捗状況を月次、4半期、年次でチェックすると共に、積極的に提案やアイディアを組織し、方針をより豊かにし、実践的にしている。この報告書を1冊にまとめ関係教職員に閲覧、配布することで情報の公開と政策・方針の共有を図っている点も優れている。

構成員を生かす運営

大学運営においても、教授会の性格を審議機関として明確にしつつ、方針の具体化に当たっては、委員会機能を重視し、また重要なテーマについては特別な委員会を組織するなど委員会審議を活性化させている。正規教授会は短時間で終了するが、全教員を実質的な議論に巻き込む参加型の運営で政策の具体化をはかり、実効性を担保している。

こうした取り組みを支える教員の育成のため、教員人事制度改革に着手し、任期制の一部導入や授業評価に連動させた教員評価制度とその基準作りの検討を進めており、時間をかけながら徐々に新制度への移行を目指している。職員が果たす重要な役割も明確にしており、その育成のための研修や職員人事制度改革の検討も進めている。

経営と教学の関係は、学長が副理事長を兼務することで、大学の経営について学長に一任する体制が整い、学長のイニシアティブで改革が貫徹できる仕組みが整備された。その上で理事長との日常的な報告、相談が行われており、経営との協力体制は良好だ。学長を始め学部長、事務局長、校長等も理事に就任しており、学内の意向が経営に反映する仕組

みとなっている。こうした全体の取り組みによって高い就職率を維持し、また学生募集においても増加を続け、財政も安定させるなど実際の成果をあげ大学評価の向上につなげている。

地域型大学の発展モデル

戦略的マネジメントの専門家であり実践者である大坪学長が、自らの理論に基づき、大学運営に企業手法を創造的に適用させ成功を勝ち取ってきた事例である。大学の置かれた条件をうまく生かしたミッションの創造と貫徹、教職員をやる気にさせる巧みなマネジメント、小規模を生かした濃密なコミュニケーション作り、最新のマーケティング理論を駆使した新学科作りや広報、そして何よりも大学が立地する地域に役立つ大学作り、学生を主役に置いた教育の創造への徹底したこだわり、これら全てが総合され、今日の成果を生み出している。

9．リーダーシップによる運営 —— 女子栄養大学

個性的教育の堅持

女子栄養大学は、栄養学による予防医学の日本における草分けとして、1933年創設の「家庭食養研究会」を前身に、1948年「財団法人香川栄養学園」として設立された。単なる栄養学の研究にとどまらず、実践的に食を通じた日本人の健康増進に寄与してきた。計量カップ・計量スプーンの考案により、誰でも栄養バランスの良い美味しい食事を、均一に作れるようになった。これを雑誌「栄養と料理」（1935年創刊）を通して調理法（レシピ）を全国に普及、日本の食卓を変え、健康と食生活の向上に大きな影響を与えてきた。1950年に短期大学制度ができると同時に女子栄養短期大学を、1961年に女子栄養大学を、さらには1956年開設の調理師学校を、1976年に専門学校制度が確立されると同時に香川栄養専門学校に改組し、現在、大学院・大学・短期大学部・専門学校

を持つ、2700名規模の学園に成長している。

　食と栄養にこだわった学科構成を堅持し、いたずらに領域を広げず、この分野屈指の総合学園として、堅実な経営を続けている。学校法人香川栄養学園は、共に東京帝国大学医学部の内科医師であった香川昇三・綾により設立された。「食を通して人々の健康の増進と、病気を予防する実践的人材を育て、社会に貢献する」との明解な建学の精神は、今、学園トップを構成する香川達雄理事長をはじめ香川芳子学長、香川靖雄副学長に受け継がれ、強い個性を持った特色ある教育、人材育成が行われている。

トップが現場を直接掌握

　香川理事長は、小さいけれども世界に類を見ない食と健康の総合学園に発展してきたのは、特に、この10年の地道で総合的な改革の成果だと強調する。学部・学科の改編や教育機構の改革、経営の刷新、教職員の意識改革、校地・校舎・設備の充実、情報教育、国際交流、生涯学習の強化、学生サービスや広報活動の促進など、これまであまり積極的に取り組まれてこなかった事業に力を入れてきた。しかも、こうした様々な改革、改善を原価主義、競争原理、目標管理など企業の手法を取り入れて実行してきた成果で、学園発展の強固な基盤が整備されたと述べている。

　学園の経営は、理事会-常任理事会-役員会-部長会-業務連絡会のラインにより行われるが、これら全ての会議には理事長が出席し、その直接的な指導の下に運営される。方針の実行部隊である業務連絡会は、全ての部長・課長により構成され、毎週木曜日開催される。全部署から、重点課題に基づく業務方針、今週の取り組み、さらに課題の進行状況や問題点、関連の情報交換などが行われる。基本的に全員が発言し、それに対し理事長や常任理事からアドバイスや具体的指示があり、トップの考え方や方向が示される。トップが直接現場を掌握し、現場と日常的なコミュニケーションを行いながら業務を推進することは、実態を踏まえ

た経営の展開に重要な意義を持つ。部長会は月例開催で、もう少しロングスパンの全体方針や構想についてテーマを設定し意見交換、基本方針の策定を行う。

昨年からは、理事長自ら、私大でも例が少ないと思われる、職員全員との個別面談を始めた。これも職員一人ひとりの実情や意見を直接理解することで、現場の実態を掌握しながら経営を行おうとする姿勢の現れである。また、これを通して経営者の目指すものや熱意が浸透していく機会ともなる。

政策の直接の語りかけ

常任理事会は、学園の日常経営を担う中核機関である。寄付行為第7条2項で「常任理事会は、理事会の委任に基づき経営の基本方針、全般的業務執行方針ならびに重要な業務の計画および実施に関する事項、また理事長が必要と認めた事項について協議し決定する。」と定めている通り、経営の決定機関として月例開催で機能している。現在、理事会は16名で構成されているが、うち学外理事が9名を占めることもあり、理事会は予算・決算をはじめとした経営の基本方針を決することを重点に、年3回〜4回の開催となっている。この理事会の基本政策に基づき、日常的な経営計画を策定、推進する責任機関として、常任理事会が位置づけられ機能している。また常任理事会メンバーから監事2名を除いた理事が、毎週定例役員会を開催し、常任理事会と現場との業務遂行上のパイプ役として機能し、いずれも理事長が統括している。

ここで策定された基本政策は、トップから全教職員に直接伝達される。例えば新年の仕事始めの日に、学園の年間方針について、理事長から所信表明が行われる。この内容は文書化され、学園の教職員に改めて配布、周知される。予算編成方針説明会の場でも、理事長が直接、経営の重点事業計画や予算編成の基本方針を説明する。いろんな機会を捉えてのトップからの直接の語りかけは、構成員が一致して目標に向かう上で大切な意味を持つ。

経営・教学の組織的連携

　大学運営は単一学部のため、学部教授会（月例開催）が軸になり、その下にある各委員会も含め丁寧な議論が行われている。学長が副理事長を兼務しているため、大学の運営に経営上の責任を持ち、一義的な判断と権限をもって当たることができ、また教学からの提言が直接経営に生かされ得る構造になっている。

　教学と経営の間には、常設の政策審議、調整、決定機関として、学園構想協議会と学務運営会議が機能している。学園構想協議会は、テーマに応じ不定期であるが、理事長が召集し、教学組織や制度の変更、大きな建築計画など学園の基本事項を審議し決定する。学務運営会議も経営と教学に共通する重要案件について意見交換をし、共通認識を得ることを目的に、隔月で開催されている。このように経営と教学が組織的にも連携を密にして、円滑に事業推進を行うシステムとなっている。

　事務機構は、1997年より課制を廃止し、大きく8つの部の括りで仕事を進める仕組みとなっており、部内の異動は、部長権限で行うことができる。課の壁を撤廃し、業務の繁忙や課題の集中、年間の業務サイクルの違いに応じて、柔軟な業務編成、必要な支援体制が取れることを目指している。また職員の目標管理、達成度評価を行っており、昇格に伴う評価も実施している。

学園発展の原動力

　もうひとつ特徴的のものに事業部の運営がある。雑誌「栄養と料理」の出版事業を中心に、12億を超える事業規模があり、理事長直轄で運営されている。2部6課、約40人の職員で構成され、大学とは別給与体系の独立した運営を行っている。部課長会議を軸に事業計画が策定され、営業活動を含む企業型の運営が行われている。この事業活動が学園全体の運営に刺激を与えると共に、大学の研究成果の社会的な普及や学園広報の点でも役割を果たしている。

　創立以来、食と栄養にこだわった人材育成に一貫して取り組み、この

分野で有数の個性的学園に発展させてきた力の源に、建学の精神を体した創業家の力がうまく作用している。確固とした路線を引くトップのリーダーシップと、一方で現場の声に熱心に耳を傾ける努力、基本原則を曖昧にしない大学運営、良くまとまった教職員の熱意と大学への誇り、これらがうまく噛み合って、この学園に活気を作り出している。

10. 明確な目標の浸透による経営 ── 中村学園大学

食を軸にした総合学園

　中村学園は、創立者中村ハルによって、1954年開校した福岡高等栄養学校を母体とする。その後1957年短期大学、1965年に中村学園大学、さらに高校、幼稚園、中学校、大学院と次々に拡充を行ってきた。現在、大学には栄養科学部、人間発達学部、流通科学部の3学部を有し、短大、2つの高校、2つの中学校、2つの幼稚園を擁する総合学園に発展した。大学・短大で約4000人の学生が在学し、学園全体では約6500名が学んでいる。建学の精神、中村学園らしさに「堅実・個性・進展」を掲げる。さらに中村学園を特徴付けるのに、1959年開設、半世紀の伝統を持つ中村学園事業部の活動が挙げられる。学校、病院、福祉施設、企業等の食堂の委託給食事業を中心に220箇所を超える事業所を展開、1500人の従業員（パートを含む）を擁する一大事業体の経営を行っている。

明確な数値目標を掲げる

　中村学園の積極経営を支える柱は、2003年度から始まった「中期総合計画」である。第3次計画の目標では「社会のニーズを的確に捉え、変化に対応した教育と経営を行うこと、教職員が熾烈な競争環境を前向きにとらえ、計画を具体的指針として目標実現に挑戦していくこと」を求めている。製本されたこの冊子は80pもあり、各学校ごとに教育方針

から研究計画、学生支援計画、社会貢献計画、さらに施設計画から財務計画、事務局の課別の業務計画まで、総合的、具体的に定めたものとなっている。

しかも単なる目標ではなく、それを何時までにやるのか、実施年次を必ず明記し、また就職等においては何％、資格取得においては何人、順位を競うものは何位以内に入る等、具体的な数値目標を書き込んでいる点に特徴がある。例えば計画の冒頭、「財政基盤の安定」の項では、大学、各学校、幼稚園ごとに、帰属収支比率や人件費比率の最終年度における数値目標を具体的に提示、これを達成するための取り組みを求めている。個別計画の中でも、TOEICの人数やスコアの具体的目標やインターンシップの参加学生人数目標、シンポジウムやセミナー、講座などの動員人数目標、受講生獲得目標までも掲げている。こうした数値の明確化は、目標の実践の上でも、到達評価でも、大学業務は評価に馴染まないという風潮を打破する上で極めて重要な役割を持つ。

志願者、入学者の５ヵ年の年次別獲得目標、教員・職員の人員計画等は一覧表で作成されている。さらに計画全体を「年度別計画表」に落として、学部別、事務局課室別に、何年度何をやるか、簡潔に一覧で見られるようにしている。５ヵ年にわたる改革課題全体を俯瞰できると共に、課題を年次的、総合的に掴むことで進捗管理や評価にも活用できる点で優れている。

理事長による政策の浸透

こうした総合計画の推進を担うのが、中村量一理事長をトップとする理事会で、12名で構成されている。常任理事会は、学園主要機関の代表者が全体に責任を持って統括できる構成で、月２回開催され迅速な経営政策の具体化と執行がなされている。大学には学長の諮問機関として「審議会」が置かれ、毎月開催、教育・研究の基本方針や学部共通の全学的課題について審議している。事務局も毎月、部課長連絡会を持って各種決定事項の伝達、業務方針の立案、問題点の検討などを行っている。

理事長召集により月2回、大学・短大の全教職員を対象に、8時30分から8時50分の間に行われる「朝礼」は、特色ある取り組みだ。理事長、学長から毎回交替で話があり、時々の課題、テーマに基づき、大学を巡る動きやそれに対応する経営・教学の考え方、改革方針が直接教職員に伝えられる。また教員、職員、管理職を対象とする研修会をそれぞれ定例的に実施しているが、ここでも理事長が1時間をこえる講演を行っている。直面する課題の共有と政策の浸透、トップとのコミュニケーションの強化による改革の推進という点で重要な取り組みだ。

全教職員の人事考課制度

　さらに全教職員が、学園のビジョンに基づき、目標を持って教育や業務遂行に当たる上で、重要な役割を果たしているものに、2000年度実施の人事考課制度がある。この制度が優れているのは、大学・短大教員、中高教員、幼稚園教員及び事務職員まで、学園を構成する全ての教職員をひとつの考課制度で統一運用している点だ。「教職員の意欲、能力、成果を評価し、昇給、昇格、賞与等の処遇に適正に反映」することで「能力および資質と士気の向上に資することを目的」としている。評価は「意欲・態度考課、能力考課、業績考課の3つで構成」されるが、大学・短大教員は、教育、研究、学内・学外活動によって、中高教員は、教科指導、クラス運営、生活指導・進路指導、特別活動指導による評価となる。幹部教職員はこれに、大学・学校運営や人材育成などの評価が加わり、最終評価者は、学長、理事長となる。評価は、自己評価に基づき、1次・2次考課で確定するが、特に提案・改善事項、担当業務の実績、研究補助金の採択、学園評価（PR）への貢献、保育への創意工夫、自己啓発などを記載させ、重視して評価している。この点でも、中期計画での具体的目標の設定が有効に機能していると思われる。職員は、目標を面接によって設定し、結果を各人にフィードバックすることで育成につなげている。

　中期総合計画の掲げる目標を全教職員が自らの課題として掲げ、評価

し、問題点を明らかにしながら次年度計画に生かすことで、この人事制度が改革推進に大きな役割を果たしている。

全国屈指の事業部運営

　65億の売上、1500人の従業員という、大学が行う収益事業としては極めて大きな規模を持つ事業部の取り組みも特筆すべきである。事業理事の指揮により、統括部長の下、経理、総務、販売、営業開発、仕入、製造、安全指導の7人の部門長を置き、さらに19の課（課長）を配置して全体の運営が行われている。収支も健全状況を維持しており、学園への寄付金も堅調に推移している。

　「給食事業を通じて、栄養改善、食生活改善を実際的に具体化する」（事業部創設の精神）とともに、大学の学術研究の実践の場としての役割も果たして来た。撤退する事業所がある半面、新規事業所がさらに増加し、仕入れ価格安定化の工夫と収益確保、営業開発部門の活発化、食中毒等の安全管理部門の強化等の経営活動は、学園運営にも良い意味での刺激を与えている。「おいしいものを安く、気持ちよく提供して広く社会に貢献する」（事業部理念）に基づく事業展開は、学園の評価向上や財政基盤の強化に貢献している。

こうした発展の源泉には、中村理事長の大学経営者と企業経営者の両面を持つ優れた経営手腕がある。大学行政でも全国的な要職を勤め、地元財界でも大きな役割を担う幅広い交流と識見がこの大学の発展を支えている。明確なビジョンを指し示し、論理的体系的な話しぶりで多数の教職員や従業員をひとつの方向にまとめ上げ、目的実現に組織している。こうしたリーダーシップと全学の取組みの総和がこの大学の発展を作っている。

11. 4年制大学へ攻めの革新的転換 ── 星城大学

思い切った転換

　星城大学（名古屋石田学園）は、2002年に短大を廃止し設立された経営学部とリハビリテーション学部を持つ入学定員380人の大学である。前身の名古屋明徳短大は、英語科と国際文化科を持つ文系短大として1989年に開学したが、学募上の困難から2001年に募集停止した。4年制大学の設置に当たっては、これまでの短大教育の延長とはせず、社会的必要性、進学ニーズに基づいて、全く新しい分野、経営とリハビリテーションに進出した。そのため短大教員は雇用を自動的に継続せず、短大閉校と共に一旦全員が退職していただいた。その中から次の四年制大学申請で文部科学省審査を通る方のみを雇用するという方法で、新分野への思い切った転換を実現した。短大が廃止された厳しい事態とはいえ、強い経営姿勢なしにはこうした改革は不可能である。その上で全教員に対し5年の任期制を導入し、授業改善や教育力量の向上にシフトした教員評価制度を取り入れた。日本の大学では全教員任期制はまだ少なく、この点でも挑戦的取組みといえる。

特色ある教育づくり

　もうひとつ、教育の特色作りの柱に置いたのがeラーニングの導入と徹底した教育のIT化だった。全学生にノートパソコンを携帯させ、紙の教科書は使わず全て電子テキストとした。教員は授業の一週間前に教材や授業内容をＷｅｂ上にアップしておき、学生はそれをダウンロードして予習も復習もできる。授業は全教員に公開されている。大変な面もあるが、よく準備された魅力的な授業作りが行われる環境となっている。学生にとっては、ITの活用が自然に身に付くと共に、全ての授業を後から振り返ることで学習効果を高められる点で、教育の優れた特色となっている。こうした努力で両学部とも順調に入学者を確保してきた。

　このような成果が上げられたのはなぜか。要因の第一は、大学新設の

ために新たに採用された教員・職員を含む設立準備委員会が、市場調査やニーズを踏まえ、全く新しい大学作りに一から携わり、これまでの延長ではなく時代を先取りする新たな大学創りを進めた点が上げられる。新学部の特色作りから教員人事編成、文科省申請、開設までを一貫した責任を持って担い、新たな試みを、学長、学部長予定者を中心に次々と形にし、実現させていった。もうひとつは、経営側がこうした新たな試みを積極的に支援し、前例踏襲の枠にはめるのでなく、基本的に大学設立準備委員会のメンバーの力を生かしつつ、全体的判断と中期的見通しに立って基本政策を決定していったことがあげられる。

攻めの経営をめざして

この間の経験を、2008年8月に行われた「日経ビジネスイノベーションフォーラム—少子化時代に勝つ攻めの私学経営」(『日経新聞』2008年8月29日付)で総括的に明らかにしている。

ここでは、まず外部の目からの大学のあり方について、三菱総研の野口和彦研究理事が講演した。大学の経営改革を阻む要因に「大学は特別だ」という誤った認識があるが、大学経営といえども経済原則から逃れることはできない。顧客視点を導入し、勝つための戦略構築が不可欠で、たとえば総合力ではなく得意分野に特化した戦略、伝統と先端の融合戦略、最先端の研究開発力、社会適応力のある大学のアピールなど、他とは違う差別化を図ることが大学経営改革に求められると提起した。そのためには、まず目指す大学像を明確にし、それに基づき中長期、短期の目標を設定、達成期限を定め実践することが求められるが、これをやり抜いているのが星城大学だという。

大学側の報告では、「急激な定員割れで危機的状態に陥った短大時代には、厳しい状況の中、打開策が見つからず、みな一様にどうしたらいいのか目標を失った状態だった。まず取り組んだのが大学としての目標を明確にし、共有し、教員・職員が一丸となって取り組むという意識改革だった。厳しい状況だったが、やりぬかねば大学の将来はないと思っ

た」と語っている。何よりも先見性が不可欠で、高齢化社会を見据えた日本初のリハビリテーション学部を創設、経営学部では情報化社会に合わせた電子化への取組みを他大学に先駆けて導入し、日常的にＩＴの最先端に接する環境を作った。開学2年目には経営学部にスポーツマネジメントコース、医療マネジメントコースを立ち上げ、保健体育と情報、公民の教職課程を創設するなど持続的に、顧客視点に立った差別化戦略を推進している。大学の経営改革にとっては、こうした取組みを不断に続ける知恵と努力、実行のための忍耐強い説得力、それらを信念と覚悟を持ってやり抜くことが大切だと語っている。

自立的な運営を基礎に

学校法人名古屋石田学園は、法人本部会議と大学の戦略会議を軸に運営されている。法人本部会議は月一回開かれ、理事会にかけられる案件や学園各学校の基本政策、重要案件は全て事前にここで審議される。大学政策の素案作りを行うのが戦略会議で月2回開催される。ここで練られた改革案が教授会で審議されると共に、経営に関連するものは理事会で議決されることとなる。その他に学長のもとに置かれた検討組織として将来構想委員会をはじめとする学長統括委員会がある。そのいずれの組織にも事務局幹部が加わり、事務局各課が集めた情報に基づく現場の実態を踏まえた改革提案や斬新なアイディアが出され、全体の合意を得て実践に移していく点で、機動的な組織運営となっている。理事会は、理事7名（学内理事3名、学外理事4名）で構成され、法人全体の財政統括を担い、大学・学校の教学はそれぞれの自立的な運営を尊重している。

定員割れの短大時代には大幅な赤字であったが、2004年度から黒字に転化、以後、収入超過が続いており、財政は大幅に改善された。こうした活動の評価を示すものとして、2003年から500を超える大学・短大、諸機関が見学に訪れ、その先進的な取組みを直接学んでいる。

現場の実態・問題から出発

　事務局運営は、少人数を生かし、その日の方針や考えるべきテーマについて常に全員に伝達されている。方針や業務指示をはっきり示し、個々人に浸透させ、その実践や評価を問う業務スタイルを貫いている。また現場のニーズ・要望、現実の問題点や実態から全てが出発するというやり方を徹底している。学生募集のための高校訪問の報告書は全員に閲覧され、それに基づき業務の改善、教育の改善を検討してきた。課長会議は2週間に一回行われ、現状報告や方針の進行状況報告が行われ、その推進方策を議論する場となっている。現実の問題点を基礎にした改革のスタイルが徹底されている。

　定員割れの短大をニーズの高い四年制大学に革新的に転換させ、徹底した教育の重視とIT化、それを担う教員の任期制や評価システムの導入など最新の手法を取り入れ、鮮明な特色を打ち出してきた。はっきりとした目標を掲げ、市場動向を敏感に読みながら、次々と斬新なアイディアを形にするなど、確固とした攻めのマネジメントによりV字回復を果たした事例といえる。

12. 教職員参加型の中期計画立案 ── 京都女子大学

前進し続ける大学

　京都女子学園は、大学院、大学、短期大学部、高校、中学、小学校、幼稚園を擁する女子教育の総合学園として発展してきた。大学は、文学部、発達教育学部、家政学部、現代社会学部の4学部からなり、学園全体でおよそ9000名が学んでいる。創始以来、「親鸞聖人の体せられた仏教精神」を建学の精神として「心の教育」を重視、女性の地位向上と活動の場の拡大を求めて、高い知性と豊かな心を身につける人間教育を行なってきた。

　近年の京都女子大学の改革推進の中心には、4年スパンで策定・推

進される学部新設・改組計画を柱とする全学的な教学改革方針（将来構想）がある。すでに「平成12年度改革」では、現代社会学部の設置、教育課程の抜本的改革、S校舎・錦華殿新設、情報教育環境の抜本的整備を行い、「平成16年度改革」では、発達教育学部の設置、生活福祉学科の設置、教育課程の見直し改革、T校舎増築などに取り組んできた。大学院も専攻ごとに順次修士課程、博士課程の増設を進めた。また各種資格も、管理栄養士、食品衛生管理者、保育士、二級建築士、情報処理士、衣料管理士、社会福祉士、介護福祉士、臨床心理士など、次々と新たな資格課程教育を開設してきた。これらの急速な拡充・発展政策により、建学の精神を実現するための学部教育体系を形作るとともに、進化し、前進し続ける活発な大学イメージを作り上げてきた。

将来構想の連続的推進

「平成20年度改組〜人を育てる大学・短大教育を目指して〜」では改めて大学の現状や問題点、大学教育に求められているのは何かの検討から出発し、大学のあり方を原点から問い直そうとしている。過去2回の将来構想での連続した学部拡充の到達点を踏まえつつ、学部新設の継続だけで志願者を確保していくやり方には限界があり、体力低下も引き起こしかねないという、先見的な見通しを提示した。将来構想の提起は、

(1) 全国大学の現状と問題点、
(2) いま大学教育に求められていること、
(3) 本学における問題点と課題、
(4) 目指すべき方向性、

からなる。第2次大学・短大将来構想検討委員会の「中間まとめ」を見ると、受験生や学生アンケート、さらに父母、社会から「今大学に求められていることは何か」のヒヤリング等、実態に基づく真剣な分析から出発していることが読み取れる。そこには評価が向上した項目と合わせ、マイナス評価も丁寧に取り上げられ、その中から率直に改善課題を提起している。そうした検討の中から、改めて「社会人基礎力」の育成を核

とした教育充実の課題を導き出している。改革案の柱は、
(1) 組織の改革（教員評価制度や副学長制導入等）、
(2) 教育の質の向上（教育方法討論会の開催、授業公開・討論システム、教育課程見直しなど）、
(3) 学生生活支援（学年別キャンプの実施、教員と共に職員も学生アドバイザーに）、
(4) 教育環境の整備（整備計画の立案）、
(5) 研究支援計画（外部資金の獲得）、
(6) キャリア教育推進（全学キャリア教育の体系化）、
(7) 生涯学習、
(8) 国際交流

となっている。4年スパンの、目標を定めた改革は続行していく。しかし、学部設置だけが改革ではない。今こそ大学としての本当の力を付けていく改革が求められるとして、教育改革、学生生活改革、教育環境支援改革の諸課題を提起している。

現場提案を重視した計画

こうした深みのある将来構想検討は如何にしてできるのか。すでに過去2回にわたる改組計画の策定に当たっては、大学・短大将来構想検討委員会を中心に多くの委員会や部会を設置し、70人に及ぶ教職員が検討に加わり、全学参加型で改革の立案を行ってきた。「平成20年度改組」に向けた検討体制も、こうした流れを踏まえ、将来構想委員会を軸に取り組まれた。教育・研究企画会議で検討すべき課題を特定、それを目的別ワーキンググループで調査・研究し、策定された改革案を課題別ワークショップで具体化するという形で、多くの教職員の参加を組織している。

その中で特筆すべき取り組みが「研究会」だ。将来構想について、自由にテーマを設定し、有志を募って改革案を議論・提案する。検討テーマ、メンバー、期間、取り組み内容・方法、意義、必要経費などを申請

し、承認を得る制度である。予算も付き、期間は1年、成果は教育・研究企画会議に報告（プレゼンテーション）され、採択されたものは目的別ワーキングで本格的に具体化される。すでに終了したものも含めると27の「研究会」が活動している。テーマは例えば、大学と地域の連携、高大連携、授業評価、通信教育検討、附属小学校でのインターンシップ、教員養成課程高校との連携、1級建築士課程検討、栄養クリニックの創設、障がい学生支援、生活造形学科将来構想、新図書館構想など多岐にわたる。教職共同により現場からの企画、アイディアが提案され、将来構想に厚みを加えるとともに、自らの手で作り上げた自分たちの計画だという自覚を高め、全学を挙げた実践を作り出す上で大きな役割を果たしている。

政策を遂行するシステム

　理事会は、理事長のもと学長、校長、事務局長理事3人を常務理事とし、それに学内選任の管理職理事を加えて常任理事会を組織、週一回の開催で、理事会決定の遂行を担っている。学園長制を敷いており、寄付行為上も「各学校の教学を統括する」と定められ実際の最高執行権限者と位置づけられている。これは、かつて宗教法人から理事長が選任されていた時代に対応したもので、現在は理事長が学園長を兼務している。大学は、学長の下、学部教授会の審議を踏まえ、大学評議会が全学事項を決定する仕組みとなっている。ここには事務系職員から3名（総務部長、財務部長、進路・就職部長）が議決権を有する正規構成員として加わっていることは教職協働の前進という点で特筆に価する。

　また、この大学では学長選任の方法を、全教職員による選挙制度から平成13年度より学長選考委員会制度による選考に変更した。選考委員は、学園長、理事と合わせ大学の教育職員から5名、附属小学校の管理者から2名が選任される。これにより大学を統治するに相応しい人材をより客観的に選任するとともに、学内に無用な対立を起こさないことを狙いとしている。

経営と教学は、将来構想を媒介として政策の統合とその年次的な実施計画の一致が図られている。将来構想の具体化は「年度予算編成の基本方針」で行われ、この「重点事項」に基づいて各分野別の課題・方針を全領域に渡って明示するとともに、実際の予算が編成され、執行状況・到達点を総括・公表する仕組みとなっている。

教職員の知恵を生かす

改革精神の全学への浸透をベースに、教職員の参加型運営を重視し、その知恵と力を最大限に生かすことで、大学のあらゆる領域で創造的な改革を積み上げてきた。またそうした取組みを繰り返すことで、一丸となって目標に向かう風土を醸成してきた。ボトムアップの運営が成功した背景には、この学園が歴史的に形成してきた強み、法人・大学一体の目標がしっかり打ち立てられ、共有されているという前提がある。将来計画の全学的検討と共有による立案・推進とそれを担う教職一体組織によって、力のある改革を推進しているところに、この学園の強みがある。

13. 学園一体の改革を目指して ── 京都ノートルダム女子大学

学院の理想を掲げて

学校法人ノートルダム女学院は、1952年の中学校開校に始まり翌年高等学校、さらにその翌年小学校を設置し、1961年、京都ノートルダム女子大学を開学して一応の完成を見る。現在児童・生徒・学生数は約3500名ながら、建学の精神を育む小学校から大学までの一貫教育が実現できる教育システムとなっている。「ノートルダム」とはフランス語で「聖母マリア」を意味し、その名の通り建学の理念は、キリスト教精神そのものである。その具体的姿として3つのビジョン、1）自尊感情の強固な土台をつくる、2）可能性を最大限に開花させる、3）「徳」と「知」の統合で「対話力」を育む、を掲げる。各学校の規模は、大学

1600人強、高校500人強、中学400人弱、小学校1000人弱となっている。

　ノートルダム女学院は、2006年より理事会体制を一新して新たなスタートを切った。これまで、7名の理事全員が教育関係者で占められていたが、うち3名を企業経営者等から任命し、学長、校長の教学出身理事と合議することで、教学の充実と経営改革の統合的な前進を狙った。また設立母体である宗教法人カトリックノートルダム教育修道女会の代表は理事を外れ学院長に就任することで、建学の精神を生かすとともに理事会をより実務型に編成した。「教育共同体としてのアイデンティティーの明確化と共有化、『顧客』に通じる『言葉』でのアイデンティティーの発信、持続可能な仕組みづくりを目指す経営の中長期戦略の策定」とその推進体制の整備（『ノートルダム』第49号）を方針として提起し、その実現をめざした。

法人の下での一体運営
　こうした改革の背景には、この法人が設置する3つの学校が、教学運営はもとより財政まで独立した運営を行い、法人本部は各学校が拠出する法人分担金で運営されるシステムとなっており、それぞれの強い個性が作られたが、理事会や法人本部の下、3校が連携しながら前進する気風に欠けていた点が上げられる。3校合同教職員研修会の実施や内部進学に関する協力体制の強化、法人事務局と大学事務局の連携体制の強化等、次第に協力関係が改善されつついあるが課題も多く、これが中期計画策定の背景にもなっている。厳しい環境の中、今後、小学校から大学院までを擁する学園としてのメリットを生かす教育企画の創造、広報の一体化、事務連携強化や規程の一元化をはじめ、法人の目指す目標実現と各校の教学改革の連結、経営母体と教学現場の意思疎通の強化、中期政策の具体化の中で法人としての一体的な運営の確立を目指して改善を図っていくことが求められていた。

中期計画の目指すもの

　それらの課題を実現するため、ノートルダム女学院は、2006年8月「中期計画」(2007年−2014年) を策定した。グランド・プランの柱として「小学校から大学院までの一貫教育システム」、「設立母体の国際ネットワークと総合学園ならではの資源を生かした特色ある教育」の2つの目標を掲げ、その実現のために3つの主題と15の主要課題を提起した。その内容は、

1、**魅力の創出**　①施設・設備の刷新②大学・大学院の付加価値の向上③総合学園として時代のニーズに合った特色ある企画の創出④就学支援制度の充実⑤進学・就職実績向上に結びつくカリキュラム・制度の導入⑥教職員の資質の向上、

2、**経営の安定**　⑦健全な財政基盤の確立⑧収入の多様化と安定確保⑨学院全体の連携による事務の効率化、経費削減⑩人事制度と職務規定の改定、

3、**組織の進化**　⑪理事会のリーダーシップの強化⑫ビジョンと戦略の先鋭化⑬中期計画の学院全体での共有⑭競争的予算制度の創設⑮対話力の向上、

である。教学の改革と経営強化を統合的に前進させること、そのための政策の全学浸透と理事会のリーダーシップの確立を提起した総合的な内容になっている。

連携した教育への前進

　「ノートルダムの再創造に向けて」と題されたこの中期計画の冒頭での提起は、大学創立50周年 (2011年)、女学院創立60周年 (2012年)、小学校創立60周年 (2014年) の節目が連続するこの時期に、法人と3校を含む学院全体が協力し、新たな学校を創立するほどの意気込みによって目標達成に邁進することを訴えている。

　相対的に自律したそれぞれの学校からの改革の積み上げだけでは、学院全体の大きな前進は望めない。各学校のリーダーが法人の提起する目

標を共有し、学院全体の一貫教育による抜本的な強みの強化、社会的な評価の向上を一致して目指すことが不可欠である。各学校の発展計画が学院全体の政策と整合することによってこそ、大きな飛躍が期待できるとした。

そして、これらの課題の推進のため中期計画総合推進室（通称：エンジンルーム）を、法人、各学校、事務局の中核メンバーで発足させるとともに、全学一体の中期計画委員会、経営効率化委員会、連携特別委員会、募金委員会、施設設備委員会を作り、その具体化と推進を始めた。長年の各学校の独立運営の歴史から、統一した学園政策の浸透・共有や連携した教学改革の推進にはなお時間を要するところもあるが、各校の現場の声も踏まえながら、大きな目標の実現に向けて前進を開始している。

大学改革の推進

人間文化、生活福祉文化、心理の3学部を擁する大学の運営は、学部長・研究科長会議を軸に運営される。副学長は置かず、その主要構成メンバーである3学部長、4学科長、大学院研究科長の計8人をいずれも学長補佐に任命し、ライン管理に責任を持つと共に学長スタッフとすることで、大学の全体政策と学部現場の実践との結合を図っている。通常の教育行政は学部教授会を軸に遂行されるが、全学的な方針や将来構想、管理運営や財政、全学的な諸制度や規定等は、管理運営会議で審議、決定される。この会議は学長以下大学の全役職者で構成されるが、ここには事務局長、同次長、総務部長など職員を正規構成メンバーとして参画させ、政策立案や執行面での教職の一体的な協力関係の強化を図っている。

年度の大学運営は事業計画に基づき推進される。事業計画は、2011年の大学創立50周年に向けての中期的な改革課題を踏まえながら、第3者評価による大学改革の推進、北山キャンパス整備、学生確保と広報活動の強化、そのための入試制度の全面的な見直し、財政の改善、魅力

ある大学創造に向けた諸課題が提起されている。特に、学生の学力向上、学力不足学生への対応を重視し、学生指導の充実、授業評価、教育研究活動の活性化等が直面する重点課題として掲げられている。第三者評価を契機とした自己点検評価を通して明らかにされつつある今後の大学の改善計画を基礎に、中期計画策定を進めており、これが法人の中期政策と接合されることで、より強い特色を持った大学運営が実現されるものと思われる。

学院の再創造に向けて

力があり、評価も定着している大学、学校、法人が、如何に一体化し、さらに相乗効果を発揮していくかが、まさに問われている。歴史的に形成されてきた風土を変えるには、トップダウンによる政策提起も必要だし、有効性もある。理事会、法人本部の政策を基礎に、各学校の新たな連携による学院の再創造と発展を目指す取組みが進んでいる。

14. 周年事業を機に中期計画を策定 —— 神奈川大学

ミッションの見直し

神奈川大学は、1928年創立者・米田吉盛が、勤労青年対象に夜間部だけで開設した横浜学院がその始まりである。翌年、横浜専門学校と改称、1949年学制改革により神奈川大学となった。今日、大学・大学院、7学部8研究科、18000人余、附属中・高を含め総数約2万人、卒業生19万人余の総合大学に発展した。横浜キャンパスに法、経済、外国語、人間科学、工の各学部、湘南ひらつかキャンパスに経営、理学部が置かれている。専任教員450名、職員も約250名の大規模大学である。

80周年を機にその中心事業として、創立以来初めて、学園全体の統一した「基本方針」「経営の方針」を定めるとともに、「中期目標・中期計画」を策定した。これらを策定するに当たり、改めて創立の理念を見

直し、ビジョンや基本政策を今日的課題を踏まえて明確にする作業を行った。

基本目標の確立と具体化

新たなミッションに基づき、学園の基本方針として、教育方針、人材輩出方針、入学生受入方針、研究活動方針、社会貢献活動方針の5本柱を掲げ、「経営の方針」として、学園資源の選択と集中、教学の主体性尊重と法人ガバナンスの強化、組織強化のためのマネジメント推進、安定経営基盤の確立の4本柱を掲げた。キャッチフレーズを「約束します、成長力。―成長支援第一主義」とした上で、世界への発進力の強化、進路の柔軟性の拡大、実践力の強化、学生交流の多様化の4つの基本目標を鮮明にし、それぞれに具体的な事業計画の柱を設定している。

白井宏尚前理事長は「この基本政策は、全教職員が改めて創立の原点に立ち返り、知恵を出し合うことが出来た成果だ」と述べるとともに、その具体化については「既に改革案づくりに着手している附属中高と事務局とあわせ、大学の教員組織も人事・給与体系を含めた見直しを行う。大学教員、附属教員、事務職員の3つの総合的改革を実施し将来構想と統合することで、将来に向けて磐石の基盤が築ける」(学園ニュース第96号)と述べ、スタートラインに立った成果と、今後の具体化と実践こそが正念場だと提起した。

構想による前進と課題

将来構想の検討の中心組織として2007年4月「学校法人神奈川大学将来構想策定委員会」を新たに、理事会の下に設置して審議、策定を進めた。学園全体のマネジメントに責任を負う理事会の総括の下に位置づけることで、大学や附属学校の責任者、事務局幹部および外部の理事・評議員が集まり、忌憚のない意見を出し合いながら、学園としての大きな統一方針を策定することとした。この検討を経営企画室をはじめとした事務局がサポートすることで、教職協働による策定作業が進むことと

なる。

　検討の第1フェーズでは、まず建学の精神を改めて共通の拠り所として再確認するとともに、その理想を実現するためのミッション、ビジョン、それを現実化するための教育方針と経営の方針の双方を定めた。それを基に第2フェーズで大学・附属学校の中期目標、中期計画を具体化するという方法を採った。事務局改革案の策定、大学教員人事制度改革もスタートすることで、学園を構成する全ての領域で改革のプランニングが進み、その方向が確定していくことになる。

　今後、この構想の具体化と推進は将来構想推進委員会の活動にかかってくる。改革が具体化し、それぞれの組織の立場や個人のあり方が問われ、利害に関わってくれば来るほど、合意と推進には困難な点も予想される。しかし、基本政策の一致を実現した力と、その過程で築き上げた経営、教学、事務局が力を合わせて前進する実績や気風が生きてくることは間違いない。

管理構造とその改革
　理事会は15人で構成され原則月2回開催、また日常業務は毎週開催される常務理事会で審議、遂行される。また、大学機構は、7学部それぞれに学部教授会が置かれ、ここを基礎に運営される。その上に評議会が置かれ、教学運営の最高決議機関と位置づけられている。しかし評議会は、学部教授会の審議を経た案件や学長諮問事項の審議となっており、やや形式的になり有効に機能していない面もあったと自己評価されている。

　これまではどちらかというと意思決定は学部を中心に行われ、それらを緩やかに学長が束ね、経営と合議しながら進めるという民主的運営に重きが置かれてきた。大きな大学の機構運営の中で、明確な目標や戦略を掲げて学園を動かすというより、学部や附属学校の自立的な動きをベースにした調整型運営の総和で力を発揮してきたといえる。

　この背景には、歴史的に形成されてきた構成員の総意を大事にする各

種の選任システムがある。それは全教員・職員が参加する学長選挙制度であり、寄附行為施行規則に定められた評議員から選出される理事の選挙区分ごとの選挙に基づく選任であり、評議員が59人という、理事数の4倍近い多数の各層の代表者による経営チェックの仕組みなどである。しかし一方、厳しい時代状況は明確な基本方針に基づく迅速な意思決定と執行を求めており、ビジョンに基づきその実行に責任を負う体制の整備も不可欠になってきた。2007年8月9日の理事会、評議員会で決定した法人管理運営体制の改革は、評議員総数を44人に減ずるとともに、事務局長を職務上の理事とし、意思決定の迅速化と経営体制の強化を図った改革の第一弾といえる。将来構想の策定とその具体的推進に並行して、今後とも政策実行体制の整備が必要で、理事会の先見性と強いリーダーシップが求められている。

事務局改革の基本構想

　将来構想の進展と合わせ、事務局管理運営体制の改革も、その全体構想をグランドデザインの形で公表した。厳しい環境の中で「選ばれる学園」であり続けるためには、学園の運営・経営のプロフェッショナルとしての自覚の下、自己研鑽、自己改革が出来る人材が必要である。「For The Students ―すべては学生のために」の視点を基本に、全職員がミッションを共有し、ビジョンを実行に移すことが出来る業務運営、大学構成員の信頼性や満足度を高めうる組織作りが求められる。

　そのために新人事制度と新組織の検討を進めている。人材育成重視、役割と責任の明確化、貢献度に応じた処遇等を基本内容とする新たな総合的人事制度の構築、機能的、合理的でシンプルな事務組織への再編成を推進している。これまでの年功序列を改め、自ら進んで能力を開発し、実力を発揮していくことを評価する能力主義的考えを取り入れ、職能資格制度を基本にした育成と評価によって、やる気と誇りを持てる職場づくりを提起している。事務局組織の再編も、学生から見て分かりやすい組織づくりの視点を最も重視している。また事務局長を核とした経営政

策の遂行、政策立案機能を強化し、学園ビジョンを担い実行しうる事務局づくりを行っている。これも将来構想具体化の重要な一翼となる。

　大きな、そして歴史のある大学の改革には、他とは比べられない困難が伴う。周年事業を大きな好機として捉え、全学を動かし、全教職員に呼びかけ、目標と戦略を定め、またその推進を担う経営、管理運営機構、事務局の改革を短期間で統合的に進めている事例といえる。

15. 初めての将来構想で改革推進 ── 大妻女子大学

ブランドとしての評価

　大妻女子大学100年の歴史は、1908年（明治41年）創始者大妻コタカが女性のための裁縫、手芸の私塾を開いたことに始まる。その後1942年、大妻女子専門学校となり、1949年、大妻女子大学が開学される。「女子も自ら学び、社会に貢献できる力を身につけ、その力を広く世の中で発揮していくことが女性の自立につながる」というコタカの確信は、「女子の実学を身に付けた生活者の育成」という今日の大妻女子大学の建学の精神に貫かれている。これは時代の求める「良妻賢母の大妻」、今日の「就職の大妻」というブランドを形作ってきた。

　現在大学には家政学部、文学部、社会情報学部、人間関係学部、比較文化学部の5学部があり千代田キャンパス、多摩キャンパス、狭山台キャンパスの3つのキャンパスで学んでいる。法人が経営する学校は、中学2校、高校2校、短大・大学、大学院で、大学・短大では8000人の学生が学び、教員約320名、事務局職員165名が在職している。

所信での鮮明な課題提起

　佐野博敏前理事長は、学長の退任に当たり所信を表明、時代が求める大妻の理念の再確認を呼びかけると共に、環境の変遷、厳しい現状を直視し将来構想の具体化を提起した。そして、特に以下の2点の課題を強

調した。

　第1は大妻の教育環境として、遠隔キャンパス立地による学校間、学部・学科間の孤立・隔絶状況が、総合力、相乗効果を発揮する上で障害となっており、優秀な教職員の能力の発揮や学院全体への貢献意欲にマイナスの面をもたらしている。また、統一的な企画・広報戦略の展開を弱め、大学の実力が過小評価されることにつながっており、ソフト、ハードの両面からの改革が不可欠だとした。

　第2には、社会や学生・生徒の教育ニーズの変化への理解の不足やこれに対応する教育改革の遅れを指摘した。現在の教育理念や教育方法と社会の変化の乖離を厳しく問い、また、それを埋めるための教員の一層の努力を求めた。

　それらの対応策として、創立100周年を迎えるに先立ち
(1) キャンパス再構成の基本構想を踏まえつつも、短期的には、情報共有制度の拡充、学校・学部間の協力体制の強化、相互学習、相互履修、連携活動の拡充、キャンパス間ＩＴ連携の強化、各種議事録の公開、メール配信、HP活用等情報交換の充実により、相互理解の有用性を実感することで組織力の向上を目指すこと。
(2) 教育については、中高・大学間の相互学習・履修制度、早期卒業制度、本質的教養教育等の充実と促進、学力向上実績の積み上げ、情報公開の前進や広報活動の体系化、体制の統一など具体的な改革推進課題を提示した。

　この理事長による提起は、学院が直面する大きなふたつの課題を鮮明にすると共にその解決に向けた基本方向を指し示すものであった。この総合的な課題提起を踏まえ、将来構想の検討が進むこととなる。

将来構想委員会の設置

　2006年2月、学校法人大妻学院将来構想検討委員会が発足した。これは理事会の下で、経営・教学の共通課題について審議する機関として機能してきた企画整備作業部会をベースにしたものであった。この経

営・教学一体機関である将来構想委員会が、所信も踏まえ、特色ある教育体制の確立を中核に、法人全体の視野から中長期政策のとりまとめを行った。また企画室がその策定作業を業務上担うことを通して、教職共同による立案作業の実績を作り出してきた。

そして2008年3月、将来構想の提案としては学院で初めて、「創立100周年に向けての本学のミッション-共に取り組むための経営戦略-」を発表した。記念すべき創立100周年を期に更なる発展を目指し、大妻学院100年の到達点や教育・研究の見直しが必要となる時代背景を明らかにしながら、新たな教育・研究の理念と目的を、創立の精神を現代に再構築しながら提起した。それを踏まえ今後100年の発展の方向性を4つの柱で示し、9つの重点目標と戦略を掲げた。

総合的な政策提起

その内容は
(1) 全学自己点検自己評価、全学FD等の充実を目指した改善計画（教職員の意識改革）、
(2) 全学的カリキュラム問題の解決（学びと暮らしの工夫）、
(3) 志願者漸減傾向への全学的な対応策の検討（学生募集への更なる注力）、
(4) 全学の組織的な学生支援体制の強化（学生サービスの更なる改善）、
(5) 教育・研究計画の限界を克服する戦略としての外部資金取得（教育と研究の工夫）、
(6) 大学の地域社会貢献活動の活性化（大学の社会的責任）、
(7) グローバル化への対応（国際交流の活性化）、
(8) 意思決定の柔軟・迅速化（法人組織の管理運営体制の見直し）、
(9) 財務の更なる健全化（堅実な財務運営基盤の保持）である。

教育・研究活動、学生支援、志願者対策、外部資金獲得、社会貢献、国際化に始まり管理運営体制や財務改革にまで言及する総合的な提起となっている。

経営・教学、大学と中・高が一体となった基本政策、大妻学院として共通の目標を目指して前進する旗印が明確になった点では画期的な意義を持っている。そして今後はこの具体化、マスタープランとアクションプランの作成、その周知と推進が求められ、これからが正念場だとも言える。

　所信でも述べられた大妻が直面する困難な課題であるキャンパス問題の本格的解決も、これら全体改革の推進の中で前進させられなくてはならない。周年事業を契機とした経営・教学・事務局が協働した統一戦略策定の取組みの実践こそが、今後の困難な課題を切り開く力の源になると考えられる。

理事会・大学機構の連結

　理事会は、寄付行為により19人以上21人以内と定められ、学長、副学長、6人の学部長・短大部長、各学校長、事務局長が職務上理事になる構成をとっており、学内各構成員の意向が制度的に反映できる形になっている。定例理事会は6回、評議員会は3回だが、経営の通常業務運営を担う常任理事会は年間で70-80回開催されており、よく練られた運営が行われている。またここで策定された経営方針は、月例開催の拡大常任理事会に報告・審議され全学に周知・徹底される仕組みとなっている。ここには常任理事会メンバー以外に、大学各学部長・短大部長、各学校長も参加、関連部長やセンター長、事務幹部等も陪席する。これによって経営方針がダイレクトに教学部門に伝えられると共に、理事長を交えた意見交換が常に保障され、また必要な情報の共有が日常的に行われることで、スムーズな経営と教学の協力関係を作り出している。

　教学に関する案件は、学部教授会を中心に決定執行されるが、各学部教授会には、適宜、学長・副学長が陪席し、学部間のバランスや相互に必要な情報を共有できるようになっている。他方、学部長も理事会並びに上記の拡大常任理事会の構成員として、常に全体方針を把握、またその策定に参加している。こうした教学機関と経営機関の直接的な連結に

よって、整合性のある一体的な運営を作り出している。

　歴史と伝統がある大学が、直面する課題や問題点に正面から立ち向かい、周年事業を契機に、ビジョンを鮮明に中期的な改革の政策を確立、推進を始めた。堅実な運営と大胆な改革により、伝統を今日に適応させ、より鮮明な特色化を推進している。

16. 経営危機．全学一致で乗り越える ── 兵庫大学

震災による生徒数激減

　睦学園は、1923年（大正12年）に設立された、聖徳太子生誕1300年記念の太子日曜学校に起源を持つ。戦後、須磨ノ浦女子高校、睦学園女子短大、そして1995年に兵庫大学を設置した。経済情報学部からスタート、その後健康科学部、生涯福祉学部を増設した。設置校は幼稚園2つ、中学、高校2校、大学・短大で学生・生徒・園児数約3500名。大学、短大には1750人が在籍、教職員数180名が勤務する。17条憲法が掲げる和の精神を建学の理念とし、法人名・睦学園もそこに由来する。

　1995年1月の阪神・淡路大震災で須磨ノ浦女子高校が全壊した。前年には神戸国際高校を開設し、また同年4月には兵庫大学の開学を控えており、支出がかさむ時期とちょうど重なった。しかし生徒さえ戻ってくれれば大丈夫と楽観し、約50億円をかけて元の土地に新校舎を建てた。工事中の2年間、生徒たちは約30キロ離れた兵庫大学のキャンパス内の仮校舎で授業を受けた。その間に以前の通学地域からの生徒は激減、新校舎が完成し、元の地に戻っても回復せず、生徒数は1400人から600人弱に落ち込んだ。これがボディーブローのように効いて経営全体が悪化、女子校再建時に借りた25億円の返済猶予期限が切れた。2001年には経営はどん底に陥り、土地の切り売りを考える事態になった。

経営危機からの脱却

　しかし、この危機が学園内に「法人を潰してはいけない」という一体感を生み、これまで独立採算的だった7校の教学・経営上の連携が急速に強まっていった。女子高には、保育士養成に定評がある兵庫大学・短大に自動的に進学できる新コースを設置、これが人気を呼び、引っ張られる形で全体の志願者も増加し、生徒数は1000人程度まで回復した。

　借金はできるだけ繰り上げ返済し利息を減らす、大学教職員の定年年齢を70歳から3～5歳引き下げる、早期希望退職を募る、通勤定期券を1ヶ月ものから半年に変えるなど、大きなものから細かいところまで、全学的な理解を得ながら経営改革を断行していった。また80年を超える堅実な学園経営で蓄積した豊富な資産があったことも幸いした（『朝日新聞』2008年1月21日付参照）。大きな試練を教職員の理解と一致した行動を支えに、厳しい改革を断行することで乗り越えていった。

数値目標による財政再建

　睦学園の基本方針は、理事長より創立記念日等に全教職員を前に提起される。学園の進むべき方向として「付加価値の高い専門店型教育の展開」という優れた基本方向を打ち出した。志願者の漸減、補助金の競争配分による減少等収入面での課題、校舎整備費の増加、人件費、IT関連設備費の増加の状況を踏まえ、財政基盤再生のための学生、生徒、園児の安定確保、時代の要請に応える学部・学科再編、特色ある教育の展開、経費削減の実行を訴えた。特に財政再建については、具体的な数値、消費収支差額比率の目標指標を設定し、収支構造の早期改善を目指している。

　こうした全体方針の下に事業計画では、教学基盤事業の整備、競争的研究資金の確保、大学評価、FD／SDの推進など6つの重点課題を設定している。特に定員割れ学部の改善を重視し、改組再編構想策定やカリキュラム、取得可能資格の充実、良い授業の創出、成果に応じた研究費の傾斜配分、ダイナミックな学募・広報の展開等を提起している。

これに基づく予算編成方針も数値目標が明快に提起されており、帰属収入に対する人件費、教育研究経費、管理経費等の比率目標が示され、予算費目ごとの目標数値が具体的に提示される。この前提には理事会決定による財政計画の最終目標数値があり、これとの対比で年次目標が設定されており、現在、第6次財政中期計画が進行中である。

ボトムアップを重視した運営

理事会は8名が学内理事、4名が学外で、公認会計士や弁護士、地元県会議員やメインバンクから就任している。拡大常任理事会は、設置する7つの学校の代表者など8名の常任理事によって構成され、学内の実質経営を担っている。

7つの学校を束ねる上で重要な役割を果たしているものに月例懇話会がある。学校を4つの単位、大学・短大、中学、高校、幼稚園等に分け、理事長が主宰、それぞれのキャンパスに出向き、毎月開催される。理事会方針の浸透と学校単位の実情に即した実行方策を策定・推進することで、学園の一体的運営を担保している。

学園協議会も特徴的な取組みだ。会議構成員を理事長が指名、役職者では無い中堅・若手を中心に平均年齢40歳位、7つの学校全てを網羅している。次代の学園を担う年齢層から広く意見を聞くと共に、全学的な視点からものを見ることで次期幹部層の育成も狙っている。ここでは理事長諮問のテーマを議論し、答申としてまとめ、発表される。

その答申のひとつに「創立記念日に各校持ち回りで、理事長や各部門からのプレゼン、ワークショップ、懇親会を学園の全役員、教職員が参加して開く」企画提案がある。学園の事業計画、財務状況の周知、各部門の動きを知り相互のコミュニケーションを図ることを狙いとしている。これを学園名と創立日をとって「進睦610会」(しんぼくロクテンミーティング)と命名し実施、7つの学校が一体となって前進する上で大きな役割を果たしている。

地震による校舎全壊、生徒激減などの危機、困難を乗り越えられたの

は、この学園の全構成員が一致して前向きに取り組む気風であり、それを理事長や学園幹部が常に堅実な方向を提示し、教職員の信頼を得ながら運営していることによる。

個人評価から目標達成評価へ

　兵庫大学のもうひとつの優れた取組みに人事考課制度がある。大学設置と同時にスタートし、丁寧な評価、絶対評価を基本に管理職評価制度も導入、部下からの評価、同職位者評価を含んだ先進的なものだ。

　しかし実施10年頃から制度の問題点や改善要望が噴出した。マンネリ化でモチベーションが高まらない、評価で重要な妥当性、信頼性、客観性、納得性、公平性が担保されていないなどである。しかし、根本には職員個人の活性化や育成だけで良いのか、それが組織の活性化、目指す目標の前進に繋がらなければ、単なる人物評価に終わってしまうという問題認識があった。また書類や手続きの複雑さが負担感を増幅させ、目的の希薄化が指摘された。

　結論的には目標管理制度を加味し、組織目標と個人目標の統合、個人の努力を組織全体の目標達成に結実させる、出来るだけ簡素な制度にした。また制度の詳細（考課要素や考課の着眼点、ウエイト配分、処遇システムなど）を徹底的にオープンにした。目標設定時や考課結果・理由を説明する上司との面談を重視した。目標達成度を評価する業績考課と育成能力を評価する能力考課の2本立てにし、そのウエイトは一般職で半々、上位に行くほど業績考課のウエイトを高めた。制度改正の説明・討議は全員を対象に繰り返し行い、出された意見を取り入れることで実効性、信頼性のある制度を作り上げ、マンネリ打破に努めてきた。こうした人事制度改善の例を見ても、この学園が目的に向かって現場の意見を踏まえながら手作りで着実な改善を行っていく前向きな姿勢が見て取れる。予想だにしなかった困難に直面しながらも、トップの先見的な方向付けと教職員の団結と努力で前進してきた事例である。

17. 定員割れ克服へ果敢な挑戦 ── 長岡大学

開学当初からの危機

中越学園（長岡大学）の歴史は、1905年（明治38年）の私塾、齋藤女学館に始まる。1944年に長岡女子商業学校（後の中越高校）、1971年に長岡女子短大を設置し、大学開学は2001年となる。経済経営学部単科の収容定員640人、教員数26人、職員数14人の地方、小規模大学である。開設時より定員割れが続き、現在（調査時）の在学生数は382人で、直面する最大の課題だが、教育改革の進展とともに、入学者は2005年度をボトムに着実に増加してきている。

大学改革の取組みは開学直後から始まる。初年度からの定員割れに危機感を持った理事会は、その打開のため、2002年に学生募集に関する検討小委員会を設置する。年度末には報告書を取りまとめ「中越地区での減少が著しい、教育力と地域密着度の早急な再構築が不可欠である」と提起した。これが今日まで続く長岡大学の改革のメインテーマとなっており、その先見性は際立っている。法人にオーナーはすでに存在せず、理事会は地元の産業界や教育界の有力者で構成されている。大学は地元の財産であり、これを潰してはならないという強い責任感に支えられている。

迅速な改革への着手

理事会は直ちに行動を起こし、全教職員を対象に危機打開のための理事長懇談会を設置、直接対話を始めた。理事長、学長を軸に緊急対策委員会を設置、また常任理事会体制を敷き、教授会の主要委員長を刷新するなど改革推進体制を急速に整えた。理事長名で「長岡大学緊急アクションプラン」を提示、学長の下に基本構想委員会、教育プログラム刷新のためのカリキュラム検討委員会を作り、教員に目標管理制度を導入するなど矢継ぎ早に改革を推進した。2004年3月、経営経験のある原陽一郎氏を学長に任命した。就任後直ちにこれまでの改革の取組みや方向

を踏まえた学長基本方針を提起し、具体的な改革に着手する。改革のスタートに当たって、まず改革推進を計るための体制刷新を果断に実行した点は特筆すべきである。

大学理念の再設定―充実感、達成感、満足感

　最も重視したのが長岡大学の目標・ビジョンの再構築だった。そのための大学改革宣言の策定に着手したが、企業出身の原学長は、まず高等教育関係の60冊を超える文献を短時間で読破した。注目したのは1998年の大学審答申「競争的な環境の中で個性輝く大学」の4つの基本理念や2005年の中教審の答申である。大学の目指すべき7つの機能の中で長岡大学は何を目指すのか、経済産業省や内閣府が示す「社会人基礎力」や「人間力」、地元産業界や現場が求める人材養成に応える教育とは何かという点であった。大学の立地の強み、産業集積がある中堅都市にあり、産業界との繋がりが深く、地域の教育力を活用できる利点も徹底して生かした。

　2004年10月、こうした検討を経て建学の精神を再吟味した基本理念「長岡大学は、ビジネスを発展させる能力と人間力を鍛える大学です」、基本目標「毎日の学生生活で充実感を、能力アップを確かめて達成感を、4年間を振り返って満足感を実感させます。」を定めた。人材育成目標を「地域、企業と連携して、ニーズに直結したビジネス能力開発プログラムを展開し、知識より職業人としての実践能力と人間力を鍛え、就職率100％を目指す」とした。そしてこれを内外に明らかにする大学改革の基本方針、大学改革宣言を発した。

徹底的に面倒を見る大学

　翌2005年度から、方針を具体化するため、集中的なFD研究会を開くなど教職員をこの理念、目標の実現に徹底して組織した。経済経営学部に置かれた二つの学科、環境経済、人間経営に計9のコース、情報ビジネス、経営戦略、事務会計、マーケティング、まちづくり、医療福

祉などを置き、その中から2つを選択できるダブルコース制を採用した。教育の特徴を「徹底的に面倒を見る大学」とし、「行動して得る充実感、挑戦して得る達成感、実現して得る満足感」をキャッチフレーズに、1年次からの少人数ゼミナール（8人以内）でマンツーマン指導を徹底して行った。経営の現場を知るインターンシップや地元の企業経営者を招いた企業家塾等の科目の充実、資格試験対応型の授業編成など大幅な改革を進めた。

特に、教育の特色化と地域連携、この2大テーマの飛躍的な発展を目指し、三つの目標（1）内部改革の強力な推進、（2）資金の確保、（3）社会的評価の獲得を同時達成すべく、現代GP（文科省選定・現代的教育ニーズ取組み支援プログラム）を獲得する作戦を立てた。

GPの連続採択を柱に

2006年、2007年連続採択されたふたつの現代GPは、長岡大学の教育目標の柱を見事に具現化し、社会的評価を得るものとなった。ひとつは「産学融合型専門人材開発プログラム・長岡方式」で、地元サポート企業の支援のもと産学連携の実践型キャリア開発プログラムと資格対応型の専門教育を連結させた。そこに全学生の4年間一貫した目標マネジメント、個々の学生の目標設定と評価、「自己発展チェックシート」「マンツーマン指導カルテ」に基づく徹底した個人面談、相談による能力開発プログラムを結合した画期的なものであった。

もうひとつは「学生による地域活性化提案プログラム‐政策対応型専門人材の育成」で、長岡市総合計画の分野別政策課題をそのままゼミのテーマとして取り上げた。地域で実際にこれに携わっている職員などをアドバイザーに、資料収集・フィールド調査・アンケート調査を行う。最終的に調査研究報告書として地域活性化策を取りまとめる体験型学習の中で、学生の社会人基礎力、企画・提案力の育成を図ると同時に、地域貢献も実現しようとする優れたシステムである。

また2007年には、これらの成果を基にして、「定員割れの改善に取

り組んでいる大学等に対する支援補助金」に応募、他のモデルとなる優れた取組みだと評価され、採択された。

変革を可能とした力

こうした取組みを可能とした原動力は何か。

まず第1には、理事会、理事長の開設当初からの危機認識と先見的な改革方針の提起、その推進のための組織改革や体制作りを断行するなどのリーダーシップの発揮が上げられる。

第2には、学長の現実に適合した改革のビジョン作りとその実行指導力である。原氏が新任で長岡大学勤務も短かったことが、かえって厳しい客観的な自己評価を可能にし、また斬新なビジョン、前例に拘らない実行システムを作り出し、職場風土を一変させていった。また同氏が長年東レの技術開発の先端分野で、プロジェクトリーダーや戦略コーディネーターを勤めた専門家であり、チームを困難な目的に向かって結集させ、成果を上げるプロであったことも幸運であった。

第3には、進行する現実を背景に危機意識を共有する教職員の情熱ある献身的な努力、特に改革の先頭に立つ何人かの優れたリーダーがいたこと、また改革の抵抗勢力が少なかったことも上げられる。

第4は、教授会などの行政組織より、実質教育改革を推進するFD研究会や現代GP推進本部を中心とした改革推進型の組織運営で全教職員の力を結集した。

都市部とは比較にならない厳しい環境の中にある地方大学の定員割れの克服には、なお大きな壁を乗り越えねばならないが、先進大学に並ぶ優れたマネジメントと教職員一丸となった取組みによって、必ず未来を切り開くことができると思われる。

18. 「ビジョン21」柱に改革を推進 ── 新潟工科大学

厳しい環境の打破へ

　新潟県内の企業経営者が自らの手で優秀な技術者を県内に輩出しようと、柏崎市と新潟県内市町村の賛同を得て、1992年に財団法人新潟工科大学設立準備財団を設立した。1995年に開学した新潟工科大学は、地元企業、自治体など県民からの強い要望と支援を受け、公私共同で実現した大学である。こうした経緯から「産学協同を通して新潟県内産業界に貢献する」「工学教育を通じて、未知の分野に果敢に挑戦する創造性豊かな人材の育成」を建学の精神とした。大学は現在、1学部4学科、大学院は1研究科を設置、総学生数は約1000人、専任教員48名、事務職員32名である。

　新潟工科大学は、地方立地、小規模、単科の私立工学部という厳しい環境の中、2006年度入学生より定員が確保できない状況になっており、入学者確保こそが大学における最重要課題となっている。具体的な対策として、特色化、魅力づくりと帰属収入の増加策という両面から

　(1)　FDによる教員の教育内容や教育方法の改善、
　(2)　教員評価の検討、
　(3)　環境科学科への改組、
　(4)　学習支援センターの開設、
　(5)　福利厚生棟・講義棟の建設、
　(6)　資産運用の見直し等の改革

を進めてきた。

中期目標の鮮明化

　しかしながら厳しい事態は改善せず、抜本的、総合的な改革が不可避と、経営陣は、2007年3月開催の理事会において中期計画の策定を提起、同年6月の理事会で将来構想委員会を設置した。中越沖地震によって策定作業は一時中断を余儀なくされたが、同12月開催の理事会にお

いて、中期計画案「ビジョン21学園中期計画」が上程され決定、その後教授会において具体化のためのアクションプラン作りに入り、担当者を決め、2008年、将来構想委員会にアクションプランが報告され前進が始まった。

　策定に当たっては、直面する中心課題を解決するための戦略課題を実態に即して徹底的に洗い出してミッションとし、それを直ちに実行に移すアクションプランを策定した。目標設定と合わせ評価尺度・評価指標を明示した点も優れている。

　まず、ビジョンでは「"ものづくりは、ひとづくり"。私たちは、学園の永続的改革に取り組み、自己の成長を体感できる学生満足度を第一とした『学生を育てる大学オンリーワン』を目指す」と宣言した。コアコンピタンスとして、
　(1) 産学交流と連携システムの強化、
　(2) 助言教員制度、少人数教育による教員のきめ細かな指導・相談体制の確立、
　(3) キャリア教育トータルシステムによる挑戦力、創造力、コミュニケーション力を備えた実践的ものづくり技術者「NIT人間力」を育成する

とした。

　その実現のための7つ戦略課題は、
　(1)「学生を育てる大学オンリーワン」を目指す教育研究づくり、
　(2) 教職員組織の見直し、新たな評価の仕組みの構築、
　(3) 学生募集戦略、ブランドイメージ向上戦略の立案・実行、
　(4)「就職に強い大学」の更なる強化、キャリア教育の充実、
　(5) 産官学交流による大学の魅力づくりと地域社会の発展への貢献、
　(6) 環境整備、
　(7) 戦略推進体制の確立

である。とりわけ「助言教員制度」と「少人数教育」を二大特色と位置づけた。

優れたアクションプラン

　この実行のため、41項目に上る施策アクションプランが作られたが、優れているのは、全ての課題ごとに担当部局、役職者など責任者が明記され、また到達度を評価するための実態調査や統計、数値根拠、具体的な成果物の提出など評価尺度、評価指標が設定されている点だ。また目標設定のみでなく、それを推進する組織改革、教員評価制度、事務機構改革や人事考課制度、教員と職員の連携などの課題も合わせて提起している。さらにこれら全体を詳細にスケジュール化し、行動計画を関係者全てに提示している。プランを実行に結びつけるための細部にわたる工夫を随所に行うことで、確実な実現を図っている。

　この策定プロセスでは、多くの教職員を巻き込み意見を聞き、コンセンサスを深めながら進めている。教職員や学生、卒業生、取引・支援企業など幅広いステークホルダーに率直なアンケートやヒヤリング調査を実施して、改善すべき基礎情報の収集と分析を行い、5ヶ月で計画を立案した。委員は10年後も大学に勤務している若手教員とし、職員出身委員も5人加え、10名程度の教職員で膨大な作業を短期間でこなした。事務機構の中にもプロジェクト推進室を設置し、計画推進を持続的に担っている。

管理運営、事務局の改革

　管理運営も整備を進め、その一つが学長選考規程の改定である。学長の選任は、一般的には教員選挙による方法が多く、新潟工科大学も同様であった。これを2008年度より理事長が選考委員会を設けて、学長候補者を選出し、理事会にて選任する方法とした。厳しい環境の下で、経営と教学が一致して難局に当たり、またそれを指導できる力を持った学長の選任を目指した。

　合わせて、教学・経営改革の担い手、学園の専門家集団である職員の組織能力、政策スタッフとしての専門能力の向上と効率的な支援業務の確立を図るため、新たな人事制度の開発を行った。「目標管理による人

事制度」の最大の目的は、職員の力を抜本的に高め、他大学との差別化による魅力ある大学作りをすすめることにあった。そのために「お客様からお褒めや高い評価が得られているかどうか」、このお客様（学生やステークホルダー）満足度の向上を、どの項目よりも重視した評価とした。「目標管理シート」では、お客様の満足度レベル、生産性レベルを上げるために「今月集中すべきこと、改善できること、勉強しなければならないこと」の具体的な設定を求めている。年功序列を改め、自ら進んで能力開発し、その実力を評価する能力主義的な考え方を取り入れ、年功給から職能給へ、仕事の実績（目標達成度）を給与と連動する処遇に転換している。

コミュニケーション重視

　学園の価値は、ステークホルダーである取引先を含めて形成されているとの考えから、取引企業向けの「お取引先説明会」を開催し、学園の現状や抱える課題を説明するとともに協力を要請している。また教職員向けに、経営に関する事業報告と計画を説明する経営報告会、教職員と理事・評議員との意見交換会、評議員会終了後の教職員との茶話会などの行事を頻繁に開催し、経営サイドと教職員、学園関係者との間に積極的にコミュニケーションを図り、理解と協力を求めている。

　この説明に使う事業報告書も優れており、事業計画項目ごとに目的と計画、進捗状況と実績評価を詳しく記載、また財務報告でも、同系他大学比較や経営判断指標・判定表（私学事業団、活性化・再生研究会の考案）に基づく経営診断を掲載するなど、到達と評価を客観的に見られる工夫がされている。

　困難な課題に、全学を上げた中期計画策定による焦点を絞った改革と全教職員参加による実践、ステークホルダーも巻き込んだ取組みで挑んでいる。顧客第一主義を徹底し、少人数教育と丁寧な学生への指導助言制度を始めとした満足度向上への取組みにより、オンリーワン大学としての評価の確立と向上に挑戦している。大学改革推進システムの構築と

いう点で、地方大学の実践に止まらない共通の教訓を提示している。

19. 日常改革の積み重ねによる前進 ── 長岡造形大学

当初からの運営の自立

長岡造形大学は、長岡市と新潟県が設置経費の全額を負担して、1994年に設立された公設民営大学である。大学進学率が全国最下位に低迷した新潟県の中で、相前後して5つの大学が設立された時期に当たる。

大学設立当初は、市長が理事長、設立準備委員会職員として採用された職員と市職員が事務局の中核を担った。しかし、そもそも私立大学として設立された狙いが、財政の自立をはかり、市議会が大学運営に直接介入しない、また教員身分が地方公務員だと、デザイン分野では優秀なスタッフが集められないなどの点にあった。事実その後、市からは直接の財政援助は受けていない。理事長も学内者（学長経験者）に代わり、市派遣の職員は徐々に減って完成年度を迎えるまでにはいなくなり、運営の自立を強める方向に進んだ。これが今日の長岡造形大学の強さを作っている、まず第一の条件だといえる。

建学の理念として「造形を通して真の人間的豊かさを探求する人材の養成」を掲げる。かつて長岡藩大参事、小林虎三郎によって語られた「米百俵」の精神風土を持つ地にあって、新たな教育の理想を掲げ、デザインという創造的行為を人々の生活の中に還元することで地域文化、産業の発展に寄与することを目指している。

造形学部在籍学生は合計932人で、総定員800人に対し、1.16倍、1年生は1.28倍を確保している。厳しい環境の中、創立以来、過去に1回だけ定員割れがあったが、後は定員を満たしている。

毎年の持続的改革

　造形学部単科の大学だが、少人数にもかかわらず4つの学科、プロダクトデザイン学科、視覚デザイン学科、美術・工芸学科、建築・環境デザイン学科で構成されている。学科はさらに19のコースに分かれ、しかも、そのうち13のコースは新設（改組）されたもので、高校生のニーズの変化や希望に敏感に対応しようとしている。広大なキャンパスには、各コースごとに広い実習・製作施設が確保され、いつでも利用可能で、学生達はそこに入り浸って作品創作に没頭できる。

　特にこの10年間は、毎年、学科やコースの新設・改組を行ってきた。この源には、理事長諮問機関として設置された『中長期教育計画検討委員会』がある。理事長任命で、学部長を委員長に8人の教員や職員で構成される。平成19年3月に答申された「平成19年度から平成21年度に向けての事業計画」は、最終的に常任理事会の議を経て理事会で決定し、教授会を始め学内の全機関に提起した文書だ。ここには美術・工芸学科の新設による4学科体制への拡充、平成21年度からの30人の入学定員増（収容定員800人から920人へ）が提起されており、そのための第3アトリエ棟や市民工房の建築、建築費等13億円の基本金への組み入れなどが計画されている。全教職員を対象にアンケートを行い、全学的な検討会、意見交換会を頻繁に開催、またウェブ上での意見募集も積極的に取り入れ、その意味では全学の知恵を結集して改革案を策定した。

　こうした中期計画を年度ごとの施策に具体化する事業計画書は、2つの経営目標、高校生から選ばれる、地域から支持される大学づくりを掲げ、その実現のための9つの重点施策を提起、財務目標でも帰属収支差額比率10%以上を目指す等、具体的な目標設定になっている。

　予算編成方針も優れており、事業計画の目標に確実に予算が配分されるよう、10項目に上る重点事項が明確に定められている。これをさらに具体化した「平成21年度の主な実施事業等」には、9分野46項目の実施事業が具体的に記載されており、年度内に取り組むべき事業・業務が一目瞭然になっている。重点施策を繰り返し明示し、全学で共有し推

進することで、教職員がひとつの方向に向かって揺るぎない取り組みを進めている。

活発な議論と協力・連携

　理事長と学長のリーダーシップがうまく発揮され、経営と教学の協力も自然に出来上がっている。職員も企業等の出身者が多く、教員に遠慮せずどんどん発言・提案する良い伝統が根付いている。この背景には、地域の熱意で設立された大学を自らの大学として大切にする気風とともに、政策が迅速に企画立案され、決定・執行される体制が整備されていることが上げられる。

　理事、監事は、長岡市副市長、商工会議所会頭、地元の北越銀行の頭取等企業の経営者や地元雪国植物園園長など公私協力に配慮した構成になっている。学内からは、前学長である理事長、学長、常務理事、学部長経験者を含むベテラン教員を理事に起用している。この5人が常任理事会（月2回開催）を構成し、日常経営を遂行している。

　大学運営の中核は、運営委員会と予算委員会である。いずれも学長、学部長、研究科長、学科長、部局長、事務局長で構成され、教授会前に実質的な審議を行い、大学の方向づけを行う上で大きな役割を果たしてきた。運営委員会は教学そのものの事項を、予算委員会は逆に経営案件について意見を述べる仕組みで、二つの組織を巧みに機能させている。そして、これを繋ぐ組織として、毎教授会終了後に、理事長、常務理事、学長、事務局長の4名によって開催される「G4会議」（通称G4）が機能している。ここでは教学上の基本問題をはじめ、トップレベルの率直な意見交換で、実際問題に踏み込んだ経営・教学の深い一致が図られている。

　基本政策を推し進める事務組織として、今年度より事務局長のもとに企画推進課（課員4人）が置かれた。企画推進課長は事務局次長が兼務し、事務局そして大学の政策立案、広報の実務上の中核組織として位置付けられている。

常に改革・改善を工夫

　学募方法も工夫がなされ、適性選考入試など多様な制度をおき、高校訪問も担当者を固定、進路指導部だけでなく美術担当教員との連携を重視している。高校美術教員を集めた技術交流会なども開き、美術教育の改善指導を行うとともに、大学教育の良さを伝えている。また、高校生対象のデッサン教室を春と夏に開催し、美術系進学希望者の拡大を図る活動を持続的に展開している。オープンキャンパスを重視し、実際の教育、製作現場を見せることで充実した教育内容を体感してもらっている。

　学募は入試委員会が責任を持ち入試広報課が実務を担っているが、それを企画推進課が共同して支えている。これは学生募集を単なる学生集めの手法に止めず、高校生のニーズに基づく大学の魅力作りに結びつけることで真の学募強化に繋げようという点にある。そのため、大学改革方針を作る企画部署が、同時にその社会的評価である募集について責任を負う体制を構築した。現在、東京の美術系私大との差別化を最も重視している。地方での教育の優位性を実証するためにも、競合大学の研究とそれを上回る地元大学の良さを作り上げる不断の改革を進めている。

　カリスマ的リーダーはいないが、危機意識が浸透し、誰に言われることなく、困難を明るく前向きに乗り越えて行こうとする気風がみなぎっている。「我々は特に優れた事はやっていない。調査に来られても参考になることは何もない」。この感覚で、日常的に改善・改革を積み上げていることが、この大学の強さであり、優れた特長である。ニーズにもとづく持続的改革こそが、大学の存立と発展を支える。これを日常運営で当たり前に実践し、厳しい環境の中でも定員割れをしない大学を作り上げている。

20　評価を生かした教育品質の向上 ── 新潟青陵大学

定員割れしない大学

　新潟青陵学園は、1900年（明治33年）に帝国婦人協会新潟支部会による女子の裁縫伝習所として始まり、その「実学教育」は100有余年の歴史を刻んできた。新潟青陵大学は、新潟市長の協力のもと、看護協議会始め看護、助産に関わる多くの組織の支援を得て、「人間性豊かな看護及び福祉の専門職の育成」を目的として2000年に設立された。

　「こころの豊かな看護と福祉」の実践を通しての地域へ還元を目指し、「看護・福祉の対象は、病める臓器と病める身体ではなく、尊い生命とこころを備えた人間である」という認識で、看護・福祉の全人的教育を行っている。

　看護福祉心理学部看護学科は、定員340人に対し350人（1.06倍）、福祉心理学科は、定員430人に対し532人（1.27倍）を確保（2009年）している。県内には看護系大学が多数ある厳しい環境の中、安定した入学者を確保をしており、2010年度には福祉心理学科の入学定員を100人から110人へと増員している。

　ＦＤ活動に特に力を入れており、2006年度より「授業公開・見学」を開始した。これらの運営はＦＤ委員会ではなく、自己点検・評価委員会が行い、顧客満足度の向上という観点から、大学の理念を実現する教育事業と位置付けている。これは、理事長、学長の、「学校にとって学生はかけがえのない顧客である」という強い信念とリーダーシップに基づいており、この経営理念、教育目標を学内に周知し、単に授業改善という位置づけに留まらず、学生満足度の向上につなげる経営改善のサイクルとして重視している。こうした教職員の取り組みが、高い学生満足度を作り上げている。

学長、学部長の選任方法

　学長の選出方法は、理事長のもとに学長候補推薦委員会を置き、委員

は理事会および教授会から各3人で構成される。選出結果は理事長が報告を受けると共にこれを教授会に諮問し、教授会は理事長に対して答申、理事長がこれを受けて理事会で決定する。教授会を中心とした学長選挙という形ではなく、教授会の意見を踏まえ、全学的な合意形成を図りつつ、経営と教学双方の一致に基づき、理事長が最終任命する。経営と教学による望ましいリーダーの選出方法として一つの在り方といえる。

　学部長も、教育と経営の見識と決断力を合わせ持ったリーダーを必要とすることから、学部長人事は理事長の専権事項としている。法人事務局長は、大学事務長を兼務し、常務理事として理事会に参画している。これらの組み合わせにより、教学組織と理事会組織との意思疎通や相互理解が図られ、トップの意思が迅速に伝えられ機動的な業務遂行を可能にしている。

　大学では、全学に関わる基本方針は、月一回の評議会で審議・決定する。教授会は、一部助手を含む講師以上の全専任教員が等しく参画し、事務局も課長以上は全員陪席することで、審議決定のプロセスを含めて詳細な情報共有を可能としている。

顧客が満足できる教育の質

　新潟県経営品質協議会の代表幹事も務める理事長は、いかにして顧客が満足できる質の高いサービス（＝教育）を提供できるかという経営理念に基づいた教育改革を強力に推進している。「本学が目指す学生の姿」「本学が目指す教職員の姿」並びに設置母体である新潟青陵学園の「本学園が目指す学園の姿」の三つのポリシーを具体的に提示している。単に、学園全体や学生の目指す姿を示すだけでなく、教職員のあるべき姿を明示することによって、学生・保護者に対して範を示すとともに、自らの戒めとしている。これによって教職員全体の価値観を統一し、ベクトルを全学的に一致させ、大学全体の一体化を図っている。

「経営品質賞」への挑戦

新潟青陵大学は、2007年に大学基準協会による認証評価を受審し、適合認定されている。義務的な改善を求める「勧告」は一つもないが、大学の一層の改善努力を促す「助言」を重視して、今後の改革項目として利用することで評価を改善の推進に繋げている。経営品質協議会の「日本経営品質賞」の受賞にも大学として挑戦しており、8つのカテゴリー①経営管理のリーダーシップ、②経営における社会的責任、③顧客・市場の理解と対応、④戦略の策定と展開、⑤個人と組織の能力向上、⑥顧客価値創造のプロセス、⑦情報マネジメント、⑧活動結果に対して評価を受けるとしている。また、学生の満足度調査や授業評価アンケートなどを利用して課題を洗い出し、改善に役立てている。

このように、客観的な外部評価を意識的に活用して、学内での改革・改善を積極的に進めている。弱点の補修だけでなく、これらの評価から強みを再認識する機会としても位置づけ、教職員の自信の裏づけとしており、評価に基づくPDCAサイクルを構築している。

タスクフォース、経営企画課新設

2007年から学園の長期的な目標、特定のテーマを実現するため、専門的知識を有する者を集めて取組む「プロジェクトチーム」や緊急性の高い問題を迅速・的確に対処するために学長指揮下に編成する「タスクフォース」と呼称する臨時的組織を設置している。具体的な活動成果としては、平成20年度文部科学省の「戦略的大学連携支援事業」に代表校として申請し、採択された取り組みもその一つである。社会のニーズの変化に迅速に対応するために、時々のテーマに合わせて必要な時期に必要な人を結集している。その検討成果と提案に基づくトップの決断と実行は、迅速な経営・教学改革を実現するうえで、大変有効な手段だと言える。

また、新たに経営企画課を新設して、財務や広報、対外的な諸行事企画など、市場調査・分析から経営戦略、実行計画までを取り扱う専門部

門として組織編成した。これらは大学の教育経営ビジョンを中長期的に描く上では重要な措置である。

情報の発信と討論

意志決定システムと表裏一体の関係に、その伝達システムがある。この大学では、意思決定に伴う情報の発信および周知を工夫している。例えば、教授会議事録のLAN上の公開や2006年には全教職員の意見集約と討論の場として「Ｗｅｂ会議室」を開設するなど、情報環境を積極的に利用して教職員の情報共有、浸透を図っている。構成員が少ない組織の場合、伝聞に頼ってかえって内容が正確に伝わらず、意思疎通が不十分になる場合がある。これを自覚しての伝達の仕組みの意図的な整備は学ぶべき点である。

ＳＤ研究会、大学院奨励

事務職員の力量形成のための人材開発を重視し、大学経営職として必要な資質を修得させることを目的としたＳＤ研究会を主体的に開催している。また様々な外部研修への積極的な参加、大学院（通信制課程）進学者に対して授業料の30％を補助する制度を理事長裁定で制定した。
自己管理目標や自由意見（職務に関する希望や職場への提案）を盛り込んだ自己点検・評価シート提出等、事務組織の目標達成促進システム作りも進めている。改革の推進には、職員個々の能力と組織の能力の高度化が必要だとし、そのための資質向上、企画立案、政策提言力の向上を目指していることもこの学園の力の源泉である。

　これらを総合した力が、満足度の高い教育を作り出す原動力となって、定員割れのない大学を作り出している。

21. 外部評価生かした堅実な改革推進 ── 新潟薬科大学

特色のある学校設置

　新潟薬科大学の設置母体である学校法人新潟技術学園が創立されたのは1967年、新潟工業短期大学や新潟医療技術専門学校を次々と立ち上げ、1977年に新潟薬科大学を開設した。その後、大学院、応用生命科学部を開設し今日に至る。地方立地の厳しい環境の中でも、大学院も含めた総定員1259人に対して1443人の学生を確保している（2008年度）。短期大学は、自動車工学やシステムデザインを、専門学校は、臨床検査技師、視能訓練士、救急救命士をそれぞれ養成している。大学の2学部も特色ある学部構成だが、法人設置の各学校とも、それぞれ全く違う分野で特色ある学科構成となっており、幅広い領域から学生・生徒を集め、独立採算を基本に、しっかりした運営を行っている。

初めての中期目標の制定

　開学以来初めて、中期目標が制定され、2010年度から3カ年計画で実行に移される。この計画は、2007年の「大学基準協会の認証評価結果」と、2008年「外部評価委員による自己点検・評価報告書」を踏まえたもので、外部の目による客観的な課題設定を重視するとともに、評価を無駄にせず、改革につなげていこうとする姿勢の表れである。
　この中期計画では、ミッション実現のため、教員個人の業績目標を設定し評価すること、事務組織も達成目標を設定し、その実現に努力すること、また各委員会でも、分野別の課題や政策を具体化の上で年度事業計画に反映させることを求めている。
　計画では、6年制薬学教育の完成に向け、入学前教育や初年次教育を重視、SAによる下級生学習支援制度の創設検討やFDの強化を進めている。また、ICTを活用したサイバーキャンパスシステムの構築（文科省整備事業に採択）により、ホームページから講義の音声ファイルや資料、演習問題にアクセスできるとともに、Pod Castingという配信方法に

よって、パソコンや携帯電話にも取り込み可能となり、講義の予習・復習支援、他学部授業の聴講支援などに活用できる先進的なシステムを導入した。これによって携帯を使っての学生応答・理解度把握など双方向型授業が可能となり、授業アンケートの結果の伝達や対応策の学生フィードバックもできるようになる。

これらの特色を使って積極的なブランドアップ広報を展開し、単位認定授業を含む高大連携講座の積極展開、受験生一人ひとりを大切にした学生募集活動などにより定員の安定的な確保を目指している。

予算編成、外部評価の取組み

これらの中期的な課題を実践に移すための予算編成方針では、財源の安定確保と経費削減などの一般方針を前提に、特に資金投下すべき事項とそれによる繰越消費支出超過額増加の計画的な解消方針などを示している。学生数、入学検定料、寄付金などの見込みを具体的な目標数値、金額を定め、重点課題を絞った消費支出計画を立てている。

事業単位ごとの検討と査定を経て確定される予算編成作業も優れている。必要な主要事業経費について、全ての委員会など予算単位が、その必要性や見積もり根拠となる説明を記した「教学関係経費支出予算見積理由書」と「同見積書」を提出する。そのうえで、後述する運営検討会議で予算査定ヒヤリングが行われ、部局長会で予算案が協議、裁定され予算配分される。

外部評価員による点検評価とその結果公表も優れている。この評価は、教員個人と委員会活動の二つの領域に分かれている。教員に対しては、教育活動と研究の両面について、評価員一人一人から具体的なコメントが記述される。評価は、委員により多少の違いも見られるものの、努力を励ますとともに問題点、改善すべき点も率直かつ具体的事例で指摘されている。こうした内容を全て公表するのは勇気のいることであり、改善への強い決意、意欲が感じられる。

委員会評価は、各評価員が5点満点で点数も付ける。理事も含む将来

計画委員会や予算委員会から始まり、薬学部、応用生命科学部とも24の委員会とプロジェクトが評価の対象となっている。各組織の目標に対して、実際の活動実態や実績、成果はどうか、各委員がふさわしい役割を果たしているか厳しいチェックが行われ、評価結果が公表される。こうした評価の取組みは、まだ大学では例が少なく、組織活動改善に大きな役割を果たすものと期待される。

特徴ある理事会、大学運営

理事会構成は12人、うち2人が外部理事で、各設置学校の責任者を中核とした学内者中心の構成となっている。経営は、理事会、学長・校長会の2機関を軸に行われ、他に学園協議会が置かれる。学長・校長会は、法人設置の学校間の連携や調整を行うために設置され、各学校の運営状況を経営的視点から把握し、全学園的な立場から議論、また情報交換を行う機関として機能している。これに対し、学園協議会は、理事や学部長と共に、委員として一般教職員も理事長任命で参加し、法人全体にかかわる課題について意見表明できる機関として機能している。このふたつの会には、事務局代表や課長も正式な構成員になっており、こうしたボトムアップも取り入れることで、全ての学校、全ての教職員で支える円滑な法人運営を実現している。

この法人の理事長は、大学学長、短大学長、専門学校校長が持ち回りで務めるという特色ある方式をとっている。こうした運営が、各学校が対等な形で、しかも利益代表ではなく、常に法人全体を視野に置いて一致協力して経営を支える風土を醸成してきた。しかし、平穏な時代には有効に機能したこの制度も、迅速な意思決定、法人としての責任体制の確立や強力なリーダーシップの発揮が難しいなどの課題を抱え、次のステップへの模索が続いている。

大学の運営では、2009年より改革推進体制を強化するため、運営検討会議を設置した。教育研究の将来構想や予算・人事計画、教員の評価、その他学長の企画・立案の支援にかかわる事項はここで扱われる。学部

長のほか学長任命の教職員で構成されることで、戦略的な施策検討、自由で迅速な企画立案が可能となる。それを基に大学諸機関で議論、決定されることで斬新な改革推進と安定運営の両立を図っている。

職員のチームとしての力量形成

職員は、全ての組織に正式参画してこの大学の運営を下から担っているが、その力量形成のため、2006年より「人事評価規程」を制定し育成を強化してきた。しかし、これだけでは、今日求められるチームとしての力量形成は困難だということで、2008年度より「事務組織向上目標管理実施要綱」を定め取組みを始めた。これはあくまでチームを基本に、チーム名、チームカラーを自ら定め、「目標管理シート」でチーム目標、実行アクションプランを計画する。その前提として、事務局長が事務組織全体目標を定め、その達成のための部目標が設定され、それに基づきチーム目標が設定される。チーム目標は、

①顧客の視点（学生に継続的で満足のいくサービスの提供）、
②コスト・財務の視点（財政改善への貢献）、
③業務プロセスの視点（業務の効率的改善）、
④組織人材の視点（人材の変革能力や学習能力の向上）

の4本柱に基づいて設定される。終了後4段階で評価され、優秀チームは表彰される。まだスタートしたばかりだが、個人を中心とした評価システムに目標設定とチームによる推進を補う意欲的なものだと言え、今後の成果が期待される。

22.「教育付加価値日本一」大学の源泉 —— 金沢工業大学

金沢工業大学の評価

金沢工業大学（1965年開学）は、工学、環境・建築、情報、バイオ・化学の4学部を持ち、学生・院生数が7000名を超える大学である。入

学定員1480人に対し、地方立地で減少傾向にあるとはいえ、2009年度で5000人を超える志願者を確保している。朝日新聞『大学ランキング』、教育分野の評価で、5年連続1位を確保、GP補助金などに11件（全国3位）が選定されるなど、教育実績では極めて高い評価の定着した大学である。その取り組み自体はすでにいろんな形で広く紹介されてきた。今回は、そうした教育熱心な大学がどのように作られ、維持され、日々の革新が進められているか、その秘密に迫った。

教育熱心大学の始まり

　金沢工業大学の教育改革は1990年代初め、5人の小さなプロジェクトから始まった。まず研究の発展のための企業との共同研究、資金獲得や研究開発体制についての先進事例を学ぶため訪米調査を行った。訪米して衝撃を受けたのは、研究よりもむしろ教育システムだった。専門人材の育成を、教育計画に基づき体系化されたカリキュラムを基に徹底して行い、学生に確実に力をつけて、目指す職業につけさせる教育体制であった。そのためのシラバスやGPA、エンロールメントマネジメントなどのサブシステムにも目を見張った。

　この、システムとしての教育は、当時の日本の大学が、科目ごとに勝手な内容を個々バラバラに教え、学生の成長など二の次だった教育の対極にあると強く感じた。帰国し、ただちに理事長（当時は常務理事）に報告、その指示のもと、その後3年に及ぶ教育改革の取り組みがスタートする。同時併行で、延べ170人に及ぶ教職員の連続的な訪米調査を企画し、このアメリカ型教育を教職員が肌で感じ、直接体感するため、当時としては巨額な予算を理事長から預けられた。百聞は一見に如かず、これが教職員を大きく変えた。

　すでに第2代学長により「教育付加価値日本一の大学づくり」のミッションは掲げられており、読売新聞記事「勉強する大学もある—入学の点数より卒業時の実力」（1977年7月6日付）に象徴される、学生本位の力をつける工学教育をやろうという雰囲気や熱心な学生指導の取り組み

の素地は存在し、これが訪米調査で加速した形だ。また、地方都市のさらに郊外に立地し、単科大学で、これからの存立や発展は極めて厳しくなるという幹部層の、先を見通した強烈な危機意識も背景に存在した。

教育改革検討委員会は、副学長を中心に教員10名、職員5名で構成され、延べ100回を超える会議で、90年代はじめに4回の答申を理事長に出す。といっても難しい理念や方針ではなく、簡単な言葉で行動を促すもの、まずは学生の質問に懇切丁寧に答えるとか、オフィスアワーを徹底的に活用、充実させるとか、授業内容を一つ一つ変えていくなど具体的な改善行動を伴うものであった。こうした全学をあげた教育改善の検討と実践、訪米調査で学んだシステムとしての計画的な学生育成の成果の実感、徐々に進化した学生本位の教育活動によって、顧客は学生、大学は教育サービスを提供する組織であるという考え方と行動が隅々にまで浸透していくこととなる。

「意識を変えろ、などと言ったことは一度もない。ただ顧客である学生のために、より良いシステムや行動を皆で考え、繰り返し実践してきただけ。その中で自然と身についていった。」という言葉に端的に表れているように、こうした風土への転換は、行動の積み重ねの結果であり、教員の半数が企業出身者であることも良い条件であった。

知識から知恵へ、支援の多彩な空間

金沢工業大学が開発した学生本位の教育システムは多彩である。3学期制であり、充実したシラバス（学習支援計画書）、導入教育、プロジェクト・デザイン教育、数理工統合教育、人間形成基礎教育、目的指向型カリキュラム、成績のGPA評価制度や修学アドバイザー制度、それら全体の授業評価アンケートと教育FD活動などによって成り立っている。そして、これらの教育の環は、知識から知恵へ、「教える」から「学ぶ」教育への転換であり、職員の業務最終目標を顧客（学生）満足度の向上とする。

この自ら学ぶためのシステム、教育方法、環境づくりを最重要視す

る。そのため、学生の学習支援のための教育支援機構を10も設置（ライブラリーセンター、プロジェクト教育センター：夢工房、ライティングセンター、基礎英語センター、自己開発センター、数理工学教育研究センターなど）、専任の教職員を多数配置する。一例を示すと、ライブラリーセンターに置かれた専門基礎学力の向上を支援する「学習支援デスク」の利用者は、学習相談で579件、文章表現力向上支援で467件（08年度）で、合計1000件を超える。学生が自分の意見を的確に文章表現できる能力を育成するライティングセンターでは、1年生と3年生を対象に、徹底した文章添削による実践的指導を行うが、その添削枚数は4784枚（08年度）にのぼる。

　プロジェクト教育センター：夢工房も、授業時間以外に、学生が自由な発想でものづくりを進めることを通して、知識を使いこなし主体的な力に変えるアトリエである。年間利用者は、今や1万1千人を超える。パーツショップにはあらゆる部品が並び、在籍スタッフ36名の充実した相談・指導体制が整っている。ここからテレビでもお馴染みの人力飛行機やロボットを始め、ソーラーカーや福祉機器など様々な創造的な作品が誕生する。センターの利用人数の多さは注目すべきである。

褒める教育と1年300日学習

　金沢工業大学の教育は、学長によって提唱された「知識を知恵に変える教育」が中核にある。伝達する知識の量を精査、質を検証したうえで、例題解答型教育から問題発見・解決型教育に抜本転換する。その推進装置として「工学設計（プロジェクトデザイン）教育」を編み出した。それは、グループによる教育で、問題領域の明確化→自主的な学習・行動→情報の収集と分析→解決案の創出と評価→報告書の作成→成果発表（プレゼンテーション）からなる。この繰り返しで学生が自らの力で知識を応用力に変えていく。

　こうした正課と課外の密度の濃い教育システムと整った環境が、「1年300日学習」を実現していく。入学時の力を飛躍させるには、いか

に学びに関心を持って長く持続して学習に取り組ませるかが勝負だ。年間170日ある授業に加えて、休日を除く130日の課外学習を徹底して組織することで、教育付加価値日本一の教育を実現している。それを支える教職員は、専任教員が350名、設置基準の1.8倍もおり、職員も200名を超えるのもこの大学の強みだ。

また、学生の努力、成果を徹底して褒める教育も大きな効果を発揮している。1983年から始まった学長褒奨制度は、教員が、徹底して学生の長所を発見して褒める制度として年々数が増え、現在では春、秋、冬の3回、それぞれ約2000人、計7300人を超える学生に褒賞授与を行っている。一人ひとりの学生の努力に注目し、繰り返し評価し励ますことで学生は大きく変わっていく。しかもその数の多さ、褒める対象が学生全員に向けられているところに、この取り組みのすごさがある。

内外評価の徹底した活用

このような「知識から知恵への教育」「一年300日学習」「褒めの教育」によって「付加価値日本一大学」を実現してきた。しかし、方針も制度も年を追うごとにマンネリ化し、改善のテンポが鈍るのは避けがたい。そこで出てきたのが、評価によって自己の取り組みを反省、改革するシステムの導入である。徹底的な外部評価とアンケートやデータに基づく内部評価に基づく改善システムを構築していく。

経営の健全性については「日本経営品質賞」の受賞の取り組みを通して、大学機関の健全性については大学基準協会や高等教育評価機構の認証評価で、教育研究の健全性についてはＪＡＢＥＥを活用して改善する方式を作り上げた。評価を義務ではなく、内部改革に徹底して有効利用することに本気で取り組む。従ってこれは、大学の一部の組織による一時的取り組みではなく、日常教育機能の中に点検評価、データの集積と分析システムを組み込み、点検・改善を日常化（ＰＤＣＡサイクル）している点が注目される。

現状を把握し、改善に生かす

　この推進組織として、学長主催による「KIT（金沢工業大学）評価向上委員会」がある。この委員会は、各部や委員会など諸機関の活動報告に基づき、問題点の整理と明確化及び全学的な対応や改善措置が必要かどうかの判断を定期的、総合的に行う。強みを伸ばし弱みを改善する。この両面から問題に迫り、課題が明らかになれば、問題解決や教育改善の取り組みをスタートさせる。テーマを定め、横断的なプロジェクトによりタスクフォースで取り組む。

　KIT評価向上委員会で実施の可否が決定された改善・充実の方針は、全学教職員が参加する「教育フォーラム」においてタスクフォースから提案・報告され、全学の理解と共有のもとに実践に移される仕組みとなっている。

　内部評価については、例えば、入試センターによる入試改善については入学者満足度アンケートから、教務部やFD推進課による教育改善の取り組みは、授業結果アンケートや卒業生満足度アンケート、修学ポートフォリオから、進路開発センターのキャリア支援の改善については修学満足度アンケート、企業満足度アンケートなどから、事実に基づき徹底して自らの活動を評価、検証、改善するしくみをシステムとして作り上げた。教育分野では教育点検評価部委員会が活発に活動している。

持続する改革を作り出す力

　金沢工業大学は、「教育付加価値日本一の大学」づくりを出発点とする目標の連鎖、目標の共有化は徹底して重視する。
　①教育の卓越性：教育付加価値日本一、
　②研究の卓越性：技術革新と産学協働の実現、
　③サービスの卓越性：自己点検評価システムの成熟を図り顧客満足度の向上を目指す、
の3本柱を常に掲げ、徹底させている。それに基づき
　①学生の実践目標：知識から知恵に、

②教員の実践目標：教える教育から学ぶ教育へ、
　③職員の実践目標：顧客満足度の向上
のスローガンを掲げる。その具体化として学部・学科の教育目標、授業科目ごとの行動目標へと続く。

　しかし、それをどのようにやるか、方針とか計画はあまり文章化しないし、あらかじめ定めることに重きを置かない。計画を作りすぎることは変化する現状への対応を型にはまったものとし、創造の可能性を弱めると考える。すでに目標が浸透し、顧客本位が根付いており、その展開は各部署ごとに進んでいる。むしろ学科レベルや各教員、各機構やセンター、各課長に権限をゆだね、自由に提案、企画してもらい、その切磋琢磨と調整の中から自然と方針が出てくる。これを理事会や各機関が拾いあげ、形にしていくというやり方だ。

一人ひとりの行動が大学を動かす

　会議体にもあまり重きを置かない。教授会も年数回、不定期の開催だ。しかし、学長スタッフである部長会は隔週開催、ここからダイレクトに方針が学科レベルに伝わり、主任会議や学科別のミーティング、教育研究会議、各センターの会議で議論される。教授会にかかってから議論が始まるということはなく、むしろ逆。こうした実質主義、教育や事務の現場から課題が設定、改善提案がされ、根回しにより方針が練り上げられる。この現場からの発信力がこの大学の改革を支えている。

　そして、もう一つの特徴が幹部の率先垂範だ。やるべきことは理事長、学長トップ、幹部からまずやる。4日間のFD研修もまず学長が受ける。行動で示すことが言葉の何倍も威力を持つ、実践こそが全てだとの考えが徹底している。

　そして、それらの動きを理事が分担ごとに掌握、理事同士の議論や調整のうえ、理事長決済となる。問題意識を持った人、やりたい人が動いて事業や改革を形にする。理事会は、これをミッションに基づき取捨選択し承認する。司令塔や、上からの具体的な方針や指示が最初にある訳

ではない。ここに、一人ひとりの理事や幹部の培われた力と、それが層（集団）として形成されているという、なかなか他大学でまねの出来ない蓄積がある。

　このなかで職員理事も重要な役割を果たしている。理事総数12名（学内理事11名）、理事長、法人本部長を除くと4名が教員理事、5名が職員理事の構成だ。分野は、①総務、②財務、③広報、④大学事務局、⑤企画・調整・対外事業の5分野で、大学の経営・教学の屋台骨を支えている。また、大学のあらゆる組織は、職員が正規の構成員となって教員と分け隔てなく議論し、意見を言い、提案する風土が出来上がっている。課長レベルへの権限移譲もかなり進んでいる。教職ほぼ半々の理事会構成、教員は入学後の学生育成に徹底して責任を持ち、職員はその成果を生かして学生獲得に専心する。学生に付加価値をつけ成長させることを唯一の目的に、切磋琢磨し協働する強い連携ができている。

赤いリンゴで優れた行動を作り出す

　そして、この教職員の主体的活動にも褒めて励ますやり方が貫かれている。赤いリンゴと呼ばれる大理石で出来たリンゴを授与する理事長表彰である。毎月、常任理事会で、所属長の推薦に基づき選定され贈られる。最近では年間70件を超える受賞者があり、制度施行以来、延べ500名近い教職員が受賞している。飛びぬけて多いのが「熱心な学生指導で優秀な学生を輩出」の134件、続いて「教育GP等のプログラム採択に貢献」の61件、となっている。その他にも10人以上の表彰があった項目を拾ってみると、研究論文発表で教育の質向上に貢献、教育改革推進に貢献、ＪＡＢＥＥ審査に貢献、大学院修士課程設置に貢献、施設管理・防災対策、保健衛生（インフルエンザ対策）、地域社会に貢献、などが並ぶ。

　人は処遇だけで動くのではなく、自らの行動が承認（評価）されることで勇気を得る。この表彰が熱心な教育への教職員の一丸となった取り組みを励まし、個人の地道な努力を発掘し、光を当てるとともに、優れ

た行動事例（コアコンピテンシー）を作り出し、拡大再生産することに大きな役割を果たしている。

　学生・教職員の主体的行動を作り出し、徹底して褒め、評価して育てる。このシステムがこの大学の力の源泉にある。制度や組織、システムは他大学でも取り入れることは可能かもしれない。しかし、こうした運営を支える人々の目標に賭ける熱意や力、主体的取り組みは20数年に及ぶ改革行動の蓄積の上にあり、すぐに真似ができるものではない。

注　各大学の調査年月日は以下の通り。金沢工業大学を除き、全て私大協会附置私学高等教育研究所による私大経営実態訪問調査に基づく。
大阪経済大学・2006年12月8日、福岡工業大学・2007年7月13日、広島工業大学・2006年11月17日、山梨学院大学・2006年7月21日、東京造形大学・2006年7月14日、桜美林大学・2006年4月21日、国士舘大学・2007年6月8日、静岡産業大学・2005年12月2日、女子栄養大学・2007年6月15日、中村学園大学・2007年7月13日、星城大学・2006年10月13日、京都女子大学・2008年2月15日、京都ノートルダム女子大学・2007年12月17日、神奈川大学・2008年7月11日、大妻女子大学・2008年7月10日、兵庫大学・2009年2月25日、長岡大学・2008年12月5日、新潟工科大学・2008年12月5日、長岡造形大学・2009年5月28日、新潟青陵大学・2009年5月29日、新潟薬科大学・2009年12月18日、金沢工業大学・2009年12月11日
（新潟工科大学、新潟青陵大学は、私学高等教育研究所研究員、増田貴治愛知東邦大学理事・事務局長の調査報告書に基づき執筆した。）

第3章　戦略経営の確立に向けて

第1節　各大学の経営改革に共通する原理

1．中長期計画の意義と必要性

　第2章で、各大学のマネジメント改革の実例を、実際の現地調査に基づく報告のまとめとしてご覧いただいた。ここで明らかになった、いくつかの共通する取り組みの特徴点、優れた事例を改めてテーマごとに、そのポイントだけ再掲し整理してみたい。

改革推進の柱・中長期期計画

　私学高等教育研究所で調査した大学法人の多くは、それぞれやり方に違いはあるが、中期計画を改革推進の中核に位置づけ、それに基づく大学運営が行われている。静岡産業大学の大坪檀学長、長岡大学の原陽一郎学長は、あらゆる改革に先立ち、まずビジョン作りが先行すると言う。自らの大学の強みを発見し、立地する地域を生かし、際立った特色作りに取り組む。**静岡産業大学**は、「地域に根差す教育重視大学、学生重視の大化け教育」を掲げ、地元企業による20を超える冠講座を作り上げるとともに、「オバケスイッチ」のコンセプトで学生の持つ本来の力を引き出す教育を進める。**長岡大学**も「学生生活の充実感、達成感、満足感」を掲げ、徹底した少人数教育とマンツーマン指導、地元企業と連携した実践型教育を展開し、その二つでGPを申請、採択されることで、改革の促進と資金確保、社会的評価の3つを獲得している。

　大阪経済大学では、学内各層による調整型の運営を脱却する切り札と

して、改革内容を細部にわたって書き込んだ「中期3カ年計画」を設定している。山梨学院大学の「経営の4つのコンセプト」もブランドを維持しながら、特色ある大学作りを進める指針として機能している。中村学園大学では8つの学校、幼稚園と年商65億の給食事業を総合的に経営する基本計画として、数値目標を重視した「中期総合計画」が重要な役割を果たしている。福岡工業大学では、「第4次マスタープラン」とアクションプログラムに基づき、特別予算を組んで改革目標の達成を目指している。全管理者の机に置かれた「For all the students ―全て学生・生徒のために」「Just Do It ―すぐ実行する」の標語は、この目標実現への基本精神を表している。

　長岡造形大学では、中期計画で毎年、学科やコースを再編し、高校生のニーズに応えるとともに、新たな大学像を打ち出すことで定員割れを克服している。新潟工科大学も、中期計画に実施プロセスや推進組織、スケジュールや担当者まで入れ込み実践性を高めるとともに、目標の到達尺度、評価軸を設定することで、達成を曖昧にしない取り組みを進めている。

　日本福祉大学の「学園ビジョン・中長期計画・短期計画・事業計画・事業企画書」の流れもミッション実現のための計画を、最後まで詰めて具体化し、実践していく仕組みである。神奈川大学や大妻女子大学では、それぞれ80周年、100周年を迎えるのを期に、創立以来はじめて全学的な中期計画を立案し、周年事業を契機として全教職員が目標を共有して新たな前進を始めている。

政策は如何に作られるか

　そして、こうした政策形成にあたって多くの大学が、上からの一方的な提起ではなく、各部局からの提案やヒアリングを積極的に組織している。現場の課題を生かすことによって、トップのイニシアティブと共にボトムアップを結合させている。困難な環境の中での抜本改革の推進には、現実問題と切り結ぶ中期計画の存在が不可欠である。

政策を策定、推進する上で、トップダウンが良いか、ボトムアップが良いかという点もよく議論になる。調査大学でも、例えば、**京都女子大学**は3年スパンでの学部新設を中心とした改革が定着しており、「研究会」といわれる教職員の自由な提案を基礎にした政策作りが行われている。一方、大学や小中高各学校の独立した運営が定着している**京都ノートルダム女学院**で、学校間の一体性と共通した目標作りという風土改革に着手するには、上からの改革提起が有効性を持つ。今の風土や運営システムを一気に変える場合は、トップダウンの要素を取り入れないと難しいし、改革の気風が根付いている所では、現場の知恵を結集するボトムアップが有効だといえる。つまり実現すべき課題や環境による。

しかし、最終的には政策は現場の実態から出発し、現場の教育や業務の指針とならないかぎり有効性は持ちえない。山梨学院大学や中村学園大学、広島工業大学もトップの強いリーダーシップで運営されているが、その政策立案の源には、現場の丁寧なヒヤリングや提案がある。多くの大学では、教職員から現状の問題点や課題、改革のアイディアについてアンケート調査を行ったり、学生の授業評価や生活実態調査を分析したり、データの収集を行っている。正確な実態把握抜きには、正確な課題設定は困難だ。

また、計画策定過程での議論や公開、教職員参加型の検討も有効性がある。教職員の参加する検討会、意見交換会（新潟青陵大学の「Web会議室」など）の開催や積極的な提案公募、質問や解説、会議議事録等のウェブ上での公開などが、政策策定への参加意識を高め、かつ現場の実態を踏まえた意見を生かすことになる。議論には一定の時間を要するが、政策はこうした過程を経て共有され、構成員の活動指針として機能していく。

ただし、議論を重ねるたびに、当初の改革案の角が取れて丸くなっていくようでは駄目だ。だれもが心地良い改革案は、本当の改革になっていない。変えるべき本質、根源は何か、ここを明確にすること。痛みの伴う改革かどうかが、真の改革のバロメーターである。

政策実現のポイント

その上で各大学の取り組みを整理すると、以下の点が共通する柱だといえる。

(1) 中長期計画を実際の実行計画に落とし込み、業務遂行計画や教育改革、予算編成方針に具体化されているか、そういう仕組みを持っているかという点。重点目標の実現のために資金や人が集中され、逆に廃止・縮小すべき事業の判断が行なわれ、選択と集中、リストラクチャリングが機能しているかが重要だ。

(2) 政策の具体化と推進を担う組織運営のあり方。理事会責任を明確にし、教授会、事務組織が一丸となって実践する仕組みが出来ているか。ミッションや改革目標を全学に浸透させるため、トップが直接教職員に語りかけ、また政策を執行する常務理事会、経営・教学の会議、事務幹部の会議等が機能しているか。プランを実践に移せるかは、これの組織の力にかかっている。

(3) 経営と教学の政策一致、事務局も含む協力体制の構築も重要な課題だ。理事会と教授会が共通の目標を掲げ、真剣な議論と一体的運営を作り上げていくことが、全学が力を合わせた改革の源となる。

(4) 計画を策定するにあたって、調査・原案作成を専門的に担う企画部門、事務組織も重要だ。外部環境や自大学の実態、他大学のベンチマークの中から展望のあるビジョンと現実計画が求められる。

(5) そして最後にトップや幹部層のリーダーシップの在り方が問われる。

これらについて事例に基づき整理してみる。

2．戦略推進型の運営―マネジメント改革

様々な理事会改革の取組み

戦略の遂行にとって重要なのが、政策の具体化と推進を担う組織のあり方だ。ミッションの実現、目標・計画の実行を組織運営の中軸に据えなければならない。まずは法人・学園全体の運営に最終責任を負う理事

会機能の強化・確立が求められる。

　京都ノートルダム女子大学は、改革に先立ち、大学関係者のみの理事構成から企業経営者を3人理事に登用した。**神奈川大学**では、評議員から選挙で選ばれる理事を減らし、職務上の理事を増やして実務機能を強化するとともに、理事数の4倍近い評議員を減じて効率化を図った。理事会の構成は、法人創設以来の社会的支持の歴史を反映したものであるが、改革のための機能強化は不可欠だ。

　常任理事会等の日常経営組織を強化することや理事の責任分担の明確化も求められる。24項目に上る重点を学内理事に割り振って執行責任を明確にした**国士舘大学**や**日本福祉大学**の執行役員制など経営の全課題に個人責任を明確にして、現場指揮権も含む確実な執行を図る試みといえる。厳しい改革には、課題を最後までやりぬく責任者、計画を断行する「憎まれ役」が不可欠だ。計画の実効性は、プランの正しさだけでなく、それに誰が責任を持つかで決まる。

　広島工業大学の朝のミーティングは、毎日、短時間、理事長、学長が打ち合わせする。長岡造形大学のG4会議も理事長、学長、常務理事、事務局長がディスカッションする会だが、トップ集団の本音での一致が意思決定の効率化と迅速な推進を支える。

　兵庫大学では、理事長が、設置学校7校を4つのグループに分け、毎月訪問し「月例懇談会」として学校幹部と率直な意見交換を行い、学校ごとの実態に即した自律的な運営や方針の浸透を図っている。

　また**新潟工科大学**のように、理事会、評議員会終了後、毎回、全理事、評議員と教職員の茶話会を開催し、率直な意見交換を行っているところもある。ここでは大学の状況や方針を関連企業に理解し支援してもらうため、「お取引先説明会」も定期的に開催している。

　広島工業大学では、年間10数回理事会を開催し、学内の最高意思決定機関としての実質機能を強めている。実質統治にふさわしい理事会運営への改善の取り組みが求められる。

教学との連結、現場への浸透

　経営と教学の政策一致、協力体制の構築も多くの大学にとって重要な課題だ。研究所調査では理事長と学長が分離している法人は8割を超えており、半数近くが、経営・教学の「政策調整組織」を持っている。これを理事会で統合している所も多く、**大阪経済大学**は、学部長4人（教員理事は8人）、職員3人（事務局長、本部長）が理事となり、学内合意と政策の徹底を重視した運営を進めている。

　女子栄養大学では学園構想協議会、**国士舘大学**では定例学内理事懇談会、**大妻女子大学**は拡大常任理事会など、経営と教学が定期的に協議しながら政策推進を行っているところが多い。経営と教学が、真剣な議論を通して、共通の基本目標を掲げ一体的に運営されることが大切だ。経営目標を達成するためにも、教育、研究、地域連携の総合作戦が不可欠である。

　トップ機構だけを整備し、その権限を拡大しても、それが学部教授会や各部局、事務局の現場に貫徹されねば実行には結びつかない。政策を浸透させ、方針の具体化を図り、構成員の実際の行動を目的に向かって統括する機関の役割が極めて重要だ。このトップとボトムを結び合わせる機関をどう作るかが中期計画の実質化を左右する。

　例えば、理事と学部長、事務局幹部が一堂に会し、率直な議論と本音で一致した目標・計画を持ちうるかが、その後の政策の実効性を担保する。学部や事務局の現場からの意見を基本方針とすり合わせ、議論を深めながらも、決定したら確実に実行に移す組織風土を作り上げなければならない。

　さらに、学長の下での大学としての一義的な政策決定も重要だ。大学評議会と学部教授会の権限関係も、どの議事がどの機関の決定事項で何が報告事項なのか峻別すべきだ。各機関の決定権限を法令や原則に基づき改めて明確にすること、仮に一学部の反対があっても大学としての意思決定が進む運営でなければ、目標の推進は困難だ。

政策を策定、推進する組織

　計画策定のシステムも重要だ。周年事業を契機に初めて将来計画を策定した神奈川大学や大妻女子大学では、新たに理事会の下に教学も含む**将来構想策定委員会**を期間限定で設置した。恒常的機関としては、福岡工業大学、星城大学の戦略会議、京都ノートルダム女子大学の**中期計画総合推進室**、日本福祉大学の**学園戦略本部**や**基本計画委員会**など多数ある。トップの下に有力な若手教職員の**プロジェクト**を設置、アイディアを提案させて改革を断行し成功した例もある。いずれにせよ、中期計画の策定と推進を担う機関を恒常的に学園運営の中軸に位置づけ、日常組織を政策目標で統括することが重要な点である。

　事務組織における企画部門の役割も重要だ。研究所の調査でも、中期計画原案策定は、法人事務局長、担当事務部署などもっぱら事務局が担っているケースが多かった。企画部、企画室、企画推進室など、企画専属部門を事務機構として位置づける所も多くなっている。

　さらに、法人、大学全体の企画を担う部署を置くだけでは、教育や地域連携など各分野の具体的な開発には十分とは言えなくなってきた。福岡工業大学では、**改革推進室**の他に、**教育改善支援室**、**産学連携支援室**などを設置、日本福祉大学でも**企画事業局**の他に、**ＩＲ推進室**、**教育開発室**や**事業開発室**を置いて、教育改革や社会連携、地域貢献事業の開発に当たっている。

　ＩＲ（Institutional Research）**機能**も注目を集めている。だが、ここがデータを集め分析・研究し、あるいは認証評価に対応するだけでは不十分で、政策決定機関と結びついて内部改革に力を発揮しなければならない。ただ委員会等で集まって議論するだけでは深みのある長期的な政策はできない。先駆的な政策立案に企画専門部門の強化・拡充は不可欠だ。

　現場から政策遂行を担う職員の開発力とマネジメント力量の向上、職員のプロフェッショナル化もまた重要だ。市場とニーズに向き合う職員の現場からの情報発信、先駆的な課題設定や解決方策の提起の水準が、大学改革のレベルを規定する。教員のみによる統治システムは変えられ

なければならない。職員を大学運営に参画させ、現場からの提起を組織的に生かすことで、真の教職共同が実現できる。

危機的事態からの改革を始めるにあたって、まず人事を刷新し、体制の改革を断行した**長岡大学**の事例も教訓的である。理事長が、全教職員に直接呼びかける理事長懇談会を設置、常任理事会体制を敷き、学募の緊急対策委員会をつくるとともに教授会主要委員長を刷新、続いて学長交代を行った。

京都女子大学や**新潟工科大学**などいくつかの大学では、学長選挙制度を廃止し、選考委員会制度に切り替えた。厳しい時代に学内の無用な対立を避けるとともに、より適切な人、経営と教学が一致して推薦できる力のある人物を選任する仕組みと言える。

どんなに斬新なプランがあっても、それを決定し執行する統治機構が機能しなければただの紙切れになってしまう。中期計画の実質化は、まさに、この組織運営のあり方、決定と執行のシステムの強化にかかっている。

3．戦略を具体化する—中期計画の実質化

戦略の実行計画化

戦略を実質化するには、それを実際の実行計画に落とし込まなければならない。戦略重点課題が、学部の教学計画や年度ごとの事業計画、予算編成方針、業務方針に反映されなければ、目標が実行に移される保証は何もない。中期計画をお題目で終わらせないためには、それを現実のプランに具体化し、そこに人、物、金を集中することが求められる。

しかし、これは言うほど易しいことではない。今日の右肩下がりの財政構造の中で目標の実現を図ろうとすれば、当然にも廃止・縮小すべき事業を明確にする決断が求められる。既得権益や前例を重視する大学風土の中では、批判や抵抗は免れえない。しかし、これを避けたり、中途半端な調整を図っては、中期構想の実現は絵に描いた餅、方針は掲げて

も実行が伴わないこととなる。ここにこそ経営の責務があり、その真価が問われる。

　予算査定に、最終段階で理事長自らが立会い、掲げた目標が実現できる予算になっているか点検を行う法人も多い。資源の再配分が行えるかどうか、平等型の配分から選択と集中に転換し、リストラクチャリングできるかどうか、政策実現は、ここにかかっている。

　また、いくつかの法人では、この重点課題を個々人の業務課題に連結させ、個人責任を明確にして業務推進を図る目標管理制度、人事考課を取り入れている。政策を全教職員が分担して遂行し、目標実現に迫る工夫が求められる。そして年度末には、到達点、課題を明らかにし事業報告書等に取りまとめる。このPDCAサイクルを、単なる標語でなく実際の学内の年間サイクルに具体化し実行できるかどうかも大切である。

　また、評価を改革に生かす取り組みも重要だ。認証評価、第三者評価や監事監査、さらには学生の授業評価や教育評価、各種の実態調査などを実際の政策立案に繋げることが現実問題の解決に意義を持つ。外からの評価は、意識する、しないに拘らず常に存在する。問題点や批判も含め、課題に正面から向き合うことこそが前進への唯一の保障であ。静岡産業大学では、学生自身に学生満足度調査を委託し、その結果を学生自身が分析、直接、理事会や教授会に報告することで、率直な問題把握と課題解決に努めている。

特別予算の設定と成果発表

　福岡工業大学の経営を特徴づけるのは、明快な経営戦略（マスタープラン・MP）の策定と分野別のアクションプログラム（AP・年度事業推進計画）への具体化、その実現のための特別予算を編成し、進捗を図っている点だ。PDCAを戦略の遂行、教学改革、事務改革のツールとして使いこなし、独自のやり方で学校運営の基本サイクルに定着させている。

　MPは全学的に公開された会議で徹底的に議論されるが、一旦決められると学内全機関の3ヵ年の目標となり、あらゆる組織とその構成員を

拘束する。そしてその実現のために各部署から実施計画（AP）が提案され、教職員参加の審査会で目標との整合性や効果等について評価、検証を受ける。MP-AP-特別予算の流れで実行計画に落された事業は、「AP中間報告会」「APレビュー報告会」「成果発表会」などで事業の進捗や到達、成果や問題点を明らかにし、次年度の事業につなげている。掲げた目標の実践に徹底的な拘って追求するやり方こそが、中期計画の実質化を支える。

数値目標、実行計画に具体化

中村学園大学では、大学・短大など6つの学校、幼稚園を持ち、65億規模の給食事業を展開している。ここの中期総合計画は80頁もあり、現在、第3次計画が進行中である。計画の特徴は、事業に実施年次を明記、就職等においては何％、資格取得は何人の学生、順位を競うものは何位以内に入る、さらにはインターンシップの参加学生人数目標、各種セミナー・講座等の受講生獲得目標など数値を多くの項目に書き込んでいる点にある。また志願者・入学者の5ヵ年の年次別獲得目標、教職員の人員計画、財務指標も一覧表で示されている。

新潟工科大学でも、41項目に上る施策アクションプランが作られているが、優れているのは、課題ごとに担当部局、役職者など責任者が明記され、また到達度を評価するための実態調査や統計、数値根拠、具体的な成果物の提出などの評価尺度が設定されている点だ。達成度を何で評価するか、具体的に示すことが実践に繋がるキーとなる。

大阪経済大学では、教育・研究改革から学生募集や就職、学生生活支援、地域との連携、施設・設備計画から管理運営・組織改革、財政・人事計画までを網羅する12の大項目、101の小項目から成る具体的計画を作り、その実践を進めてきた。構成員の総意に基づく運営を伝統としているが、それだけに、掲げた目標の実践を曖昧にしない措置として具体的な計画への書き込みを重視している。その優れた点は、目指す目標を端的に示すとともに、その実現のための体制整備、組織改革にまで言

及し、理事会改革、大学運営の改善、職員参加や人事制度改革、教員評価などにまで踏み込んで改革に実効性を担保していることにある。

政策実現のための工夫

日本福祉大学でも、1990年代から中期計画に基づく大学運営を進め、ほぼ5年スパンで新たな目標や計画の設計を行ってきた。現在の計画は、学園ビジョン、創立60周年（2013年）までの中期構想、短期計画、各年度の事業計画によって成り立っている。学園ビジョンにおいては、改めて3つの基本目標を掲げるとともに、短期計画での中心事業として2008年度、3つの学部の同時新設を行った。基本計画を年度に具体化する23項目の重点事業全てに、担当執行役員の分担責任が明確にされ、年2回、丸2日をかけて、その立案（計画策定）や総括（到達点、問題点の評価）を行っている。担当執行役員が重点事業の予算、推進体制の構築、実行管理、その結果に責任を負うことで、全体目標の実現に努めている。

広島工業大学でも、中長期運営大綱に基づき、2015年までの4つの基本方針、5つの計画を定め、改革の方向を鮮明にするとともに、3ヵ年ごとの中期基本計画、単年度ごとの年度運営計画を定めている。そして、この年度運営計画の策定・評価、予算編成方針の立案から予算編成作業、理事長査定、決算、事業報告書の作成に至る全過程を年間スケジュールとして確定することで、PDCAを学内業務に定着させている。

国士舘大学の年間方針の柱である事業計画の立案の取組みも優れている。全ての基礎組織（経営・教学・事務）から提出されるこの計画表には、事業の「達成目標」、「目標の達成度合いを示す指標」を、数値指標も入れ込みながら設定する書式になっている。これは事業が単にやれたかやれなかっただけでなく、どこまで前進しどこが不十分だったのか、終了後に事業を評価し、継続的改革ができる点で工夫された事業計画書といえる。

長岡造形大学では、学生募集を入試広報課と企画推進課が共同で担う

体制をとっている。学生募集を単なる学生集めの手法に止めず、高校生のニーズに基づく大学の魅力作りに結びつけることで真の学募強化を図っている。大学改革の方針を作る企画部署が、同時にその社会的評価でもある募集に責任を負うのは、工夫されたやり方だと言える。

このように戦略は、実行計画まで落とし込むことで、初めて実践される保証を得ることになる。

4．戦略を遂行する─リーダーシップの発揮

方針管理制度による意見集約

政策を遂行するには、信頼感のあるトップのリーダーシップが求められる。今日、トップや幹部に求められるのは、先を見通した現実性のある政策提起、構成員に納得と確信を持たせること、そして構成員の行動を目的達成に向けて組織することである。

静岡産業大学の大坪檀学長は、大学再生には戦略の再構築が不可欠だとし「静岡産業大学の理念とミッション」を提起した。戦略は大学の長期の行動基盤であり、誰でもわかるよう構成員に伝達し続ける必要があるという。

優れているのは、こうした方針提起に止まらず、その達成度報告などフィードバック体制、コミュニケーションシステムを整備した点だ。

「方針管理制度」と総称されるこれらのシステムは、課題ごとに執行責任者を明確にし、その進捗状況を月次、4半期、年次で報告させる。その中で特に、方針を実施する上での困難、それを乗り越える知恵やアイディアの記載を重視している。方針の実践過程での問題点や改善点、さらには様々な提案事項や要望を集約することで、方針がより実態を踏まえて遂行できるようになる。

トップからの語りかけ

中村学園大学で月2回、全教職員を対象に行われる「朝礼」では、理事長や学長から毎回交替で、直面する情勢や経営・教学の時々の課題・方針について語られる。また教員、職員、管理者を対象とする研修会でも、理事長が1時間をこえる講演を必ず行っている。直面する課題の共有と政策の浸透、トップとのコミュニケーションの強化による改革推進の取り組みだと言える。

女子栄養大学の経営は、理事会-常任理事会-部長会-業務連絡会のラインによって行われる。これらの会議には全て理事長が出席し、その直接的な指導の下に運営される。業務連絡会は、職員の部長・課長により構成され、業務方針や課題の進行状況、問題点が討議される。ここにも毎回、理事長が出席し、アドバイスや具体的指示がされ、トップの考え方や方向が示される。トップが直接現場を掌握し、日常的なコミュニケーションを行いながら業務を推進することは、実態を踏まえた経営の展開に重要な役割を果たす。

　理事長からは定期的に基本政策、学園の年間方針や経営重点、予算編成方針が全教職員に直接伝達される。これらは文書化され学園の教職員に改めて配布、周知される。まだ大学では数少ない、理事長による職員全員との面接も始めた。トップからの直接の対話は、構成員が一致して目標に向かう上で大きな役割を果たしている。

山梨学院大学は、「個性派私学の旗手」をキャッチフレーズに、地方にありながらブランド確立の戦略を明示し着実に実行してきた。経営の4つのコンセプトを掲げ、重点サークルに多額の投資を行い、全国的な知名度を上げるとともに、教学面でも現代GPを7つも獲得（大学・短大計）するなど地方大学として全国屈指の成果を上げてきた。

　この原動力に理事長・学長のリーダーシップがある。「学園づくりの目標」を具体化するために毎年度の「運営方針」「事業計画」を立案、これを理事長・学長が繰り返し全教職員に説明し、徹底を図っている。この方針はトップからの一方的通行ではなく、法人本部長と事務局長に

よる全学の諸機関、部課室のヒヤリングをもとに取りまとめられ、実態を反映したものとなっている。

リーダーの役割

改革のビジョン作りと実行指導力を持つ学長の選任も重要だ。危機に直面した**長岡大学**でも、長年東レの技術開発の先端分野で、プロジェクトリーダーや戦略コーディネーターを勤め、世界初の技術開発をいくつも創り出した専門家である原陽一郎氏を学長に起用した。チームを困難な目的に向かって結集させ、一人ひとりを鼓舞し成果を上げるプロを抜擢したことで大学は大きく変わった。

戦略方針の徹底、書いて繰り返し伝える、現実を示しロジックで説明する、本音で話す、そしてやる気のあるものに任せるやり方で成果を作り出してきた。原氏が、大学人ではなく長岡大学勤務も短かったことも、かえって客観的な大学評価を可能にし、従来のやり方や前例に拘らない実行システムを作り出し、職場風土を一変させていった。

神奈川大学や**大妻女子大学**でも、周年事業を契機に将来構想に基づく改革を強力に推し進めている。これらもトップの強いリーダーシップなしには実現しなかった。大妻女子大学では、理事長の所信で、学園の直面する現状と解決方策を率直かつ鮮明に提起することで、大学改革の進むべき具体的な方向を指し示した。神奈川大学でも、理事長の強いリーダーシップがあって初めて、教員組織や事務局改革が可能となり、理事会構成等、内部改革が推し進められている。

中堅管理者の重要性

また、戦略を実質的に担う幹部層、特に中堅管理者の役割、レベルアップは、実践的には極めて重要である。戦略目標を理解しつつ現場も熟知しているミドル層(中堅管理者)を、戦略の具体化と実現の中核部隊と位置づけ、ここを基点にトップと繋ぎ、課員を業務遂行に組織する。教員・職員幹部のレベルの向上、この層の厚さが問われている。ミドル

層の目標実現への目線の高さが、戦略の水準を決める。単なる管理サイクルを回すだけの管理者から、戦略目標に従って現場を変革する、新たな事業を創造する、これを課員を巻き込みながら推し進めるチェンジリーダーが求められている。

　その実現の最大の条件は、年功型管理職人事の転換である。現在の管理者の多くは大学成長期に育ち、調整型の管理に馴染んでしまっている人もいる。これを変えねば厳しい環境下での戦う管理者集団はできない。そしてこれはトップ層の決断さえあれば実行可能である。有力な若手登用によるチェンジリーダーの実現、職場風土の変革こそ、戦略経営を支える大きな力となる。

大学の総合力―絶えざる自己改革

　大学の存立と発展にとって、市場のニーズや競争環境に対応して、適切な自己革新が継続的にできるか否かが重要だ。経営戦略と教学戦略の一体化による真の改革ビジョン、法人・大学一体の目標の確立なしには、厳しい環境の中で本当の大学評価の向上につながる改革は実現できない。そしてその推進もまた、理事会だけでも、教授会、事務局だけ頑張っても困難である。理事長をトップとする経営システムと学長をトップとする大学管理運営機構、事務局の現場からの政策提起や創造的な具体化、これらの総合力が不可欠だ。その点でマネジメントとガバナンスは、目標の実現に向け融合されねばならない。

　教職員の知恵と力を生かした戦略経営の確立による改革の持続こそが、激変する環境の中で大学が前進できる保障だといえる。

第2節　理事会実態調査アンケートを読む

　私立大学協会附置私学高等教育研究所では、私大理事会の組織・運営・機能及び役割を明らかにするため、私立大学協会加盟校に対しアンケート調査を行い、傘下大学298校、80.3%から回答を頂いた。この内容は、2007年に『私大経営システムの分析』としてデータ分析に基づき、報告書としてまとめられ発刊されるとともに、2008年度には研究所主催公開研究会が開催され、調査に基づく経営改革の課題と方向性が議論された。その後も、私学を取り巻く状況はますます厳しさを増し、マネジメントの改革は喫緊の課題として重要性をおびている。改めて、理事会運営の全国的な状況を概観し、自大学と比較しつつ確認いただくとともに、この調査内容を踏まえながら、特に経営戦略の策定と遂行、そのための理事会改革は如何にあるべきかという今日の視点から実態を見つめ直し、課題を明らかにしていきたい。

1．調査法人の概況と特徴

私大協会加盟校の特徴

　私大協会加盟校は、比較的中小規模の法人が多いことから、回答いただいた法人の設置大学の〈**入学定員**〉も500人以下のところが約半数、51.2%で、1000人以下となると7割強（75.4%）を占める。今日、定員割れの分岐点は入学定員800人といわれており。小規模経営は全体に厳しい状況にあることが推察される。（**表3-1**）

表3-1　大学の構成（3）　学部の入学定員

	n	有効%
500人以下	152	51.2
501人から1000人	72	24.2
1001人から1500人	36	12.1
1501人から2000人	17	5.7
2001人から2500人	5	1.7
2501人以上	15	5.1
合計	297	100.0

〈**単科大学**〉も4割（40.9%）を超えている。100人前後の教職員数だとトップの目が届く範囲であり、経営がシステムや制度で動くというよりも、人（パーソナル）を軸として統治される要素も大きいと思われる。〈**併設校**〉も高校設置が7割強（74.9%）、短大6割（63.0%）、幼稚園5割（52.3%）と多く、高校や短大を母体に大学が設立されているところも多いと見受けられる。（**表3-2**）

表3-2　併設している学校種（複数回答）

	n	298校中 %	併設あり 235校中%
幼稚園	123	41.3	52.3
小学校	28	9.4	11.9
中学校	106	35.6	45.1
高等学校	176	59.1	74.9
中等教育学校	1	0.3	0.4
高等専門学校	3	1.0	1.3
短期大学	148	49.7	63.0
専修学校	63	21.1	26.8
各種学校	6	2.0	2.6

そのことは法人の〈帰属収入に占める大学収入の割合〉によっても見ることができ、大学収入が半分以下のところが約4割（42%）、6割までが53.4%、7割までが67.2%となっている。そうした大学設立の歴史や規模比率を勘案すると、高校、短大法人時代の運営システムや慣例が残っているところも多いと推察される。（表3-3）

表3-3　法人の帰属収入に占める大学による収入の割合

	n	有効%
約10%	11	3.8
約20%	21	7.2
約30%	28	9.7
約40%	32	11.0
約50%	30	10.3
約60%	33	11.4
約70%	40	13.8
約80%	28	9.7
約90%	27	9.3
約100%	40	13.8
合計	290	100.0

〈理事長と学長の兼務〉は意外と少なく、約2割（19.5%）で、理事長はもともとの設立母体の学校（高校など）を中心に見ており、大学の日常運営は学長に任せているところも多いと思われる。逆に言えば、法人全体の運営に当たって、この両者の政策や執行面での一致が求められることとなる。

〈現理事長が、創立者本人かその親族〉である比率は、それぞれ4.9%、40.9%、合計5割近くに上り、建学の精神を直接体現した特色ある経営が行われているが、それが経営システムや管理運営にどのような特徴をもたらしているかは、具体的な分析が必要だ。

2．理事会の構成と運営

理事会構成

〈**理事の人数**〉は、9人が最も多く43法人（15.5%）、続いて7人が28法人（10.1%）と続く。7人から14人くらいの間が最も多く、全体の77.7%、8割近くを占めている。（**表3-4**）

表3-4　理事の実数

人数	N	有効%
5	4	1.4
6	14	5.0
7	28	10.1
8	24	8.6
9	43	15.5
10	27	9.7
11	26	9.4
12	27	9.7
13	16	5.8
14	25	9.0
15	14	5.0
16	9	3.2
17	8	2.9
18	4	1.4
19	2	0.7
20	1	0.4
21	1	0.4
22	4	1.4
27	1	0.4
合計	278	100.0

学内理事4～8人、学外理事が2～6人が最頻値で、それぞれ全体の70.7%、69.6%を占めている。やや学内理事の比率が高くなっており、学内の実質統治を重視した構成になっていることがうかがえる。〈**学外理事**〉といっても、卒業生理事が111法人、約40%と多く、元教職員

を理事としているところが88法人31.6%強、創立の縁故関係者が41法人14.7%となっており、大学の周辺で支援してくれる方が多い。最も多いのが地元財界や自治体等の役員を理事としている法人で186、7割近くあり、各大学を歴史的に支えてきた、また現在も支援している構造が読み取れるものとなっている。(表3-5)

表3-5 学外理事と法人との関係

人数	卒業生 n	有効%	創立者、その関係者・縁故者 n	有効%	元教員・元職員 n	有効%	企業・団体役員 n	有効%	その他 n	有効%
1	64	57.7	28	68.3	55	62.5	43	23.1	51	40.5
2	21	18.9	5	12.2	25	28.4	39	21.0	30	23.8
3	12	10.8	6	14.6	5	5.7	32	17.2	21	16.7
4	3	2.7	1	2.4	2	2.3	29	15.6	8	6.3
5	5	4.5					21	11.3	9	7.1
6	4	3.6	1	2.4	1	1.1	12	6.5	2	1.6
7							8	4.3		
8	1	0.9					1	0.5	3	2.4
9							1	0.5		
10	1	0.9							1	0.8
12									1	0.8
合計	111	100.0	41	100.0	88	100.0	186	100.0	126	100.0
比率	39.9%		14.7%		31.6%		66.9%		45.3%	

(回答278法人に対する比率)

一方、〈学内理事〉は、学長はほぼ全員理事となっており、校長、園長を理事としているところも半数(48.9%)あり、高校等を併設する法人が6割超であることを考えると、大学・学校運営トップの経営参画はかなり進んでいるといえる。これに対し、学部長を理事としている法人は14%、事務局長理事は約16%と学内各層の経営参加は、組織的には不十分のように見える。ただ、こうした充て職理事以外の、教員を理事に任命している法人が66.1%、同じく職員を理事に任命しているところが57.5%あり、これは大学役職の経験者、事務局長等の退任者を理事

に起用することで、実質経営を行っているところが多いと思われる。
　〈**専務理事**〉(28法人)や〈**常務理事**〉(127法人)を置いているところも約半数（55.7％）あり、理事長の下で、役割と責任を分担して日常経営に当たる体制が構築されつつあるといえる。
　〈**年齢構成**〉は、60歳台、70歳台がほぼ同数で全理事数の8割近くを占めており、50歳代はまだ少数に止まっている。〈**女性理事**〉がいない法人も137、50.4％となっている。

　理事会の運営
　〈**理事会の開催回数**〉は、年数回の最低限の議事を審議・決定する形で運営されているところが約半数（年5回までで48.3％）で多数を占める一方、休み期間を除きほぼ毎月開催をしていると思われる法人も3割程度（8回から14回で31.1％）あり、このふたつの傾向に分化しているといえる。理事会に如何なる役割を持たせるかは、各法人のマネジメントのやり方、考え方にもよるが、厳しい経営環境の中、経営方針の決定と執行に実質的な役割と機能を果たす方向で、理事会運営の改善を進めることが求められている。その点からは、経営を担うにふさわしい開催のあり方や回数の見直しも必要だと思われる。(**表3-6**)

表3-6 2005年度における理事会の開催回数

回数	n	有効%
0	1	0.4
1	2	0.7
2	4	1.5
3	35	12.8
4	46	16.8
5	44	16.1
6	29	10.6
7	10	3.7
8	17	6.2
9	20	7.3
10	11	4.0
11	14	5.1
12	6	2.2
13	10	3.7
14	7	2.6
15	1	0.4
16	1	0.4
17	3	1.1
18	2	0.7
19	6	2.2
20	2	0.7
24	1	0.4
27	1	0.4
合計	273	100.0

〈**理事会の議事内容**〉も、学部の改廃や経営戦略、経営計画、教育・研究の基本計画に関するものが増えており、狭い経営の範囲から、大学の具体的な戦略や改革・改善計画の基本方針に関与し、改革をリードしようとしていることが伺える。理事会が、財務や人事に止まらず、法人が展開する教学・経営事業全体に目標と政策・方針を掲げ、責任を負う運営を確立することがますます重要になっている。(**表3-7**)

表3-7　理事会における審議内容（複数回答）

	n	有効%
予算決算	276	100.0
教員人事	162	58.7
職員人事	134	48.6
学部改廃	266	96.4
規定改廃	265	96.0
経営計画	273	98.9
教研計画	237	85.9
事業報告	273	98.9
経営戦略	237	85.9
寄附行為	269	97.5
他	89	32.2

〈学内理事会の設置〉は、ほぼ6割（161法人、58.8%）で、小規模法人で理事長の直轄的な運営が行なわれているところを除けば、大多数の法人がこうした学内の日常経営システムを機能させている。理事長主催で、学長、常務理事、事務局長、指名理事等で構成され、経営政策の具体化に関わる意思決定や理事会案件の原案の検討、教学との調整機能や理事長補佐機能を果たしている。学内理事会の規程は、寄付行為以外で定めているところが多く（103法人、64%）、構成人数は4人〜6人が51.3%と半数以上、開催回数は月1回が48.1%、週一回が15.6%となっている。環境が日々激変する中、こうした理事会決定の迅速な執行、学内経営・統治に実質的役割を持つ機関運営の充実が、ますます求められている。

〈各種の議事、課題に誰が主に影響力を持つか〉という設問に対しては、教員人事、学部・学科の改廃などは、理事長より学長、教授会のほうが強い影響力を持つことが見て取れる。理事長は、経営戦略全体には強い影響力を持つが、大学の教学改革の具体的計画や人事への直接的関

与は、ある程度限定されているといえる。ただし、通常の重要案件、つまり定められた定例的議事以外の実質的判断を要する案件は、常任理事会ないしは理事長のところで決済されており、実際の日常経営判断と統括は、理事長を中心に行われているといえる。法人、学園全体の運営に最終責任を負う理事会機能の一層の確立、強化が求められる。(表3-8)

表3-8 内容別・組織別意思決定への影響力 (最も影響力の強い組織)

有効%	理事会	常任理事会	評議員会	理事長	学長	事務局	教授会	その他
予算・決算	78.3	5.7	1.3	12.7	0.6	0.0	0.0	1.3
教員人事	23.1	9.4	0.0	18.8	19.4	0.6	26.3	2.5
職員人事	17.8	13.5	0.6	44.2	3.1	19.6	0.6	0.6
学部・学科の改廃	67.5	1.3	1.3	8.9	9.6	0.0	8.9	2.5
学内諸規定の改廃	44.4	17.2	0.7	13.2	7.3	9.9	4.0	3.3
当該年度の事業計画	68.4	7.7	1.9	11.0	3.2	4.5	0.6	2.6
前年度の事業報告	64.3	10.2	1.3	8.3	3.2	8.9	0.6	3.2
経営戦略・経営計画	63.7	9.6	0.0	22.9	1.3	0.6	0.0	1.9
通常の重要案件	21.4	31.2	0.0	37.7	4.5	2.6	1.3	1.3

〈理事の職務分担〉が行われている法人は、約半数 (148法人、53.4%) ある。理事の職務を明確にし、政策や事業の担当責任者を特定しながら、事業目標の達成に向けて、執行体制を確立するのは、たいへん重要だと思われる。理事が、経営政策の決定機能とあわせ、その実現に直接の指揮権を発揮し、関与していくことが、今日の厳しい環境の中では特に求められている。最終責任を持つ者が曖昧なまま、いくら計画を立て、システムを整備しても実践は進まない。経営政策の実際の遂行には、こうした厳しい計画を最後までやりぬく責任者、批判の矢面に立つ個人の存在なしには成り立ちえないといえる。

3．中期計画の策定と効果

中長期計画の策定

〈中長期経営計画〉を策定し、それに基づいた運営を行っている法人は、この調査では合計98法人、35.3%、3分の1である（これは、直近の2009年の調査では55.3%に増加した）。国立大学の全法人が中期構想、中期計画に基づいた運営を開始している中では、やや少ないともいえるが、策定中や検討中も入れれば、約8割の法人が何らかの形で計画策定の準備を行っており、また検討を進めていることとなる。長期ではないが、年度の事業計画で方針を策定しながら進めている法人も多数ある。小規模法人も多いことから、政策や計画を文書で作成し、確認しながら進めるというシステムになっていないところもあると思われる。中期計画立案の意義は、建学の精神を、現在の大学の目標や課題に再設定し、その実現の道筋を示すことにある。そのことで、全大学人、教職員・学生の目指すべき基本方向を指し示し、全学一致を作り出す点にある。民主的な議論と平等主義を基調とする大学運営にあっては、こうした明確な旗印なしには、力の集中も、資源の重点投下も不可能だ。ミッションを実現するための中期計画が、法人経営やガバナンスの中核に据わらなければ、持続的な改革は進まない。政策実現を最大の狙いとした運営を目指すのであれば、日常の大学運営をこうした大きな政策目標で統括し、方向付けすることが不可欠である。（表3-9）

表3-9　中長期経営計画の策定状況

	n	有効%
策定済み運営中	69	24.8
策定中	68	24.5
検討中	89	32.0
予定なし	23	8.3
策定済み運営中＋策定中	28	10.1
策定済み運営中＋検討中	1	0.4
合計	278	100.0

〈中期計画の設定期間〉は、3年～5年が最も多い。あまり期間を長くとっても、現実計画とはなりえない。(表3-10)

表3-10 策定済みの中長期経営計画の設定期間

	n	有効%
1	3	3.4
2	4	4.6
3	10	11.5
4	10	11.5
5	36	41.4
6	4	4.6
7	3	3.4
8	4	4.6
10	10	11.5
15	1	1.1
18	1	1.1
20	1	1.1
合計	87	100.0

政策はどこが作っているか

〈政策の原案策定部署〉、中長期計画の提案母体は、担当の事務部署19.4%、担当の委員会18.1%、法人事務局長13.1%、担当理事11.3%の順だが、担当の委員会に職員が加わっていたり、担当理事が職員出身のケースも考慮すると、事務局がかなりの比率で担っていることとなる。担当事務局や法人事務局長をはじめ、事務局が原案策定に教員組織より深く関与し、政策立案のための調査、分析を行い、また新規事業等の企画を行っている点は注目すべきだ。この中期計画に果たす事務局の役割を踏まえると、先駆的で現実性のある政策立案にとって、事務局の企画専門部局の強化・拡充は不可欠といえる。単に委員会等で集まって議論の回数を重ねるだけでは深みのある政策は出てこない。データ分析や調査、マーケティングやSWOT分析、他大学のベンチマークなど、戦略策定の基本技法を踏まえた専門的な組織、企画部やIR（Institutional

Research）室が必要となる。さらに、事務局の役割の拡大とともに、職員の専門的な知識や問題意識、政策形成力量が、大学の将来計画のレベルを決める重要な要素となってきている点にも留意する必要がある。大学運営の様々なレベルの組織に職員を積極的に参加させ、活性化を図り、その提案を生かす運営に努めなければならない。（**表3-11**）

表3-11　原案策定の主担当部局

	n	有効%
① 担当理事	18	11.3
② 法人局長等	21	13.1
③ 担当の事務部署	31	19.4
④ 担当の委員会	29	18.1
⑤ その他	11	6.9
① ②	3	1.9
① ③	5	3.1
① ④	3	1.9
① ⑤	1	0.6
② ③	14	8.8
③ ④	5	3.1
④ ④	5	3.1
② ⑤	1	0.6
① ②+③	6	3.8
① ②+④	3	1.9
その他	4	2.4
合計	160	100.0

政策に含まれる内容

〈**計画の内容**〉は、財政計画や施設計画などが比較的多く、学部・学科の改組計画や教育改革（教育内容や方法など）、就職対策や学生募集計画、研究戦略等の項はやや少ない。とりあえずハードの計画に重きが置かれ、大学改革そのもの、教育・研究に関わるソフトの改革はやや遅れているというのが現状のようだ。中期計画は、そもそも経営戦略だけでは成り立たない。実力がつく面倒見の良い個性的な教育、地域と密着

した研究活動の展開などが大学の評価を高め、入学者の確保に結びつき、経営の安定化をもたらす。直面する学生募集で成果を上げるためには、こうした総合作戦による評価の向上が不可欠だ。経営と教学による共通の現状認識、一致した基本政策の立案と推進が求められる所以である。教学領域も含む、実現すべき統一的な戦略目標を明確にした、年次的な計画策定が課題となる。(**表3-12**)

表3-12 策定済みの中長期経営計画に含まれる内容（複数回答）

	n	有効%
経営ビジョン	58	62.4
財政計画	75	80.6
人事・人員計画	62	66.7
施設・設備計画	79	84.9
情報化計画	44	47.3
学部・学科改組計画	65	69.9
学生募集計画	60	64.5
就職対策	41	44.1
教育改革（教育内容・方法など）	62	66.7
研究戦略	34	36.6
その他	10	10.8

中長期計画の効果・評価

〈中長期計画策定の効果〉としては、法人と大学が共通の目標に向けて、年次的・計画的に重点課題を明確にした運営が行われ、また、教職員間でも大学運営についての共通理解が前進したことなどが上げられている。(**表3-13**)

表3-13　中長期経営計画の効果（3項目まで選択）

	n	有効%
法人と大学とが共通の目標に向けて活動	60	52.6
年次的・計画的に事業計画実施	65	57.0
事業計画のなかに重点事業を策定した運営	64	56.1
PDCAサイクルで経営・運営	23	20.2
大学の特色化や個性化推進	16	14.0
教育改革や学生募集など改善	25	21.9
教職員の間に大学運営に対する共通理解	39	34.2
あまり変化はみられない	3	2.6
その他	5	4.4

〈計画の到達度評価〉を行っている所が、半分近く（48%）ある一方、全くやってないところも52%あり、総括に基づき、改善課題を明確にしながら、次の目標に迫っていく取り組みの確立が、いっそう求められている。

〈経営情報の公開〉も、定められた基本情報に限っては、8割以上の法人で何らかの形で取り組まれており、ディスクロージャーは大幅に進みつつあるといえる。しかし、刊行物やホームページで積極的な公開を行っている所となると、情報内容にもよるが、3分の1程度に落ち込む。透明性を高め、大学を取り巻くステークホルダーに信頼感を持って協力や支援を取り付けるためにも、いっそうの情報公開をベースとした運営の改善が必要だ。（表3-14）

表3-14　経営情報の公開状況

		学内で閲覧可能	教職員対象の広報誌等で公開	学生・保護者向け広報誌等で公開	刊行物を一般に配布	ホームページで一般に公開
財務状況	n	247	178	162	45	144
（決算書等）	%	82.9	59.7	54.4	15.1	48.3
事業報告書	n	239	91	71	23	105
	%	80.2	30.5	23.8	7.7	35.2

事業計画	n	189	73	46	16	56
	%	63.4	24.5	15.4	5.4	18.8
学内監事監査報告	n	214	42	32	11	71
	%	71.8	14.1	10.7	3.7	23.8
独立監査人監査報告	n	143	19	17	3	21
	%	48.0	6.4	5.7	1.0	7.0
その他	n	7	2	1	0	5
	%	2.3	0.7	0.3	0.0	1.7

経営と教学の政策統合

〈経営と教学の政策統合、政策調整組織〉も、約半数（123法人、44.2％）の法人で設置され、経営・教学の一体的な運営に努力されていることが見て取れる。政策調整会議の構成は、理事長、学長、事務局長の三者が軸になって運営されている。（表3-15）

表3-15 政策調整会議の構成員（複数回答）

	n	有効%
理事長	92	76.7
副理事長	21	17.5
専務理事	17	14.2
常務理事	62	51.7
担当理事	16	13.3
学長	111	92.5
副学長	53	44.2
学部長	87	72.5
案件担当の教学役職者	46	38.3
法人局長・大学事務局長	104	86.7
関連事務部局構成員	62	51.7
上記以外	50	41.7

また、理事会そのものが、この機能を担っている法人も一定数ある。戦略と計画に基づく全学的運営を考えると、経営の先駆的な政策策定とあわせて、教学や事務局も含む目標の共有と実践の統一が求められる。

4．監事、評議員会の機能

監事、監査の機能強化

　法人事業の評価や改善、コンプライアンスの遵守に、監事の果たす役割は大きいものがある。プランとドゥだけでは大学運営はうまくいかず、問題点や評価を次の方針に生かすことで、初めて改革が進むことになる。

　〈**監事の数**〉は、2人のところが241法人、86.7％と多く、3人が33法人、11.9％、4人が4法人、1.4％となっている。〈**常勤監事**〉を置いているところはまだ少なく36法人、12.9％だが、少しずつ拡大している。

　〈**非常勤監事の前・現職**〉は、元教職員など大学関係者、弁護士・税理士などの専門家のほか、企業、団体の役員等が多い。（表3-16）

表3-16　非常勤監事の前・現職

	n	有効％
元理事	31	7.3
元職員	34	8.0
企業・団体役員	178	41.9
弁護士	42	9.9
税理士等	67	15.8
上記以外	73	17.2
合計	425	100.0

　監事は、理事会へは95.6％、評議員会へは84.3％と、ほぼ常時出席している。

　〈**監査対象となる法人業務**〉も、従来の財務運営中心から、私学法でも定められている法人事業全般、特に中長期計画や年度事業計画の遂行状況、教育研究の主要事業の到達状況などに徐々に拡大している。財務も含む法人業務全体が目標実現に向かって適切に機能しているか、改善課題は何か等を明確にするためにも監事機能の一層の強化が求められている。（表3-17）

表3-17 監査対象となる法人業務（複数回答）

	n	有効%
財務	277	99.6
業務（法人事務の管理運営）	264	95.0
業務（教育研究活動）	152	54.7
年間の運営計画の過程全般	170	61.2
年間の運営計画の成果	170	61.2
戦略・中長期経営計画	120	43.2
その他	8	2.9

〈監事への支援体制〉は、担当部署（担当者）を定めて対応しているところが多く、205法人、74.3％で、専門の監査室の設置は23法人、8.3％とまだ少ないが、こちらも徐々に拡大しつつある。

評議員会の位置づけ

〈評議員会の開催回数〉は年3回が最も多く、91法人、32.7％、年4回が78法人、28.1％と続き、ほぼ2回から6回の間が大多数である。（表3-18）

表3-18 評議員会の開催数

	n	有効%
1	1	0.4
2	29	10.4
3	91	32.7
4	78	28.1
5	38	13.7
6	21	7.6
7	10	3.6
8	7	2.5
9	2	0.7
10	1	0.4
合計	278	100.0

〈評議員会機能〉の、寄付行為上の定めとしては、諮問機関としてい

る法人が圧倒的に多く、205法人、74%だが、議決機関としているのも、8法人、2.9%ある。さらに、定めがないのが47法人、17%、議事によって議決・諮問両方の性格をもつのが17法人、6.1%などがある。実際の議事がどのように扱われているかは表3-19をご覧いただきたい。

　私学法改定により、決議機関としての理事会の役割が明確に定められた。各法人の歴史的経緯から評議員会の位置づけは様々だが、全体としては理事会決定権を重視した運営への移行が進んでいると見て取れる。(表3-19)

表3-19　評議員会の機能

	議決		意見表明		関与なし		その他		合計
	n	有効%	n	有効%	n	有効%	n	有効%	
予算・決算の承認	59	20.3	225	77.3	0	0.0	7	2.4	291
財産の取得.処分の承認	67	23.5	212	74.4	1	0.4	5	1.8	285
理事長就任の承認	15	5.9	73	28.9	152	60.1	13	5.1	253
理事就任の承認	74	26.5	84	30.1	71	25.4	50	17.9	279
寄附行為変更の承認	78	27.7	199	70.6	1	0.4	4	1.4	282
経営戦略・計画の承認	46	17.2	208	77.6	10	3.7	4	1.5	268

5．当面する経営課題

私学法改定に伴う改革

　2005年より私学法が改訂、施行された。その狙いは、(1) 理事会運営の実質化、(2) 経営のマネジメントサイクルの確立、(3) 経営の評価機能の強化と、(4) 経営情報の公開の4点を柱にしている。初めて理事会を法律上に明記するとともに理事長権限を整備・強化した。事業計画と合わせ、事業報告書の作成を義務付け、財務情報と併せそれらの公開も明記された。また、監事の監査対象を理事（会）業務、大学の基本運営も含む経営業務全般に広げた。今回の改訂は、全体として、目標設定とその到達度評価、自律的な経営機能の強化や経営サイクルの確立を狙ったものと言える。

〈私学法改訂の法人経営への影響〉の設問で、理事会運営に関わる改善事項としては、法で定められた事業計画、事業報告書の作成（82.6%）や経営・財務状況の公開（74.1%）などでは、著しい前進がある。理事会開催回数の増加や議事の充実、常勤理事や担当理事制の導入など、私学法改訂をきっかけに、徐々に経営改革、理事会運営の改善に取り組む法人が増えていることが伺える。（表3-20）

表3-20　私学法改正後の改革（1）　理事会（複数回答）

	n	有効%
理事会の開催回数の増加	38	14.7
理事会の議事の充実	73	28.2
常勤理事の増加	27	10.4
学外理事の新規設置	7	2.7
学外理事の増加	21	8.1
非常勤理事の職務の明確化	5	1.9
担当理事制の導入・拡充	26	10.0
事業計画・事業報告書の作成	214	82.6
経営、財務状況の公開の拡充	192	74.1

〈監事機能〉の改善については、理事業務の監査、事業監査が大きく改善（83.7%）された事項としてあげられている。（表3-21）

表3-21　私学法改正後の改革（2）　監事（複数回答）

	n	有効%
監事の選任制度の見直し	66	28.3
常勤の監事の設置	16	6.9
学外の監事の新規設置	13	5.6
理事業務の監査・事業監査の重視	195	83.7

〈評議員会〉運営に関わる改善としては、構成員の見直し（37.2%）、付議事項の見直し（39.8%）等が多い。（表3-22）

表3-22　私学法改正後の改革（3）　評議員会（複数回答）

	N	有効%
評議員会の構成見直し	42	37.2
評議員会の開催回数増	22	19.5
学外の評議員増	22	19.5
付議事項の見直し	45	39.8

直面する経営課題

　最後に、〈**直面する経営課題**〉等のデータを見てみると、やはり経営の最重要課題は学生募集（85.6%）である。しかし、募集活動や方法の強化では限界があり、新学部の設置や学科の改廃（40.6%）などによる新たな特徴、魅力作りが求められている。そうした改革を断行するためにも、経営組織や管理運営の改革（42.8%）が重要課題となっており、また支出の多くを占める人件費の削減（52.4%）が迫られていることが、見て取れる。こうした重要な経営課題を相互に関連付けながら、中期的な政策としてまとめていくことが求められる。（**表3-23**）

表3-23　今後の経営課題（3項目まで選択）

	n	有効%
学生募集	232	85.6
学部・学科の設置・改廃	110	40.6
外部資金の拡充	38	14.0
キャンパスの整備・移転	77	28.4
大学院の設置・改廃	18	6.6
経営組織・管理運営体制の改革	116	42.8
人件費の削減	142	52.4
教学面にかかる費用の増加	26	9.6
その他	13	4.8

改革推進の障壁

　これらの〈**改善課題の推進の障壁**〉として、教員の意識改革（78.3%）や職員の能力向上（34.9%）があげられている。しかし、こうした意識

の改革や能力の向上は、一過性の研修などでできるものではない。厳しい現状を直視し、目指すべき目標実現の行動を積み重ねること。中期計画の新たな事業や教育を苦労して開発する中でこそ、初めて本物の専門力量が付き、意識改革は実現できるといえる。

　また、アンケートからは、改革推進の前提には、意思決定システムの整備、権限や責任の明確化、経営と教学の一体運営の確立など管理運営の課題があることが読み取れる。あらゆる改革には、まず、それを進めうる体制への刷新（確立）が断行されなければならないことを示している。これらの実現は、トップ層の決断とリーダーシップによるところが大きい。（表3-24）

表3-24　課題改善のための障壁（3項目まで選択）

	n	有効%
意思決定システムの機能不全	53	19.5
大学経営方針の不徹底	73	26.8
理事会と教学組織との関係の不全	31	11.4
教員の意識	213	78.3
職員の意識	116	42.6
理事長の権限・補佐体制の不足	29	10.7
学長の権限・補佐体制の不足	34	12.5
職員の専門性の不足	95	34.9
理事の専門的力量の不足	27	9.9
文部科学省などの政策の変化	19	7.0
その他	12	4.4

目標を定めた総合的改革

　私高研アンケート調査の主要項目から理事会運営上のいくつかの課題を見てきた。

　全体を特徴づけるのは、私学を巡る経営環境の激変の中で、私学法改訂に背を押される形で、経営改革が進んでいる点だ。直接的には、事業報告書の作成やその公開だが、財務情報の公開も含め、ディスクロージャーは全体として進んでいる。理事会機能や監事機能の強化の流れを受

け、理事会議事内容も、純粋な経営事項から大学教学の基本計画を含む法人全体のマネジメントに広がりつつある。「今後の経営課題やその障壁」の設問に対する回答に見られるように、解決すべき課題はなお多い。この、一見ばらばらに見える経営上の諸課題は、因果関係をよく考えると相互に関連しており、目標を定めた、総合的な改革なしには解決が困難だ。中期計画は、策定中の法人も含めると、この調査でも6割を超え、実際に2009年調査では55%となって急速に伸びている。この流れを加速させ、私学の特色ある教育と経営の安定化を目指した取り組みの、一層の前進が求められる。

第3節　教学経営の確立

1. 教学マネジメントとは何か

「学士力」答申に見る教学経営

　大学全入時代、定員割れは、経営の危機であるが、学生を選抜できず、学力や意欲の多様化した学生を受け入れる点で教学の危機でもある。大学にとっては、より本質的な危機だと言える。中教審は、日本の高等教育の進学率が50%を超えることを過大ではないとした。改めて教育中心の体制を整え、こうした学生を育て上げることが日本の未来を支え、切り開く、私学に課せられた極めて大きな責務だと言える。

　個々バラバラの教学改善の寄せ集めでは、学生の系統的な育成は不可能だ。改めて大学の「教育機能」の再生が問われている。それぞれの大学が役割にふさわしい人材養成目標を掲げ、その達成に見合うカリキュラムを作り、学生が解るまで、身に着くまで教える、徹底した教育重視への転換が求められる。そのためには、経営のマネジメントとは異なる独自の教学経営の確立が欠かせない。

　中教審の「学士課程教育の構築に向けて」の答申では、学士力の養成には「明確な『3つの方針』に貫かれた教学経営を行うことが肝要」と

して、
　(1) 大学ごとの学位授与方針、教育課程編成方針、入学者受け入れ方針の明確化、
　(2) それらの総合的運用と共通理解による教職員の日常的実践、
　(3) 計画・実践・評価・改善（PDCA）サイクルの確立を求めた。
　何を教えたかではなく、学習成果（ラーニング・アウトカム）を重視した教育改革の推進、きめ細かな指導と厳格な成績評価、教職員の職能開発（FD,SD）などを含む総合的な教学経営が必要だと提起した。

教学マネジメントとは何か
　言うまでもなく私大経営の中心事業は教育にある。教育の充実なしには学生も集められないし、社会的評価の向上はもちろん、大学そのものの存在意義の根幹をなす。では、その教育や教学運営全体をマネジメントするとはどういうことか。
　教学経営とは、一般には「教育目標を達成するために教育課程を編成し、その実現のための教育指導の実践・結果・評価の有機的な展開に向け、内部組織を整備、運営すること」と定義される。大学のミッションや教育目標を達成するための教育システムや教育方法のトータルな設計と運用・管理である。そのためには、学生の学力実態、学習成果、将来への希望など実態を踏まえたものでなくてはならない。アドミッション・ポリシー、カリキュラム・ポリシー、ディプロマ・ポリシーの３つが連結し、入口―中身―出口管理が一貫した流れとして学生の成長に寄与できること。いわゆる「エンロールメントマネジメント」といわれるこれら全体のコントロールと推進が教学経営である。言い換えれば、教育目標と学生実態を連結させ、より効果的に学生を育成させる機能である。その際、答申で強調されたのは、どんな教育を提供したかではなく、学生の学びの結果どんな力が身に付いたかにある。「学士力答申」の本質は、この学生本位の教育への転換にあるといえる。

2．教学マネジメントの領域と課題

教学マネジメントの領域

大学教育の主な領域は4つある。

第1は、当然ながら**正課教育**である。講義とゼミを始めとするカリキュラム体系が、目標の達成と特色ある人材養成に相応しく系統的に配置され、教育されているかが問われる。そして、それを支えるシステム、シラバス（授業計画）、授業評価・改善システムやGPA制度等がきちんと機能しているかが大切である。

第2は、**正課外教育**だ。最近はヒドゥンカリキュラムなどとして注目される領域である。いまや学生は正課授業、教室の中だけで成長を図ることは困難である。入学前教育、初年次教育、接続教育、補習教育、キャリア開発教育、体験型のフィールド教育、サービスラーニング、海外研修教育、ICTを活用したeラーニング教育、そして丁寧な学習相談システム（ライティングセンター）から教育環境整備まで多岐にわたる仕掛けが不可欠である。これらは正課教育の補完ではなく、これと一対をなす大きな教育支援体系として、学生の動機付けや満足度の向上に寄与している。

第3は、**進路教育**の領域である。学生を一人前の社会人にするための育成、キャリア教育、就職支援システム、各種の資格教育、インターンシップ、就職相談、キャリアアドバイスの分野などである。これらは大学4年間の教育の集大成であり、大学が、社会に有用な人材を送り出すことを最終目標としている以上、この重要性は動かしがたい。

第4に、幅広い**学生支援システム**の構築がある。長引く不況の中での生活支援、奨学金業務、健康維持や増加傾向にあるメンタル相談、課外活動の指導やアルバイト支援、学生の要望や不満を大学改善に反映するシステムの強化も求められている。

教学マネジメントとは、これらの4分野を統合的に設計し、学生育成、成長の仕組みとして機能させ、統括することにある。狭い意味での黒板

を背にした教育だけでは学生は育たない。これらの幅広い教育機能全体を、目指す目標に従ってトータルに、効果的に機能させることが大切だ。多様な学生生活のあらゆる場面を通して、育成・支援・サービスを系統的に強化することが求められる。

　特に、第2から第4の課題は、職員が教育作りを担う重要な一員として登場しており、教育全体に占める比重も増加している。教学マネジメントの強化には、教員の力とともに職員の果たす新たな役割の強化が強く求められる。

「学士力」「社会人基礎力」の育成

　今日、大学の卒業生が身につけるべく期待されている能力は、**学士力**答申に見られる通り
　（1）知識・理解、
　（2）汎用的技能、
　（3）態度・志向性、
　（4）総合的な学習経験と創造的思考力
で、単なる専門知識だけではない。経産省の**社会人基礎力**にしても同様に
　（1）前に踏み出す力、
　（2）考え抜く力、
　（3）チームで働く力
の3つを位置づけている。知識を基礎にした実践力、総合力が求められる。教養教育、リベラルアーツとも言えるが、学士力答申では教養という言葉をあえて強調していないように、従来型とは異なる、知識を駆使できる能力を求めている。それはスキルやコンピテンシーに近いものだが、狭い就職対策教育でもない。

　課題発見や問題解決能力は、繰り返しのトレーニングを体験的に積み上げねば体得できない。その中にコミュニケーション、プレゼンテーション、ディスカッション等の要素を組み込む、プロジェクト型の学びが

必要である。こうした力量は、これまでの学部縦割り、専門知識詰め込み型の教育の延長で達成できるものではない。改めて教育システム、教育方法の根本的な見直しが迫られることとなる。

絹川正吉氏は、これを伝統的な認知的教育からユニバーサル段階での情緒的教育への展開と言い、教養教育、人格教育の領域とした。いわば人間力の育成が求められている。ではそれを誰が担うかと提起し、大学の学びと社会を繋ぐサービスラーニングの例を取って職員の新たな役割、アカデミック・スタッフ（学術専門職）への期待を述べている。

職員が正課教育の充実と改革の一翼に直接的に参画し、また、正課外教育や学生相談・サービス機能の企画推進に責任を持つことが、学生本位の教育を実現するための重要な保証となっている。人材育成目標の大きな転換は、教育の一翼を担う職員の新たな登場を必要とし、一歩進んだ教職協働を求めている。

3．教学経営改革に求められるもの

教学経営の本質

「学士力答申」の本質が学生本位の教育への転換にあり、また、これなしには学生を育て、力をつけて社会に送り出すことはできない。それが学生や両親の期待であり、社会的評価の根源でもある。そのためには何が必要か。

教員個人が教育内容に決定権を持っているという認識は依然として根強い。教育目標に従って自らの教育内容を決めるというスタンスもまだ主流ではない。カリキュラム編成もシラバスも、教員が何を教えたいかをベースに決まるやり方は、目標に沿った教育づくりとは対極にある。しかしこれを変えることは生半可ではない。教学マネジメントが求められる本質、問題の環のひとつはここにある。もちろん教員の意欲的教育創造が教育の根幹であることは言うまでもない。しかし掲げた人材目標に沿った講義体系の編成、それを担うに相応しい教授陣の配置、適切な

教育方法・内容の確立なしに、いくらカリキュラムポリシーといっても現実性を伴わない。これまでの聖域を乗り越え、個々の利害を超える率直な議論、学生のための教育を断行していく強いマネジメントが求められる。

(1) 学長のリーダーシップ

　そのためには、まずは建学の理念、その法人の存在意義から発する長期的な人材育成目標の策定が必要である。「学士力」といっても、その中身は個々の大学の目指すビジョンをもとに設定され、特色化、個性化しなければならない。そして、その実現に責任を負う学長のリーダーシップが問われる。困難な学生の育成に教員を組織し、動かし、励ます役割を果たせるのは学長しかいない。この学長の熱意と責任感なしには、独立性が高い教員集団を一致して教育目標に向かわせ、学生成長への丁寧な授業や熱心な教育指導を作り出すことは不可能だ。教育改革の方針を学部に貫徹させ、必要な決定や具体化を行って、全教員の行動に結びつけていかねばならない。そのための必要な権限、遂行のための補佐機能の強化が求められる。

(2) 教授会の機能の再構築

　学士力答申では、「学部教育」から学士課程教育への転換が謳われている。「学士課程教育が学部教育として専門領域に分断され……教育目的が専門領域に限定され……広い意味での教養の獲得と基礎能力の育成（を妨げるのであれば）……このガバナンスの形態には大きな欠陥がある」（中教審大学分科会議論）。伝統的な学部教育から、学生の学び、育ちを軸とした学士課程教育への転換に対応する学部教授会の機能の改善、全学共通教育や育成システムの改革が求められている。大学運営の手続機関的性格から教育そのものの改革推進、実行組織としての役割の重視へ、

新たな組織のあり方が問われている。

(3) 教学改革推進組織

　教育の恒常的改革に向けて、IR組織の役割と機能が注目されている。IRは教育や経営に関する情報を収集・調査・分析し、改善案を提示することで改革を支援する組織だ。IRを、単なる認証評価のデータ収集機関から改革の恒常的な支援、推進組織へ、機能を前進させねばならない。また最近では、教育目標に対し学習者がどのような手順、環境、教材で学習すれば高い学習効果を生むかの手法、インストラクショナル・デザイン（ID）も注目を集めている。第3者評価も単に認証評価をクリアするだけではなく、自己評価、教育評価、各種の実態調査が、実際の教育改善に結びつかなければ意味がない。

　教育の開発やFDの推進を専門的に担う教育開発センターも作られており、これらの業務を担う教育開発室のような事務機構も重要性を持つ。学生実態や他大学カリキュラムを持続的にモニターする業務組織の存在は、改革に客観性と現実性を持たせる。

(4) FDとSDの推進

　それらの推進の主体となる教職員の職能開発と教職協働の取組みも大切である。義務化されたFDを力に、授業内容・方法の改善に止まらず、広く教員の職能開発を進めなければならない。困難さを持つ多様な学生の増加は、彼らを成長させ、学習成果を上げる手法の体得、研修の実質化を求めている。また、教員と協働する専門性の高い職員の育成も不可欠だ。絹川氏も提起する学術専門職のような、カリキュラムや教育体系の編成に当たって、法制度や他大学データ、学生実態を熟知し、前述のIDの手法を駆使できるような専門的人材、学生一人一人の成長をサポートする各種の専門的アドバイザー養成も急務だ。この点でFDとSD

の同時推進と、一段高い所での結合が求められる。

職員の教学運営への参画

　先述した（1）〜（4）の課題も教員まかせ、教授会のみでは遂行できない。職員が教育の専門実務家の立場、教育相談・支援担当者の立場から、これらの課題の推進に独自の役割を持って参画しなければならない。ここに「教える立場からのみの改革」からの脱却のカギがある。教育や学生の実態に基づく課題提示、問題解決策の提案と推進という職員本来の役割を強力に果たしていかなければならない。

　そのためには、職員が従来の教務事務をやるというスタンスから教員とともに教育を作る、学生満足度を高め優れた人材育成を担うスタンスに転換し、また、そうした提案や企画を担うにふさわしい力、発想が求められる。アドミニストレーターという場合、通常は大学行政管理を担う力量をさす。この分野は、企業での経験や手法が直接に応用できる。しかし、教育分野のアドミニストレーターの専門的な力量やその果たすべき役割、支援業務の目指すべきレベルなどはモデルや実践例がまだ少なく、これから挑戦し開拓すべき分野だ。

　大学の教育力や満足度の向上には、これを担う教員と職員双方の力の結合が不可欠である。そのためにも、従来の教員のみによる教学統治を転換し、教学組織への職員の正式参画を前進させなければならない。大学経営担当副学長や学長補佐への職員の登用を始め、教学会議体への職員の委員としての参画が適切な形で行われ、その提案が生かされることが、真の教職共同を作り出す。

　しかし、これも簡単ではない。運営への参加は、教育権への介入、教授会自治への侵害との批判を浴びることも多く、職員の仕事を拡大するとしてもあくまで教育支援の範囲に限られるべきだとの声も強い。しかし、今日の大学教育が直面する課題は、職員の役割の拡大、本格的な教職の協働によってしか解決しないことは明白である。

4．教学経営の確立に向けて

　私大の戦略的経営、特に教学分野での目標によるマネジメントは、まだ十分とはいえない。教学経営の確立には、大学個性化の目標や方針の確立、教育体系、推進組織の統合的な整備が必要だ。

　「学士力答申」の「教育プロセスからアウトカムへ」という提起は、「学生を中心とした教育への転換」というメッセージとして極めて重要な意味を持つ。外部によるアウトカム評価ではなく、各大学がそれを自立的改革に活せるかが重要だ。今日の教育改革の焦点は、学生本位の教学マネジメントへの転換ができるか否かにある。学長のリーダーシップ、教職員の熱意、職員の教育分野での専門力量の飛躍的向上と教学運営への正式参画、教職協働による学生満足度の向上と人材育成が求められている。

第4節　管理者像、リーダーシップの発揮

1．大学管理者像の確立を目指して

　戦略の遂行には、それを指揮する優れたリーダー、管理者が欠かせない。その資質やレベルは、目標の達成、その内実の形成に大きな影響を持つ。

大学管理者像の模索

　大学職場ではどのようなリーダーシップ、管理者像が求められるのか、数少ない提起の中から、孫福弘氏の提案「経営革新をサポートする職員組織の確立を」(『Between』2004年6月号、特集「リーダーシップが生きる職員組織」)を手がかりに考えてみる。

　ここで孫福氏は、管理者の有り様を、
　①経営トップ、

②それを支える経営陣、
③行政管理職層(アドミニストレーター)、
④現場専門職層、
の4層に分けて論じている。

　まず、①の経営トップリーダーは、組織の使命・目標を構成員やステークホルダーが理解し、納得できる革新的ビジョンとして提示できる力が求められている。選挙や世襲では、こうした適任者の選任にはマイナス面があり今後の課題だとした。

　②のトップを支える経営陣については、担当役員制など業務領域ごとの管轄権限を明確にした経営遂行体制の整備が提起されており、そのための責任と権限の委譲、業務に実権を持つ職員幹部の役員への登用による最強の布陣の重要性を指摘した。

　③の管理職層(アドミニストレーター)の有り様については、次のように述べている。従来の事務機構の多くは官僚型の運営で、管理者は所轄の職場、仕事、部下を管理し、自分が仕事をするのでなく、下から上がって来たものを決裁する下向きの仕事が多かった。こうした管理者に期待される能力は、異動を通して蓄積した「組織の常識」に基づき穏当な判断ができるという点にあった。しかし、激変する環境は、こうした管理者機能の抜本的改革を求めている。

プレーイングマネージャー

　孫福氏は、この新たな管理者像を「プロフェッショナル型アドミニストレーター」と位置づけた。これまでの単なるゼネラリスト型でなく、自らの専門性(スペシャリティー)を持った管理者、それも狭い専門家でなく、全体の状況や課題を把握した「いわばゼネラリストとスペシャリストのハイブリット型プロフェッショナル」とも言うべき管理者像であるとした。下から来る仕事を待つのでなく、自らも特定の領域に持つ強み(専門性)を背景に、現場を持ち、そこから発信できる「プレーイングマネージャー」となる。

もう一つ、今日の管理者に不可欠な力量として「政策提言能力」を位置づけた。所管の分野での現実の問題を正確に分析・把握し、それを改革・改善するために必要な施策・計画を示す、いわば問題発見・解決力量である。そして、的確な政策立案のための留意点として、セクショナリズム（部分最適）でなく全体最適志向、ゼネラリストとしての視野を持つこと、外部環境への改革的挑戦を含む戦略思考を持つことの二点をあげた。

　これら二つの要素を持つ「プロフェッショナル型アドミニストレーター」は、トップや役員層に向かって革新的な企画提案をしていく、上向きの経営人材となる。トヨタはこれを赤エンピツ（他人の仕事のチェック）から黒エンピツ（自分で書く仕事）への転換と呼んだ。改革型の大学運営を担う管理者の「プレーイングマネージャー」への転換、意思決定・執行における「ミドルアップダウン」の実質化である。中堅管理職層が積極的に現場から主張、提案を行い、経営・教学幹部に働きかけて意思決定に持ち込み、決定と同時に現場に方針を下ろし、財政投資と効果評価を含む遂行マネジメントを行う一連の流れを作り出すことが重要である。

２．管理者は現場と会社の結び目にいる

現場と会社を繋ぐ管理者

　次に、一般に読まれている本を素材に管理者のあり方を考えてみたい。2004年4月、集英社新書から出版された橋本治著の『上司は思いつきでものを言う』は、そのタイトル通り堅苦しい管理者論でないこともあって、多くの人々に読まれた。日本の伝統的なライン型の管理構造の中では、現場からの革新的な提案に、上司は「必ず思いつきでものを言う」ことになる。その理由は何かという切り口で、「会社」と「現場」の関係を、ユーモアを交えて論じている。

　現場からの的確な改革提案は、意図しなくても必ず「会社のこれま

で」の批判、問題指摘を含んでいる。上司は、過去の成功体験の積み重ねでその地位におり、「会社」もまた、過去の成果の集積の上に成り立っていることから、大きい会社ほど「会社の論理」が強固で、本質的な改革に踏み込めず、過去にこだわり、危機の原因を外に求め、問題に気づきながらも現状は温存して第3の道を探そうとする。これが著者の言う「思いつきでものを言う」状況を作り出すことになる。

大学に置き換えてみると、この「今まで」を切れない、既存の学部や学科には手をつけない、管理の基本構造や人事の刷新はせずに、何か他に良い手はないかと新規事業を探す、新たな学部を作るという手法はしばしばあるケースだ。この「現場の論理」と「会社の論理」の乖離、「現場と会社の分裂」は、今日の日本企業の陥っている構造的な問題であると著者は言うが、大学にも共通する課題だ。

管理者、上司のピラミッドは、成長企業ほど高くなり現場との距離は離れていく。成功の伝統と大きさゆえに企業が成り立っていると錯覚し、ピラミッド構造を維持することが会社を発展させることだと信じてしまう。企業も大学もニーズによって成り立っている以上、管理者は現場の実態や要望に基づく改革推進が本務のはずが、上から命令しチェックするのが管理者の役割と考えてしまう。現場での危機的な環境や深刻な実態を無視した大学の論理、学内者の論理の横行、高校や企業の大学評価や志願者ニーズとのずれ、教育方針や教育サービスの学生ニーズや満足度とのずれ、現場との乖離は、まさに大学の今直面している課題そのものでもある。

会社に吹く二つの風

現場とは何か？　これは会社の寄って立つ基盤であり、仕事とは「まさに他人の需要に応えること」であり、会社を会社たらしめている「外からの需要」は「現場」という所にまずやって来ると著者はいう。「現場」とは会社の外部との接触面であり、大学もこの現場（各課）に来る需要に依拠して成り立っている以上、これを敏感につかみ自らを変えら

れるか、その要に位置する管理者の力量が問われている。

　問題は、この「現場から見るか、会社からみるか」「現場の都合か、会社の都合か」にあり、この軸足の置き方が改革型の上司か否かの分かれ目でもある。これを折半しようとする管理は中途半端になり、部下からは思いつきで動いていると思われる羽目になる。こうした組織では現場の地盤沈下が始まっているのに厳しく対処できない。皆、危機を感じているのに誰も事実を明確にせず取り繕う。そして危機は突然やって来る。

　橋本氏は、会社には常に方向の違う二つの風、現場から上に吹く風と会社（上層部）から下に吹く風があるという。しかし、これは実は別々の風ではなくて一つの風の対流現象だ、ということだ。下からの問題提起という風がうまく上へ流れ、それが会社の意思・方針となって下へ降りてくる。この対流がスムーズに出来るか否かが重要で、これが詰まると会社は次第に枯れていく。

　大学における現場、外からの需要は、職員が社会（企業・高校・地域等）や在学生との接点から汲み取るニーズや評価にあり、ここに真に立脚した運営が出来るかが重要だ。第一線（現場）にいる管理者が、指示待ちでなく、自らの感度と知恵で自立的改革を提起し遂行しうるか、今、このスピードと水準が問われている。

3．中堅管理者が会社を動かす

管理者の類型と対応

　「会社と現場の乖離」は、部下、現場の側からから見れば「上司の壁」となって現れる。『PRESIDENT』2004年3月15日号で組まれた特集「上司の壁」は、この壁をいかに突破するかという視点から、管理者の抱える問題点や課題を分析し、それを乗り越えるための方策を展開している。小笹芳央氏は、時として上司が無理解で頭が固く、決断が遅いと思う時もあるが、まず上司の行動原理をよく読まなければ仕事がうま

く進まないとして四つの類型を示した。
　それは、
　　①競争意識が強く、目標や勝ち負けにこだわる「達成支配型」、
　　②物事の筋が通っているか、真偽や論理の正しさにこだわる「論理収束型」、
　　③好き嫌い、自分のオリジナリティーにこだわる「感性発散型」、
　　④和、人間関係を重視する協調派の「貢献奉仕型」
で、それぞれ違った管理手法、行動特性をとる。上司は選べない以上、現場からの改革提案を実現していくには、この特性を見極め、積極面を生かしていく以外にない。合わない上司を好きになる方法はないが、巡り合った上司を敵に回さず、力を発揮する場を作り出してこそ、自分も仕事も生き、改革も進むと言う。

他責の文化、評論家ミドル

　ただ、企業でも仕事がうまく進まない時、無意識にこの壁に寄りかかり、言い訳にして動こうとしないケースもある。野田智義氏はこれを「他責の文化」と名づけ、現場と管理者の溝、上司の壁が改革を阻む風土にまでなる危険性を指摘するが、これは、例えば教授会の壁（?）に日々直面している大学職場でも考えるべき問題だ。
　他人の非を責めていれば自分の責任は問われない。特に、現場とトップの繋ぎ目にいる中堅管理者が、問題の原因を他人や環境のせいにし、先頭に立って行動しない風土は深刻な事態を招く。立派な意見は持っているが行動は起こさず、「うちはトップがだめだ」などと責任転嫁する。しかも本人は愚痴を言っている自覚はなく、会社の在り方を大所高所から議論していると思っている。これはミドルが評論家になっている状況だ。責任が問われず意見が言いやすい職場に、この「他責の文化」、評論家ミドルは広がりやすいというが、我々大学職場でも「教授会が決めてくれない」などと言って、出来ない言い訳にしていないだろうか。
　論理的な意見や積極的な議論も、自らの実践や責任意識が伴わねば、

改革の前進にとっては何の意味もない。野田氏は、求められているのは「上司（トップ）が悪い」ではなく、それを変えるために何をしたか、「こうあるべきだ」ではなく、「私はこうしている」だという。

　組織（大学）全体にとって長期的利益になる大義なら、確信を持ち、場合によっては矢面に立つ覚悟もして行動することがトップを変え、大学・職場を動かしていく。複雑な組織運営の中で、改革には必ず何らかの抵抗を伴う大学で、真の改革を決定にまで持ち込むには、現場に立脚し、そこから練り上げた方針の実現に確信を持って取り組む管理者像が求められる。

課長補佐が会社を動かす

　しかし、堀紘一氏によると、日本の企業社会、特に活力のある企業は「ミドルアップ・ダウン」で成り立っており、「課長補佐社会」だという。そもそも日本企業の強さはアメリカのトップダウン型と比べればボトムアップ型で、大企業では何も出来ないという誤解もあるが、実はやり方によっては全く逆だという。

　大企業では、課長補佐クラスが稟議書を書いており、それをほぼ最終決定権を持って決済しているのは部長クラスで、後はトップまで自動的に上がっていく。課長補佐クラスの提案をうまく根回しをかけていくことで、会社全体を動かすことは十分可能で、これが日本企業の醍醐味だというが、これは大学にも当てはまる。堀氏は、この現場の提案で会社を動かすには重要な点が二つあると指摘する。

　第一は現場を熟知し、そこから提案するということ。それは顧客ニーズであり、現場実態であり、データ・統計資料であり、特に自分で集めた知識・情報である。変化する生の現場情報はミドルにしか集められず、トップの判断を変えうる強さを持っている。自分の意見を言わず、事実をひたすら積み上げて、結果として意見を通していく手法に熟達すべきで、多くの顧客の実態、事実を熟知しているだけで勝てるというが、これは改革提案を実現していく上で大学職場でも大いに学ぶべき点だ。

もう一つ重要な点は、常に「上位概念」を想像し、部分最適でなく、全体最適になるような視野、戦略との整合性を持つという点である。上司と部下に緊張関係が存在するのはある意味当然で、立場によって「見える風景」は違う。現場からの改革提起＝部分最適は、新たな局面、変動するニーズに対応する革新的内容を含むが、これを既存秩序（会社の論理）で骨抜きにすることなく、どう戦略遂行の中に取り込めるか、トップや管理者の現場への感度が重要で、この葛藤の中に組織の進化がある。

　日本企業の組織文化の下では、業績や会社の革新はミドル（中堅管理者）のモラールの高さで決まるといわれる。大学職場での持続的な改革推進にとって、現場からの事実に立脚した提起が大学の方針となる「ミドルアップ・ダウン」システムが機能すること、これを担う中堅管理者の感度と力量の向上は極めて重要な課題となっている。

4．課員の力を生かす

力を引き出すコーチング

　最後に、管理者の大切なスキルとしてコーチングを紹介したい。管理職の仕事は指示を出すことだという考え方は依然根強い。しかし、指示・命令型管理は部下を操作する支配・従属の関係となり、指示されたこと以外はしなくなり、責任も持たず、仕事が達成されても自信にはならない。激変する環境の中で、現場にいる社員（職員）が自分で考え自発的に行動し、現場の中にある答えを自ら見つけ出すことなしに時代の課題に対応した素早い改革への対応は難しい。

　コーチングは、「人は自分で答にたどり着いた時にのみ成長し、かつ自発的に行動する。答はその人の中にある」という考え方だ。命令は、例えそれが正しい場合でも部下の考える力や熱意を弱め、結局、現場の実態に基づく正しい業務行動を阻害する。コーチングでは、まず達成目標をはっきり宣言する。仕事の何をどう変えるか、どういう状態にする

かを自主的に立てることで、目標達成のための方法論、チャンスを意識的に考え、その実現の機会に敏感になる。

　コーチングの主要な手段は質問型の会話を軸としたサポートだ。自分の結論に誘導するのではなく、直面している現実の問題に、最初は表面的な解決策しか出せなくても、質問を重ね、考えさせることで問題の本質が徐々に明らかになり、より良い解決策と自覚的行動を作り出す。また、管理者はより深く現場の実態やニーズをつかむことができる。こうした現場の知恵を結集する管理行動なしには、実態を基礎に企業（大学）を動かすという原理の実現はできない。コーチングは、①目標の設定（確認）②現状の把握、③原因や背景の分析、そして④行動を起こすための選択肢の検討、⑤提案とそのフォロー、という流れで推進される。管理行動の具体的局面で活用すべきスキルである。

第5節　日本福祉大学のマネジメント

1．管理運営改革と日本型学校法人制度

日本福祉大学の概要・特徴

　日本福祉大学は、「福祉」を大学名に入れた福祉専門人材養成の4年制大学として日本で最初に誕生した。創立時、入学生83人の福祉の単科大学からスタート、現在、社会福祉学部、経済学部、健康科学部、子ども発達学部、国際福祉開発学部、福祉経営学部（通信教育）の6学部を擁し、通学・通信合わせて在学生12,000人を越える福祉の総合大学に発展してきた。中部国際空港新設などで開発が進む知多半島に20数年前に移転し、取り組む事業や規模、教育内容も飛躍した。

　国家資格「社会福祉士」の合格者は、大学384人、通信教育部451人の合計835人（2009年度）で、3位以下の200人台を大きく引き離し、22年間連続1位を続けている。また、文部科学省が推進する特色GP、現代GP、教育GPに2003年度から合計10件が採択された。10件以上

の採択大学は全国でも大手4大学しかなく、これも本学が推進してきた特色ある教育・研究の成果を示すものと言える。卒業生6万5千人は、全国各地の福祉関係機関や病院などで日本の福祉を最前線で支えており、全都道府県に同窓会支部があるのも、全国型大学としての特徴である。

こうした発展は、教育標語「万人の福祉のために、真実と慈愛と献身を」を実践し、支えてきた教職員、さらに学生・卒業生、後援会や地域・社会の支援の賜物である。そしてその推進の原動力には、普段、表に出ることは少ない経営や管理運営、マネジメントやガバナンスのシステムとその不断の整備がある。高い理想や立派なビジョンがあっても、それを推進し実行する組織が機能しなければ、目標の実現は困難だ。

経営、管理運営改革の各段階

本学の管理運営体制は、大きく3期に分けられる。

〈第1期〉は、1953年開学以降、創立母体である法音寺関係者が理事長・学長を務め、理事会の多くにその関係者が就任、学内は学長に代って学監が統括する構造をとっていた時期。この時期は、学内の教授会を中心とした教育の自律的運営の確保と創立母体との関係、調整が中心課題であった。

〈第2期〉は、1970年代以降、学内から数人の理事が誕生し、学内理事制が敷かれるが、旧体制からの過渡期として、経営と教学がかなり厳格に分けられ、調整によって運営されていた時代。この時期は、直接民主制をとる全学教授会が大学の全事項について議決を行い、全学教授会議長が実質的権限を持ち、経営の日常運営機関である学内理事会と必要な課題についてその都度協議する形で学園が運営されてきた。こうした運営はどうしても単年度主義に陥りやすく、調整型となり、意見の一致にも時間がかかり、長期的な取組みや大きな改革の推進は出来にくかった。

こうした運営の問題点は、知多半島への総合移転とその後の大学発展計画の策定をめぐる学内理事会と全学教授会の意見の対立、同時期に起

こった23名の教員・学生が亡くなる不幸なバス事故をめぐる対応などをめぐって噴出し、その対立と解決の過程の中で、大きく前進することとなる。

〈第3期〉は、1980年代中頃、学内から専任の理事長・学長が誕生した、80年代の終わりには、意見の対立を乗り越え、初めて「長期計画の基本要綱」が経営・教学の双方で議決され、「前期計画」に基づき一致した改革の取組みが始まった。この時期から、長期計画推進本部が設置され、恒常的な改革議論とその推進体制が整備されてきた。学部の本格的な再編・新増設、専門学校設置、半田新キャンパス、名古屋・鶴舞校地の開設、通信教育部の立ち上げなど大きな事業が前進していくこととなる。経営・教学の基本政策が実質的に統合され、中・長期計画に基づく学園・大学運営という基本原理が確立し、これを支える諸機構の整備が段階的に進んだ。

改革の柱になったのは、
①理事長、学長などトップ機構の整備、
②経営機関の強化、
③経営と教学の政策統合機構の確立、
④大学の意思決定システムと執行の改善、
⑤事務局改革、とりわけ企画部門の強化と事務局参画
などである。以下、この主要点に沿って具体的に見ていきたい。

日本型学校法人制度の特徴

私大の経営、管理運営においては、経営と教学すなわち理事会と教授会、理事長と学長の一体的関係を如何に作り出すかが最重要課題のひとつだ。この関係が必ずしもうまく行かないのは、私立学校法の36条に定められる「学校法人業務」の決定権の範囲と、学校教育法第59条に定められている教授会の「重要事項を審議する」範囲や権限について、その内容や関係が曖昧になっている点に源があるといわれる。私大の2重構造とか2元体制といわれる所だ。しかし、この設置者である

学校法人と設置大学・学校が分けられている点が、アメリカ型と大きく異なる点であり、「私学の自主性と公共性」を担保する日本型学校法人制度の根幹でもある。これが、ひとつの法人が複数の学校を経営することを可能にし、私学の拡大と発展、世界一の私学占有率を作り出してきた。日本型学校法人制度における理事会は、意思決定機能と執行機能が分離されておらず、この点もアメリカ型との相違だ。しかも、この執行権限が及ぶのは、大学や学校の教学運営のどの範囲までかが必ずしも明確ではなく、ここにある種の緊張関係も発生する。しかし、これが私学の活力を高め、公共性を保持してきたともいえる。また、理事会の専断を防ぐ、理事定数の2倍の評議員会制度や学校法人会計基準における基本金システムも、同様に、私学の公共性、安定性を支えるシステムとして機能している。

経営・教学の政策課題、統合方式

この、法人と教学の関係は、直接的には、例えば教学に関わる予算をどのように決めるか、教員人事計画や来年度採用枠をどうするかという時に問題として浮上する。経営・教学で一致すべき課題は、その性格上3つほどに分類されると思われる。

第1は、上記のような予算や人事に関わる個別の日常管理課題、

第2に、もう少し大きくまとまった事業、学部の改組や国際化事業、情報化政策、施設建築事業など、

第3に、大学の総合政策や中長期計画に関するものである。

こうした政策・方針の策定や議論は、課題の性格やレベルによって対応する機関を整理し、権限を明確にしておかないと混乱が起きる。

経営と教学の統合システムは、4つほどの方式（パターン）があると思われる。

第1は、理事長、学長を兼務するなどトップ機関のあり方やそのリーダーシップで統合を図っているケース、

第2は、理事会の構成メンバーに、学長はもちろん、教学役職者、事

務幹部を加えるなど経営・教学・事務を横断する複合的な人の配置や兼務配置で統合しているケース、
第3は、経営と教学双方が加わった合同会議や協議・決定機関を設置する方法、
第4は、事務局が間に立って両者の調整しながら運営する仕組み、またその複合型

などである。

ただ、いずれの場合も、まずは理事会と教授会の権限関係や所掌範囲の原理・原則の明確化が必要だ。法制度に基づきつつも、その大学の運営の歴史も影響を持つ。ある議事がその機関の議決事項なのか報告事項なのか、専決事項なのか承認事項なのかの明確な区分けが必要だ。理事長と学長の決裁権限や職責から当然に判別できるものもあるが、多様な年間の議事の積み重ねとその分類・整理に基づき、所管機関を定め、権限を規定化することによって決まるものもある。決定権限のあいまいさは、時に運営上の大きな混乱を生むので、ないがしろには出来ない。

2．政策統合組織の形成

考え方、政策の一致が基本

ただ、大学は教育機関の経営である以上、経営と教学課題が相互に重なり合う部分が多いのはむしろ当然だ。もっと言えば、重要な事項は、全て教学にも経営にも深く関わるといっても良い。

本学でも以前は、こうした共通課題は、経営と教学双方の実務面の代表者が打ち合わせを重ね、意見交換し、合意に至らないものは各機関に持ち帰っては、また協議を繰り返すという形をとっていた。こうした経営と教学の峻別と、相互の権限があいまいなままでの調整型の運営は、課題が先延ばしされ、また個別課題から入る議論は1年単位での調整となり、時間のかかる大きな改革を推進する点では難点がある。そもそも、個別課題の不一致には基本的な政策方向に食い違いがあることが多く、

その議論抜きに個別テーマにいくら時間をかけても決着がつかない。

本学で、1980年代後半から始まったのは、まず長期計画など大きな方向づけの中で単年度の事業が議論できるよう、政策検討・推進組織としての長期計画本部を立ち上げ、その下に必要な個別課題の検討組織を置き、経営・教学のメンバーが一体となって検討できる仕組みを作り出した点だ。中期的なビジョンの一致、基本政策の大きな方向での統合ができるかどうか、この点が具体的な事業での一致を図る上で決定的だ。

そのために如何なる機構が必要なのか。大学である以上、理事会を始めとした経営系列の機構と教授会・大学評議会等を軸とした大学意思決定機構があるのは当然だ。しかし、大学を大きく変える事業は理事会だけでも教授会だけでも出来ない。問題は、その間を繋ぐ組織や幹部の配置・構成、権限体系をどう作り、どう運用するかにあるといって良い。

中期計画の意義と推進方式

このように見てくると、大学の改革推進には、この一元的な意思形成が極めて大切になる。教学上絶対に必要な事業でも、財政の裏づけなしには実現できない。理事会決定で法令上問題はない経営上の重要施策であっても、大学である以上教学の支えなしに展開できない。こうした基本政策に基づく学園運営は、当時は立命館方式などと呼ばれ、「第〇次長計」を全学合意によって推進するやり方として、ごく限られた大学で取り組まれていた。

本学でも、1980年代末からこうしたやり方が定着しはじめ、「**長期計画基本要綱-前期計画、後期計画**」、それに続く2000年前後の「**21世紀を目指した本学園の歩むべき道（21世紀構想）**」、そして2000年代前半の「**学園新長期計画**」「**中期経営計画**」、今日の「**21世紀学園ビジョン**」「**ビジョンの具体化-創立60周年に向けて（中期計画）**」「**同短期計画**」へと続いている。

長期的課題の検討、策定の方式は、本学の経験を踏まえると、テーマによりいくつかののパターンがある。全体に関わる基本政策の確立に当

たって、大きな柱立てを示した上でテーマごとの分科会などを設け、一般教職員も含む参加型の組織を作り取りまとめていく方法。学部の再編、新増設などを含む特定分野の政策は、マーケット調査や専門的な詰めた企画・素案を準備・提起し、関係機関と往復するやり方。国際、情報、人事計画、キャンパス再開発など比較的限られた分野別政策などにはそれに相応しい専門的検討組織が必要であり、それぞれの性格に応じた対応が求められる。本学でも学内状況や課題の性格により、それぞれを組み合わせたやり方をとってきた。

日本福祉大学の政策推進型運営機構

本学では、節目ごとに機構整備を重ねてきたが、20年間、運営の基本型はほとんど変わらない。それは、経営系列、教学系列、政策統合・調整系列のシンプルな3本柱の基本構造を持つ点だ。(図3-1経営管理・運営機構図参照)

改革を持続し、中期的な計画の下に重点施策を実現するためには、理事会が最終責任を負う学園・大学の目標や政策が経営・教学・事務局の間で一致されること、この政策統合機能が整備されている点が重要だ。そのためには、経営・教学・事務を繋ぐ常設の政策審議・決定機関の設置が不可欠だと思われる。

本学では、理事長の下に大学・学園の基本政策を審議・決定する「学園戦略本部」を置き、理事・執行役員や学長、学部長も加わって共通政策が審議、決定される。そこへの提案、原案を審議する中期基本計画検討委員会も、理事長、学長を軸に担当理事や副学長、政策スタッフが加わって定例開催されている。本部のもとには、分野別、テーマ別の検討組織がいくつか活動している。そして、ここで一致した基本政策に基づき、経営機関、大学機関、事務組織の審議・決定が行われる。逆の、あらかじめ各機関で審議したものを持ち寄って調整する流れではない。今後の大学の改革的運営にとって、こうした政策の実質合意、経営・教学の幹部が議論を戦わせながらひとつの決定を行い、全学を拘束する方針

を策定する機関の役割、位置付けが大きな意味を持ってくる。

　その前提には、理事会が法人全体の視野から、経営政策を先駆的提起ができる力を持つこと、理事長を先頭とする政策の先見性・指導性が求められることは言うまでもない。

　日本福祉大学の政策型運営は、以下の4つの柱から成り立っている。
第1は、これまで述べてきた一元的な政策形成、経営と教学の基本政
　　策の実質的な統合の仕組みとそれをリードする理事会機能の強化、
第2に挙げられるのは、大学の全学的政策の決定システムとその遂行
　　を担う学長機構、スタッフ機能の強化、
第3に、これらの計画を確実に前進させるための個人責任体制を明確
　　にした教職一体型の執行役員制度、そして
第4に、政策を重視し、事業企画書に基づく政策創造型、事業経営型
　　の運営を追求する事務局である。順次説明していきたい。

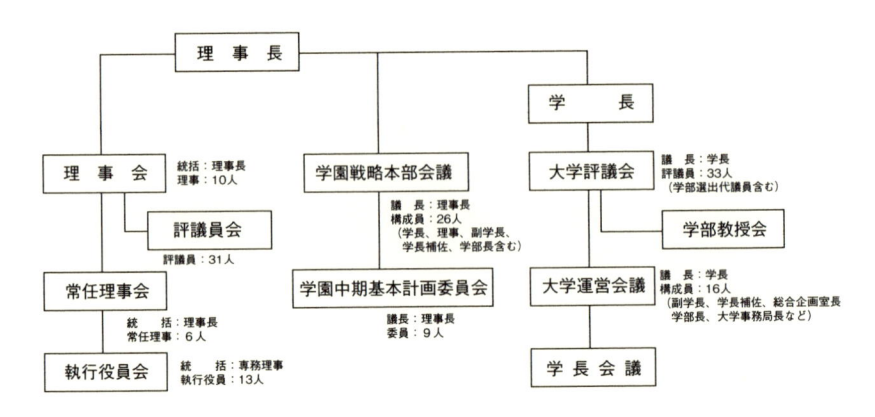

図3-1　経営・管理運営機構

3．経営組織、教学組織

理事会、経営機関の機能

　理事会の強化という点でも、いくつかの課題が上げられる。

第1は、理事会構成をどうするかという点だ。理事会は内部統治機関であるとともに、対外的な支援に留意し、また社会的な評価や知恵の吸収に配慮した構成にしなければならない。理事の構成は、当然その大学の成り立ちや、社会的基盤を反映したものとなる。学外理事が適切に配置され、相応しい役割を果たすことはもちろん必要だが、安易な任命は、経営に実質的役割を果たさない、名誉職的な理事を生む。これが、理事会自体の形骸化、形式的な議決や大学の本質的発展と無縁な議論などの弊害につながる。責任を持った経営を担う、学外・学内のバランスを考慮した理事会構成とし、特に、日常経営に責任を持つ学内理事の登用と育成を長期的視点で作り上げることが求められる。

第2に、その運営の実質化という点だ。本学でもかってそうだった様に、年数回の開催では規定に定められた最低限の機能は果たせても、変化の激しい現実経営を担う点では無理がある。付議すべき議題、提供すべき情報についての工夫や準備も必要だ。政策検討のレベルを上げていくこと、また、それに相応しい提案を準備することが、信頼を高める統治に繋がる。

第3に、学内で日常経営を担う学内理事会、常任理事会などの機能がますます重要となっている。現状に立脚し、良く分析され考え抜かれた政策が現場への浸透度を高める。学内理事会には、より深い戦略的な議論と決定の遂行責任機能が求められる。決定機能とは別に、自由で率直な議論ができる場を分けるなどの工夫もいる。

第4に、限られた人数で経営全般に責任を負う必要性から、担当理事制により各理事の所管と責任範囲を鮮明にし、業務分担と個人責任の下で経営業務が執行されることが不可欠だと思われる。本学では、専務理事や各担当理事の職務内容を寄付行為施行細則等で定めるとともに、後述する執行役員制でこの点をさらに徹底、理事と執行役員の権限関係も整理することで具体的課題が漏れなく前進できるように努めている。

第5に、今日、経営が直面している最大の課題は、右肩上がり時代の風土からの脱却、経営の構造改革を進めるという点だ。計画達成の指標

を設定し、担当業務を指揮し、その実現に迫ること。経営の直轄分野である財務・人事上の改革は、利害や既得権に触れる困難の多い仕事で、強い経営が求められる。その貫徹ためには、上からの指示だけでなく、全ての分野で、目標達成に迫る事業管理と収支（財務）管理、人事管理の統合、事務統括体制の強化が不可欠だ。

第6に、先を見通した経営政策の確立、全学的な政策上のリーダーシップの発揮こそが理事会の最大の責務だと言える。政策の優位性、信頼性、総合性、現実性、抜本性が問われている。激変する情勢に対応する迅速な政策決定とそれに基づく統治こそが重要だ。後述のように、本学では企画部門を重視する事務編成を厚く敷くとともに、ＩＲ室を新たに設置するなど政策重視型の組織運営を行い、経営判断を支えている。

第7に、適切な経営の評価機能、監事機能の改善、徹底した情報公開、外部評価の活用、本学でも導入の準備段階にある役員評価制度など、学園の存立と発展を担いうる緊張感のある経営の確立、役員の力量向上などの持続的前進が求められる。

学長機構の強化、全学と学部

法人と教学の統一政策ができる前提は、大学としての共通意志の形成がきちんと行われることだ。

そのためには**第1**に、複数学部を持つ大学にあっては、学部の上に立ち、大学全体の意思決定を担う評議会のような全学議決機関の設置と規定による明確な権限の付与が必要だ。本学では、学部の上に位置する、学部代議員と主要役職者からなる学長統括の大学評議会が置かれ、学則上でも最高意思決定機関と位置づけられている。

第2は、その運営方法だ。教育の最前線にいる学部教授会の真剣で創造的な議論、学生の育成のための責任ある取組みは大学活性化の源となる。他方、必要な時に、仮に学部間で温度差があり、異論が出ても、責任を持って決定できる仕組み、大学全体としての単一意思形成は極めて大切だ。議論を尽くすと共に、課題によっては多数決によるなど、必要

な決定が遅滞なく行われるような適切な運営、学長を軸とした責任ある管理が必要である。

　第3に、こうした教学トップである学長（学部長）がリーダーシップを果たし、全体を取りまとめ、改革推進を行うためには、適切なスタッフ機能、補佐機関が不可欠だ。こうした役職者は、その性格上、任命制、指名制を基本に行われるのが適切だと思われる。機構図（図3-2大学運営組織図参照）に示した通り、本学では、教学担当、研究担当の2人の副学長を置くとともに、全学教育開発機構長を兼務し教育分野の統括を行う学長補佐、学生支援機構長を兼務し学生支援、学生活動に責任を持つ学長補佐、研究機構長を兼務し研究所、研究センターを束ねる学長補佐の3人を置き、職員出身の総合企画室長と併せ計6人の教学幹部が、学長スタッフとして、大学の全ての執行機能を統括できる仕組みをとっている。

　第4に、大学教学の執行機関の役割も重要だ。本学では、大学運営会議と呼ばれ、学部長、専門部長も含んで構成される。この機関には、本学では理事である学長、副学長、総合企画室長（職員）、執行役員である学長補佐、大学事務局長が入り、経営の視野からの情報も含め、総合的な判断と提案ができる運営を心がけている。また、その準備組織として学長会議を事前に開催している。

　教学機関としての大学機構が、学部割拠を排して、一義的な方針決定ができ、改革が前進する仕組みとなっているか、それを進める学長の権限や統括力が確保されているかは極めて重要だ。大学としての統一的な意思形成の遅れは、今日の環境の中では、改革の決定的遅れ、致命傷に繋がりかねず、経営政策と一体となった大学としての意思形成システムの整備は、今後さらに重要性を増すと思われる。

図3-2　大学運営組織

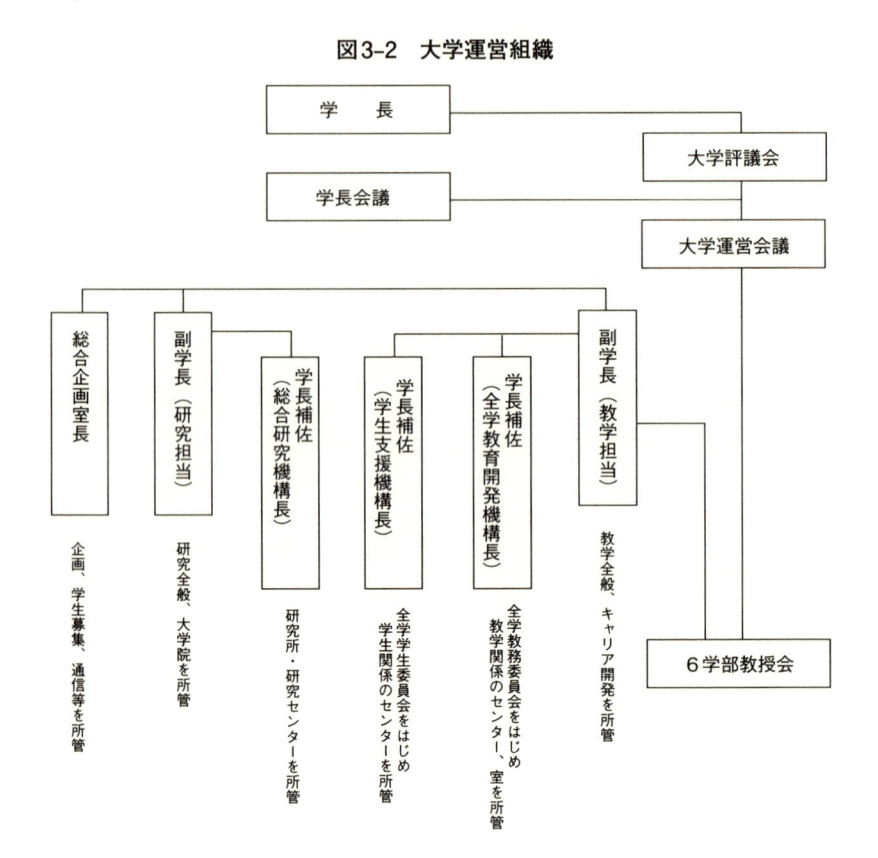

```
              ┌─────────┐
              │  学  長  │──────────────┐
              └─────────┘              │
                                  ┌─────────┐
              ┌─────────┐         │大学評議会│
              │ 学長会議 │         └─────────┘
              └─────────┘              │
                                  ┌─────────┐
                                  │大学運営会議│
                                  └─────────┘
                                        │
                                  ┌─────────┐
                                  │ 6学部教授会│
                                  └─────────┘
```

（組織図：総合企画室長／副学長（研究担当）／学長補佐（総合研究機構長）／学長補佐（学生支援機構長）／学長補佐（全学教育開発機構長）／副学長（教学担当））

- 総合企画室長：企画、学生募集、通信等を所管
- 副学長（研究担当）：研究全般、大学院を所管
- 学長補佐（総合研究機構長）：研究所・研究センターを所管
- 学長補佐（学生支援機構長）：全学学生委員会をはじめ学生関係のセンターを所管
- 学長補佐（全学教育開発機構長）：全学教務委員会をはじめ教学関係のセンター、室を所管
- 副学長（教学担当）：教学全般、キャリア開発を所管

4．事務局の組織と運営

改革を担う事務局組織

次に、改革型の運営を担う事務局作りの視点から本学の組織の特徴を見てみたい。まず大切な点は、事務機構そのものが、可能な限り政策遂行を基軸に組織され、様々な業務の成果が最終的に政策提案として取りまとめられ発信される仕組みになっていることである。本学は、全国的にも少ない「企画局」「総務局」「大学事務局」という3事務局体制をとっ

ており、企画部門「企画局」を事務業務の主要な3本柱のひとつとして局に位置付け、理事である局長を配置、職員の政策業務を専門的に統合し、学内機関に恒常的な発信ができる仕組みとなっている（図3-3事務局機構図参照）。全事務局の政策を集約し、また、政策遂行を一元的に管理し、他の部局長をも動かして改革の方向で政策調整をすすめ、各機関に責任ある立場で提案するには、課長レベルでは権限上も困難だ。新たにＩＲ推進室も設置し、データの蓄積、他大学情報の収集、分析の本格的体制も整えた。戦略遂行型の運営には、事務組織においても企画部門を重視し、テーマに応じた柔軟なプロジェクト型の業務や課室を越えた横断的な業務展開が求められる。

部門ごとの開発機能

　政策には信頼性や現実性が問われる。そのためには政策が現場に足をおき、その問題解決に効力を持つものであること、市場・マーケット、先行事例の調査・分析、シミュレーションを背景に、投資と効果の見通しが明確であることなどが必要だ。

　こうした現実政策の展開にとって、全体政策を立案する上述の企画部門のほかに、各分野にも企画機能を持つセクションが位置付けられることが望ましい。

　本学では、事務機構図の通り、3事務局の下に10部を置いているが、大学教育改革を担う教育開発部には教育開発課、キャリア開発課、事業を展開する教育文化事業部には事業開発室、教育文化事業室、研究・教育連携部には社会連携課や研究課、企画局には企画課、ＩＲ推進室、情報政策課、学園広報室など、領域ごとにも企画・立案機能を置き、また、役員にも学校政策担当の執行役員、情報政策担当執行役員などを配置するなど、現場に密着した政策部門設置、開発担当を配置している。

　全国有数の10件に及ぶＧＰ採択も、教育開発課はじめとしたこれら分野別政策企画部門の現場に密着した提案力量に負うところが大きく、徹底した調査と優れたアイディアをベースとした教職協働の成果だと言

える。

　また、全国を7ブロックに分け、各地にブロックセンター（大学の地方事務所）を置いた。所在地は、設置順に、松本、福岡、名古屋、富山、豊橋、山形、岡山で、それぞれに専任職員等を配置している。ここでは、就職支援、学生募集、同窓会支部活動支援、通信教育部のスクーリング等学習支援、自治体との提携事業の開発、各種イベントのほか、福祉系大学の特色を生かした各種の福祉資格講座等を企画実施している。これら教育文化事業部、事業開発室が担う地域密着型事業の推進が、地域実態に見合った政策展開を可能とし、全国型大学の維持につながっている。

　通学学生数を超える7000人の学生を有する通信教育事務部は、社会貢献型大学づくりのミッション実現の中核であり、社会人教育の担い手である。このインターネット型通信教育を支え、オンデマンド教育を担う情報ネットワーク課（ICT推進室）、教育開発部などが、この特色ある教育を支えている。

職員の経営・運営参画

　こうした政策推進型の事務局の運営のためには、政策提案、素案を作りを担う現場の職員が、学園・大学の意思決定過程へ参加することなしにその役割・機能を果たすことは出来ない。

　本学では職員は、経営機関に理事構成員（5人）として、また新設された執行役員制度でも8人が役員として参画し、直接に経営・教学責任を担っている。また教学組織でも、規定上は副学長、学長補佐に就任可能となっており、総合企画室長・理事・企画局長が副学長相当職として教学機関の構成員となっている。大学事務局長や職員の研究・教育連携部長、入学広報部長などが執行役員を兼務しつつ、教学執行機関の正規メンバーとして運営参加し、経営と教学の連結の役割も果たしている。全学教学の日常決定・執行機関である「大学運営会議」にも職員が決定権を持つ正規構成員となっており、また、各課長は対応する専門委員会の次長として委員会に加わっている。そのほかにも、法人の評議員会へ

第3章　戦略経営の確立に向けて　181

の職員代表の参加、学長選挙への全職員の対等な投票権など、あらゆる場面で、職員参加が確保されていることが、大学人としての職員の責任と主体性を確立し、政策的業務の到達をいろんなレベルで大学運営に反映させることを可能としている。

職員の開発力量の育成

　こうしてみてくると、政策に基づく運営を的確に実現していく上で、ある意味で決定的に重要な役割を担うのは事務局だともいえる。ここが如何に現場の問題を感度よく捉え、分析し、政策として提案・発信できるか、職員個々の、また事務組織としての力量が問われている。経営、教学機関も、この現場からの分析と政策選択の提起なしに、正しい判断はできない。この提起の質、レベルがまさに政策の、改革の水準を規定する。

　そして、そのために不可欠なのがSDの仕組みだ。その要は、大学の改革目標と個人の業務課題の接合だ。人事制度はこの結合を促進し、課題達成の度合いを評価し、改革推進を後押しする仕組みとして機能させなければ意味がない。これが、後述する事業企画書の取り組みだ。本学では、あるべき事務局・職員像のスローガンとして、開発力を重視する「戦略創造型事務局」建設、マネジメント力量を高める「事業経営型職員」育成などを掲げてきた。この推進こそが職員の役割を高め、アドミニストレーターへの前進を保証するものになる。

図3-3 事務局機構

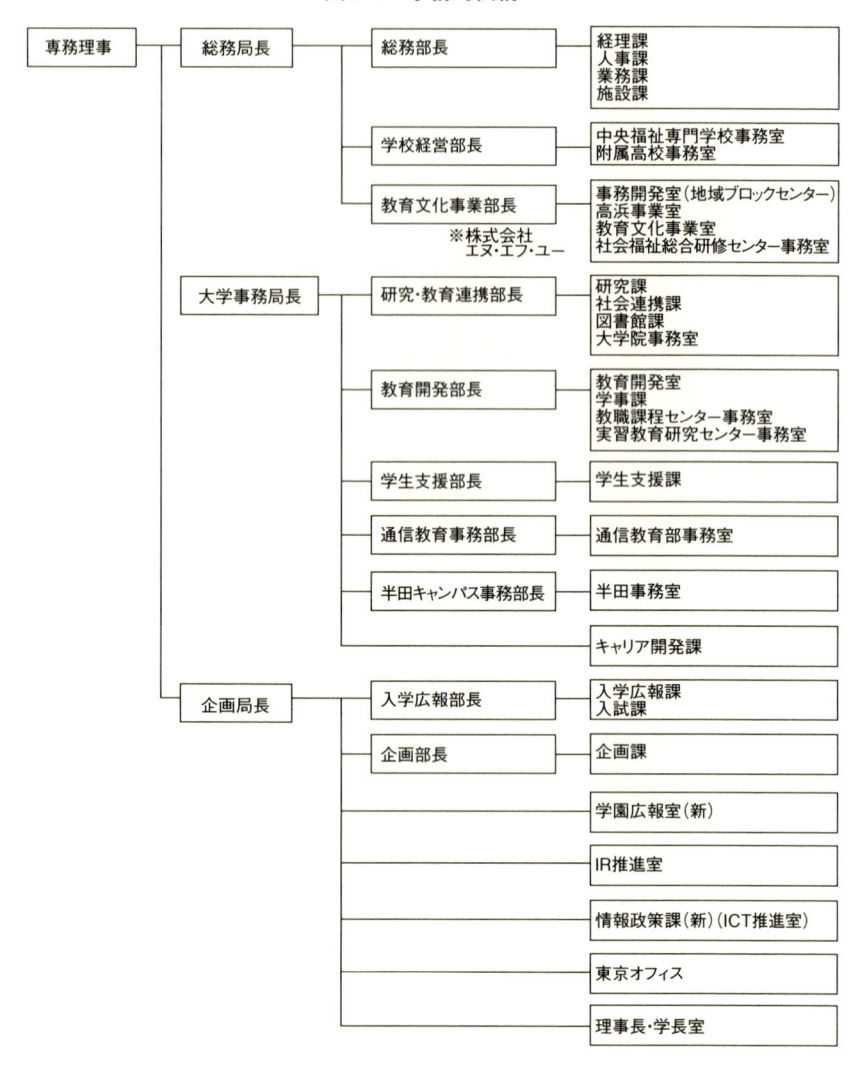

```
専務理事 ─┬─ 総務局長 ─┬─ 総務部長 ──────── 経理課
         │             │                    人事課
         │             │                    業務課
         │             │                    施設課
         │             │
         │             ├─ 学校経営部長 ───── 中央福祉専門学校事務室
         │             │                    附属高校事務室
         │             │
         │             └─ 教育文化事業部長 ── 事務開発室(地域ブロックセンター)
         │                ※株式会社         高浜事業室
         │                 エヌ・エフ・ユー   教育文化事業室
         │                                  社会福祉総合研修センター事務室
         │
         ├─ 大学事務局長 ─┬─ 研究・教育連携部長 ── 研究課
         │                │                       社会連携課
         │                │                       図書館課
         │                │                       大学院事務室
         │                │
         │                ├─ 教育開発部長 ──────── 教育開発室
         │                │                       学事課
         │                │                       教職課程センター事務室
         │                │                       実習教育研究センター事務室
         │                │
         │                ├─ 学生支援部長 ──────── 学生支援課
         │                │
         │                ├─ 通信教育事務部長 ──── 通信教育部事務室
         │                │
         │                ├─ 半田キャンパス事務部長 ── 半田事務室
         │                │
         │                └─────────────────────── キャリア開発課
         │
         └─ 企画局長 ──┬─ 入学広報部長 ──────── 入学広報課
                       │                        入試課
                       │
                       ├─ 企画部長 ──────────── 企画課
                       │
                       ├──────────────────── 学園広報室(新)
                       │
                       ├──────────────────── IR推進室
                       │
                       ├──────────────────── 情報政策課(新)(ICT推進室)
                       │
                       ├──────────────────── 東京オフィス
                       │
                       └──────────────────── 理事長・学長室
```

5．執行役員制度

執行役員制導入の狙い

　2003年3月、本学では、日本の大学で初めて、執行役員制度を導入した。導入を決定した理事会のちょうどその日、「トヨタ、スピード経営へ―取締役半減し、執行役員制を新設」(日経2003年3月29日付)の報道がなされた。本学の執行役員制度は、企業の制度にヒントは得たが、内容は全く大学の特性に基づき、本学の必要性、経営システム強化の一環として、学校法人制度を踏まえて設計されたオリジナルなものである。

　日本型学校法人制度の特徴のひとつは決定・監督機能と執行機能の混在にあるといわれる。理事会が形式的決定を行い、実質統治の機能を果たしていないケースもみられる。理事会が意思決定機能と執行機能を十全に果たすこと、とりわけ全ての事業執行に責任を負い切ろうとすれば、常任理事会の強化、事務機構の改善などの取組みだけでは難しい。

　本学が執行役員制度を導入した狙いの**第1**は、この政策決定・監督機能と執行機能を相対的に区分し、両者の役割と責任範囲を明確化することで決定事項の実践を確実にすることにある。すなわち、理事会決定に基づく学園・大学の全分野に渡る政策の執行に曖昧さを残さず責任を負いきる仕組みを整えると共に、理事会の政策決定機能そのものの高度化・迅速化をめざすことにある。

　第2に、理事会の決定事項は、当然にも教学にかかわる政策を含んでおり、また、特に本学ではこの経営・教学の一体政策の確立と推進を重視していることから、その執行に当たっても、両者の一体化が強く求められていた。政策は一致しても、実行が経営・教学バラバラでは、せっかくの統一目標も達成が難しい。

　第3に、これを別の側面からみると、教員幹部と職員幹部が、単なる協力からひとつの組織で、全く同等の立場で統一的運営を確立することを意味する。教員組織と事務組織のままでの連携は、時として上下関係と見られたり、指示系統が複雑化したりするが、こうした単一組織の中

での教職混在・一体型の運営は、より進んだ機能を作り出す。

　第4に、多くの大学がそうであるように本学でも、新学部増設、通信教育部の設置、学園事業の多彩な展開、地域ブロックセンター（地方事務所）設置など急速に事業領域が拡大し、寄付行為に規定される限られた理事の分担だけでは、全領域の事業執行管理を担うのは困難になってきたという事情もある。逆にいえば、変化する現実課題の要請に理事枠に縛られず柔軟に対応できるということだ。

　第5に、管理の質、水準の問題がある。政策を机上のものに終わらせないためには、各課題に誰が責任を持ちいつまでにやるのか、この明確化が不可欠だ。業務遂行結果に対し個人の直接責任を問うのに、これまでの理事の所掌範囲は明らかに広すぎ、担当領域の監督責任を負うのがやっとだった。また、これまでの大学運営は、どちらかといえば会議を開きその決定を「全員の責任」で運営するというスタイルだった。執行役員の個人責任を重視した運営への転換により、課題ごとに錯綜していた会議体を可能な限り縮小・統合し、複雑な学園機構をできる限り簡素化し、改革のスピードアップを狙った。業務分担は、年度事業計画に盛られる22～23の重点事項、重点分野を担当役員に全て割りふる。事業単位ごとに到達目標や財政指標を設定し、投資と効果をきちんと見ていくことなしに、厳しい時代を乗り切る経営は不可能だ。このためには適切に設定された分野（事業課題）ごとに、事業遂行-目標達成-収益管理-事業評価を一貫して担う仕組み、責任体制なしには実行性を持たない。このPDCAサイクルの実質化こそが、今日の複雑かつ総合的な事業遂行を可能とする。

執行役員制度の概要と体制

　本学の執行役員会は、寄付行為施行細則により、理事会の意思決定にもとづく理事長業務遂行の補佐機関として位置付けられ、経営管理、教学運営、社会連携、学校経営の主要4分野で業務を分担執行するとしている。専務理事の統括により運営され、任期2年で、理事長推薦に基づ

き理事会で選任され、その分野ごとの日常執行権限が委譲されている。執行役員会運営規則で運営の細目が定められ、同じく内規で分担すべき業務領域が定められている。

　分担領域は、学内の戦略重点業務に盛られた主要課題を念頭に4領域13分野、具体的には〈Ⅰ〉経営管理領域①業務人事②企画、〈Ⅱ〉教学運営領域③研究④教育⑤学生支援⑥キャリア⑦地域連携⑧大学経営事務、〈Ⅲ〉社会連携領域⑨学生募集⑩ＩＲ・情報政策⑪学園事業、〈Ⅳ〉学校経営領域⑫専門学校⑬高等学校の13分野に分けた。（図3-4執行役員会参照）

　各領域に13人の執行役員を置き、教員・職員の比率は、5人：8人である。

　実際の人事配置は、図の通り【業務人事】理事（人事・業務担当兼総務局長）職員、【企画】理事（総合企画室長兼企画局長）職員、【研究】学長補佐（総合研究機構長）教員、【教育】学長補佐（全学教育開発機構長）教員、【学生支援】学長補佐（学生支援機構長）教員、【キャリア】副学長（教学担当）教員、【地域連携】研究・教育連携部長、職員、【大学経営事務】大学事務局長、職員、【学生募集】入学広報部長、職員、【ＩＲ】企画部長、職員、【学園事業】専務理事、職員、【専門学校】学校政策担当、職員、【付属高校】高校長、教員となっている。経営、大学、事務局の役職兼務の体制が、執行役員の実質権限を持った業務遂行、業務指揮権を担保している。

執行役員制度の到達と効果

執行役員制は、この狙い通りの効果をもたらしたのか。

(1) 当初の目標に即して見れば、常任理事会の議事は精選され、意思決定に純化されてきた。課題ごとに組織を作っては事業を推進してきた従来のやり方から比べると、組織の極端な肥大化は押えられ、指揮系統も明確化し、事業ごとの責任体制や個人責任の明確化とリーダーシップの発揮も進んできたと言える。

(2) 特に、教職協働の深化、各分野に実権を持った経営・教学幹部が一堂に集まり、パラレルに議論することで得られる課題認識の一致、情報の共有、経営組織と大学組織、事務組織の実質的な融合は、この組織が積み上げてきた貴重な成果と言える。大学特有の複雑な権限関係、上下関係もかなりシンプルになり、かつ率直な議論ができる風土を強めてきた。

(3) かつては、経営、教学、財務、人事、業務、バラバラに取り組まれていた事業や改善が、ひとつの目標、ひとつのビジョンの下に整合的に取り組むことが出来るようになり、また、そうしたコントロールが、専務理事の一元的管理の下、可能となった。

(4) 事業の計画とその到達度評価は、年2回、2日間をかけた朝から夜までの集中討議で真剣かつ徹底して行われる。この取り組みが、本学のPDCAサイクルによるマネジメント全体を統合する位置にある。この集大成として、事業計画、事業報告書が作成され、また予算編成方針に基づく予算と決算につながっていく。

(5) 政策の現場を最も掌握しているメンバーによる、現実に立脚した創造的執行は、逆に、現場からの政策提起、新たな問題解決の提案を生み、ボトムアップ組織としても機能し、政策の現実性を担保してきた。

(6) 教職一体、経営・教学一体の特性を生かし、全分野にわたる重点事業の執行責任を明確にして、共同して取り組める場は、大学組織の中で他にはない。こうした、総合的視野からの議論やチェックを通して、職員幹部は教育・研究の広い視野を学び、教員幹部は財務・人事の厳しい実態を掌握し、総合判断のできる幹部育成にもつながっていくと見ることができる。

(7) もちろんこの制度は万能ではないし、試行的な側面も持つが、この新機関が経営・教学一体、教員・職員の合体の力で大学行政管理機能を担うという点で、教職混成幹部集団を形作り、日本型大学アドミニストレーターの具体的形を探るひとつの試みとして見ても意

味があるのではないかと思われる。

　もちろん、執行役員の権限を経営管理体系全体の中に今後どう具体化していくか、特に教員役員の決裁や予算執行権限、事務局・業務指揮権との関係、執行役員の人事権のあり方など今後の実践の中で解決すべき課題も多い。権限体系整備、事務機構との一体化なしに、単にこの機構のみを付加すると屋上屋の弊害も出かねない。引き続く改革もまた求められる。

図3-4　執行役員会

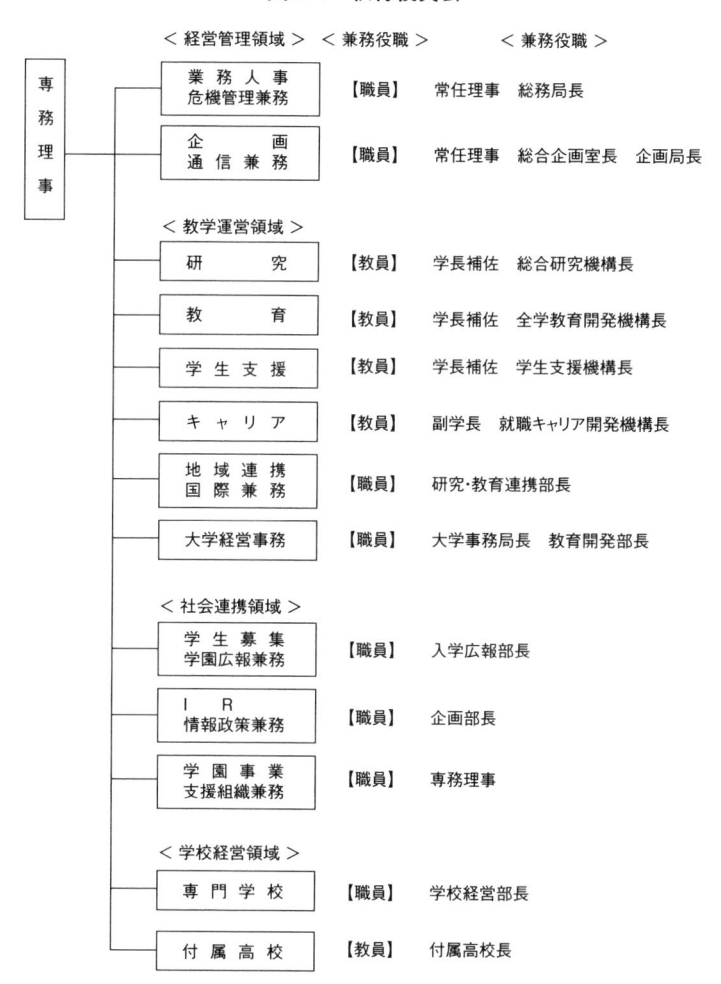

専務理事	経営管理領域	兼務役職	兼務役職
	業務人事 危機管理兼務	【職員】	常任理事　総務局長
	企画 通信兼務	【職員】	常任理事　総合企画室長　企画局長
	＜教学運営領域＞		
	研究	【教員】	学長補佐　総合研究機構長
	教育	【教員】	学長補佐　全学教育開発機構長
	学生支援	【教員】	学長補佐　学生支援機構長
	キャリア	【教員】	副学長　就職キャリア開発機構長
	地域連携 国際兼務	【職員】	研究・教育連携部長
	大学経営事務	【職員】	大学事務局長　教育開発部長
	＜社会連携領域＞		
	学生募集 学園広報兼務	【職員】	入学広報部長
	IR 情報政策兼務	【職員】	企画部長
	学園事業 支援組織兼務	【職員】	専務理事
	＜学校経営領域＞		
	専門学校	【職員】	学校経営部長
	付属高校	【教員】	付属高校長

以上、本学のマネジメントシステム全体を見てきた。経営、管理運営改革の目的は唯一、大学の前進、目標の実現に相応しい仕組みを如何に作るかという点にある。この原点に返っての組織改革こそが求められている。

6．政策を軸とした運営

中長期計画に基づく大学運営

　単年度調整型の運営は、大学が時代の課題に対応し、改革を積み上げていく点では、全く不向きなシステムである。本学でも1980年代の前半まではそうした運営システムであったし、当時の需要拡大を基調とした大学環境の中では問題が表出することもなかった。しかし、総合移転を契機とした諸困難の克服と将来構想の議論の中から、中期計画の策定、合意による運営方式を築き上げ、その後の飛躍的な発展を作り出すこととなる。今でこそ中長期計画に基づくマネジメントは一般的となっているが、当時、こうした政策や目標を掲げて大学を運営する例は、極めて少なかった。

　本学が、全学のビジョンや長期計画を重視する理由は、全学一致を作り出す、目指す目標を共有し、またその決定を通して、各組織の活動を方向づけるという点である。特に当時の状況の中では、学内理事会と全学教授会の政策一致が実践的には強く求められており、これなしには単年度事業が進まず、改革への力の集中も困難であった。また、教育事業は、すぐに結果が見えるものではなく、数年に及ぶ計画的な教育活動の展開や計画的な投資なしには前進しない。これも単年度調整型システムとは相反するものである。政策や方針を決めるということは、当面の重点を明らかにし、これにシフトするということである。

　これも平等主義の大学組織が不得意とする所であるが、これなしには、改革型の大学マネジメントは成り立たない。

日本福祉大学の政策の柱

本学が1990年代から取り組んできた長期計画の柱は、次の5点であり、その骨格は今でも変わらない。

その第1は、「人間福祉複合系」の大学づくりである。「人のしあわせ」人間福祉を核に、あらゆる学問分野を幸せづくりに向けて結合することが真の福祉社会を作り上げる、という視点で学部の新設、改組、統合を連続的に行い、福祉単科大学とも、他の福祉学部を置く総合大学とも違う個性ある大学づくりをすすめてきた。

第2は、インターネットを使った通信教育部（7000人在籍）の設置、日本全国でのスクーリングの実施、サテライトキャンパス（大学院等）での社会人福祉専門職の養成、各種の資格課程研修事業の実施、本格的な生涯学習事業の展開など生涯学習型の学園建設である。高卒依存型から社会人教育市場に参入するとともに、通信・通学融合の新たな教育システムの創出に挑戦している。

第3は、特色ある福祉研究をベースに、企業・自治体との共同研究や福祉政策の立案、政策評価、自治体等との社会連携事業などを核とする社会貢献型大学建設である。自治体との友好協力協定の締結と連携教育の実施、地域ブロックセンターの設置、全都道府県にある同窓会支部との連携事業の展開などを進めている。

第4は、全国トップに立つ「社会福祉士」合格など福祉マインドを持った専門人材の育成を柱にした特色ある教育は、10件のGP獲得に端的に示されている。学生満足度向上と、実践的人材養成に向け、フィールド教育、体験型教育を重視するなど改革を進めている。

そして第5が、これら全体を支える人事・財務の構造改革、執行役員会制度など運営システム改革の推進である。

これらを学園長期計画、中期経営政策として、およそ5年スパンで策定し、諸改革の推進に挑戦している。

ビジョン・中期構想・短期計画

現在の本学ビジョン「21世紀学園ビジョン―学園アイデンティティー確立のために」(図3-5参照)は、3つの基本目標を提示し、その基本目標達成のために5つの事業骨格と5つの学園運営の基本視点を定めている。

その概要は
(1)「人間福祉複合系」学園建設、
(2) 生涯学習型学園建設、
(3) 福祉文化創生

の3つの目標の下、5つの事業骨格として
(1) 専門人材の育成、
(2) 教育の優位性(特色)の確立、
(3) 通信・通学融合教育、
(4) 地域との共生・共創、
(5) 先進的研究拠点形成

を提示し、その実現に向けての基本視点として
(1) 学生参加と満足度の向上、
(2) 説明責任、
(3) 経営・教学の統一、教職員一体運営、
(4) 情報公開、
(5) 経営安定と責任体制構築

を掲げる。

そして、このビジョンに基づいて中期的な改革課題と方向性を示す「21世紀学園ビジョンの具体化― 創立60周年に向けて(中期構想)」を策定、8つの柱を設定して具体的な展開をしている(図3-6参照)。それは、

1、学園・大学の基本目標、
2、大学教育、
3、研究の活性化と大学院、

4、通信教育の展望、
　5、学園事業の積極展開、
　7、国際事業、
　8、組織運営の改善、
の8本柱になっている。
　そして、さらにこれに基づき具体的な3カ年の短期計画が作られた。例えば2006年〜2008年の短期計画では、学部の抜本的な再編成を掲げ、「健康科学部」「子ども発達学部」「国際福祉開発学部」の3つの学部を新たに申請した。単年度で、3学部を申請する大学は聞いたことがないとも言われたが、同時に作ることで大学のイメージを変え、新たな日本福祉大学像を打ち出すことができると考えた。申請は困難を極めたが、2009年度より6学部9学科の新生日本福祉大学としてスタートすることができた。

中期計画の具体化と推進（図3-6）

　そして、こうした中期・短期の計画を踏まえ、年度の事業計画が立てられる。重点事業項目は、例年22〜23項目である。

　(1) 新長期計画　　　　　(12) 付属高校
　(2) 大学教育改革　　　　(13) 学園事業・社会連携事業
　(3) 学生支援　　　　　　(14) 学園広報
　(4) 学生募集　　　　　　(15) 対外事業
　(5) 就職・キャリア開発　(16) 支援組織
　(6) 通信教育部　　　　　(17) 情報化事業、IR
　(7) 大学院　　　　　　　(18) 環境整備
　(8) 大学研究　　　　　　(19) 人事
　(9) 国際交流　　　　　　(20) 業務
　(10) 高大接続教育　　　 (21) 財務
　(11) 専門学校　　　　　 (22) 経営・教学体制

となっている。これは執行役員会が原案を策定、常任理事会が決定、提

案し、大学評議会等教学機関や法人の評議員会の審議・了解を経て理事会で最終決定される。これを項目別に執行役員が責任を分担・執行することとなる。

そして、この事業計画を基本指針として、大学、学部、図書館や研究所、各機構やセンター等大学各機関の事業計画が策定され、この重点が教育事業に具体化される仕組みである。

また、この事業計画は、予算編成方針と一体で策定され、予算編成に直接反映される。重点課題への予算のシフトと、必要な削減計画を領域別または課別に盛り込んだ予算配賦方針を執行役員会で決定、これに基づき予算を編成、総務部による1次査定、理事長、専務理事による第2次査定による重点投資と削減・廃止事業の確定作業を経て編成を完了する。

事務レベルでの重点事業と業務方針の結合は「事業企画書」によって行われる。毎年、100件以上の事業企画書が提出され、それらは到達度評価も含めて全て公開される。重点課題にストレートに直結した業務目標の設定、実行計画の具体化、チームによる仕事、課を超えた横断的なプロジェクトなどがこれに基づいて動くこととなる。この企画書で、学園全ての事業推進の計画全容がつかめる構造になり、この進捗管理を行うことで、事業目標の達成と能力開発の両面の遂行を図っている。これについては後ほど詳しく述べる。

図3-5　21世紀学園ビジョン　　学園アイデンティティ確立のために（要旨）

1、本学園の目指す3つの基本目標
(1)「人間福祉複合系」学園としてのリーディングセンターの構築
(2)「生涯学習型ネットワークキャンパス」の展開
(3)「福祉文化」の創生と全国への普及
2、基本目標達成のための基盤形成　（5つの事業骨格）
(1) 福祉社会をリードできる専門人材の育成

(2) 教育の独自性、優位性（特色）の確立
  (3) 通信・通学融合教育の展開
  (4) 地域との共生・共創
  (5) 先進的研究拠点形成
 3、目標達成のための学園運営の5つの基本視点
  (1) 学生参加と満足度の向上
  (2) 説明責任の明確化
  (3) 経営・教学の統一、教職員一体の運営
  (4) 情報公開と透明性の確保
  (5) 経営（財政）の安定化と責任体制の構築

図3-6　21世紀学園ビジョンの具体化（中期計画）　　創立60周年に向けて（要旨）

1、「ふくし」の総合大学・学園の形成
  (1) 通学課程の再編、通信課程の拡充、学園事業の本格実施の3本柱を軸とした学園建設
  (2) 健康・医療・教育分野への進出
  (3) 通信・通学融合の学びの事業の全国展開とその拠点形成
  (4) 福祉文化創生事業の発展
2、大学教育（通学）に関して
  (1) 6学部9学科の発展系の追求
  (2) 教育区分の整理、学びの系列の明確化
  (3) 基礎教養、少人数ゼミの重視
  (4) 学部完結型からの転換、全学教育開発機構の強化
  (5) 教員評価システムの確立
3、研究の活性化と大学院の位置づけ
  (1) 大学院と連結した研究組織・体制の再編
  (2) 研究申請体制の強化
  (3) 大学院の社会人リカレントの重視
  (4) 福祉マネジメントを核とした大学院再編

(5) 学園事業と大学院教育の結合
  (6) 受講生に配慮した大学院授業形態の創出
4、通信教育の展望
  (1) 自立した組織運営と学園事業への寄与
  (2) 生涯学習事業の開拓
  (3) 教免対応の強化
  (4) 介護資格対応
  (5) 団塊の世代対応
  (6) 地域拠点開発との連動
5、付属高校、専門学校見通し
  (1) 青年期一貫教育・学校間連携の重視、生涯学習、学園事業との連結、新教育体系の追求
6、学園事業の積極的展開
  (1) 社会福祉研修センターの全国展開、新規事業展開並びに自立的事業体としての構築
  (2) 社会連携各事業の統合、広報事業との一体化、学園広報の再編
  (3) 名古屋事業・新拠点の検討
  (4) 生涯学習型ネットワーク事業として地域講座、全国講座の開設、福祉医療施設経営参画等の検討
  (5) 法音寺グループとしての連携事業の可能性等
7、国際化事業 ― アジアを中心とした福祉人材養成のための国際連携事業の展開
8、学園・大学組織運営の改善
  (1) 経営・教学の一体化の促進
  (2) 世代交代の円滑な推進と安定経営体制の確立。役員制度、顧問制度の検討
  (3) 経営・教学共通の重要事業領域の拡大に対応する執行役員体制のいっそうの整備・確立
  (4) 学長リーダーシップが発揮できる体制・組織整備
  (5) 教職員人事制度の一層の改革
  (6) 通信事業・学園事業部門における新たな収益の確保
  (7) コンプライアンスの遵守、監査体制、内部統制システムの整備

7．事務局建設40年の歩み

　こうした日本福祉大学のマネジメントを作り上げる上で大きな役割を果たしたものに、事務局改革と職員力量の向上の、40年にわたるほぼ一貫した取り組みがある。その中で、今日の職員の役割やあるべき姿に通ずる4つの発見、到達があった。
　その第1は、プロフェッショナルとしての職員、専門性の中身とその養成方法について、
　第2は、業務の政策化、事務処理から問題発見・解決型業務への転換、
　第3は、職員の教学参加、大学運営への参画の根拠の解明、
　そして第4に、職員の固有の役割の定式化である。年代を追ってその取り組みを振り返ってみたい。

「職員会議」設立と自治参加

　常に本学事務局の改革の中心にあった「日本福祉大学職員会議」が設立されたのは1969年に遡る。今日まで続くこの会は、「職員の総意による事務局運営を発展させる」と規定され、選挙による委員によって運営される。大学の長期計画や事務局の基本方針を議論し、その合意形成や「職員層」としての意見を発信する機関として、また、自主的な研修機関として大きな役割を果たしてきた。特に、職員の運営参加が全く実現しなかった1990年前後まで、この組織が職員の役割の確立を推進する唯一の組織として、大きな役割を果たした。
　1972年には学生課有志の分担執筆による「大学職員論」が発表された。ここでは「全構成員による自治」の視点から、職員の意見の大学運営への反映、「職員会議」が大学自治を構成する機関に加わることを求めた。その根拠として職員の固有の役割を「教育研究を遂行するに必要な諸条件整備」と規定した。この教育行政という固有の仕事を通して大学の管理運営に参加し、教学のあり方についても発言していくことが必要であり、大学構成員としての権利だとした。このための力量の強化、

業務の専門化と合理化の課題を提起した。当時としては先進的内容を持っており、これが本学事務局の長期にわたる一貫した事務局改革推進の基本方向を指し示すバックボーンの役割を果たしたことは確かだ。

しかし、ようやく近代化の歩みを始めた事務局は、業務の本格改革も経営の手助けを必要としたように、まだ自立の途上にあり、この実現には20年の歳月が必要だった。

「全員精鋭主義」「単一事務局制」

職員出身の事務局長が誕生、各課代表だった管理者が「課長会議」集団を形成し、事務局全体の指導責任機関として確立されてくると共に、自立的改革の歩みが始まった。

当時のスローガン、「担当業務の自立性」「全員精鋭主義」は、一人ひとりの担当者がその分掌の高い判断から実務に至る全てに責任を負うこと、「業務から出発し、業務に戻る」個人研修計画を重視し、全員の成長を求めた。

さらに、1976年の「課長会議」文書で定式化されたものに「単一事務局制」がある。これは、学校別、法人・大学別の事務局編成をせず、「単一」事務組織を堅持するという原理だ。トータルに法人を支える形で事務局が組織されることで常に経営全体の視野を持つこと、「経営と教学の業務を統一して遂行」することが事務局の役割だ、との認識に基づく。今日まで続くこの編成原理は、学園全体の政策統合とその推進に責任を負う事務局作りに大きな役割を果たしてきた。

「担当業務のプロ」「卓越したスペシャリスト」

この当時書かれた「業務研修の発展を目指して」（末松義捷、1975年）には、**第1の発見**、「担当業務のプロ」、「卓越したスペシャリストになること」が提起されている。業務の改革に研究が先行するのは自明で、研究すべき課題を自分の分掌の中で発見すること、この課題設定と達成の過程を連続的に積み重ね、高い水準に向かって業務を創造していくこ

とがスペシャリスト、プロフェッショナルだとした。今や業務改革が「経験によって可能だった段階を深刻に経過しつつある」と述べている。その前提には、「補助労働」の認識の打破、職員が独自の領域の任務を持つという役割の自覚がある。「研修の基本は職場研修だ。ここからたたき出された刃でなければ、すぐボロボロになってしまう。」環は研修と労働との結合にあり、業務目標に即して研修目標を設定し、教育課程を編成し、効果を測定する。これは業務遂行と同じ管理過程にあり、管理者の役割が決定的だとした。

そして、事務局がどのような役割（位置）を担うかは「結局のところどのような仕事をしているかによって決まる」として、まず力をつけることの重要性を説いた。

「業務の政策化」こそが事務の本質

第2の発見、「研究教育目的を有効に実現する事務」へ。1978年「課長会議」が提起したこの方針は、本学事務局が一定の業務近代化を終え、新たな段階へ移行する歴史的な方針であった。1970年代前半より展開した業務改革の中心点は、経営・教学運営に客観的基礎を提供できる業務づくりであり、これを「業務の政策化」と呼んできた。

「情報を収集・選択・加工し、判断を持つこと、問題を発見し、課題にまで高め、解決の具体的なプログラムを設計し、実行すること、従来の処理的業務スタイルから問題を発見できるスタイル」に転換すること、「事務の本質は、この業務の政策化」にあり、これまでの「技術的改革から業務の質」の改革へ深められねばならない。これを「研究教育目的を有効に実現する事務」と呼び、この視点から問題を発見し業務改革を行うのは、「単なる変化ではなく飛躍」である。「既成のモデルのない、容易ならざる課題」であり、この挑戦は日本の他の事務局の方向をも提示する「歴史的任務」だとした。今日、日本福祉大学事務局モデルが多少とも評価されるとすれば、この提起が先見性を持っていたということである。

そして、「課長会議」の指導水準、政策の現場である「課室会議の討議水準」、個人の政策力、実務力や主張・提起の質、その向上にも着目した。

問題発見〜解決に至るプロセス

> 1、問題は発見されているか。問題の本質をとらえているか。
> 2、発見された問題は、課題にまで高められて設定されているか。
> 3、設定された課題解決の具体的なプログラムを持っているか。
> 4、そのプログラムに沿って事柄を現実に進行させているか。
>
> 『日本福祉大学研修フォーラム』1978年8月号より

職員の教学運営参画の根拠

　この時期、職員の管理運営参加の理論的な根拠についても活発な議論が行われた。『研修フォーラム』という公的な事務局広報誌のほかに『研究と発言』という自主的な雑誌も刊行され、多くの論文が書かれた。1982年に書かれた「大学職員の任務—『教学権』『経営権』の検討を通して—」(渡辺照男) は、**第3の発見**、職員がなぜ教学運営に参加を求めることができるか、という点の根拠の解明である。

　この内容は後に詳しく述べるが、一般に、教授会の専有とされる「教学権」、教育の遂行は、事務局の固有の役割である教育・研究「条件整備」労働抜きには成り立たないし、機能しない。すなわち、事務局の主要業務は「教学権」の中に位置づき、その有機的構成部分をなしている。従って、大学自治、大学管理機構への参加の根拠、権利を有しているとした。とりわけ、教育の執行組織への適切な参加は必要不可欠だというものであった。「業務の政策化」の提起と職員参加の理論的解明は、その後の事務局の役割の飛躍的前進に大きな意義を持つこととなる。

長期計画策定と管理運営参画

　こうした経過を経て、1984年にまとめられた「事務局改革の現状と

課題」(通称「青パンフ」) は、当時の最重要業務、経済学部増申請や大学の全面移転事業を担ってきた事務局が、大学の管理機構や経営の構成員に全く加わっていないという矛盾をいかに改革していくか、という点にあった。

「職員会議」で決議されたこの方針は、これまでの事務局の到達を踏まえ、具体的な改革の提案、職員参加の要請を学内機関に公に提起する

事務局業務の構造

　大学職員の業務の基本的な性格を条件整備労働と規定しただけでは、職員の日常的に果たしている多様で複雑な業務を実際に言い当てたことにはならない。……我々は昨年の課長会議提起において、「広い意味の条件整備並びに教育的援助・指導」という規定を行っているが、この両者は全く切り離されたものではなく、職員の行う教育的援助指導は、一定の物的、組織的条件（図書館の場合は、本と利用者をつなぐ、という形でとらえられるし、教務業務の場合は成績管理システムがその基礎になる等）と強い結びつきを持っていることが、その特徴といえるであろう。また職員は、大学・学園の管理運営にかかわる事務、あるいは一種の「機関事務」を受け持っており、その領域での職員の役割（主にスタッフ的形態）は極めて大きく、その質は、大学・学園の存在にとって重大な影響をもたらす。しかし、その「機関事務」の内容も、基本的には研究・教育・学習の条件整備という任務と、そこから来る独自の視点に基礎づけられていると思われる。このような考え方を簡単に示したのが図3-7である。

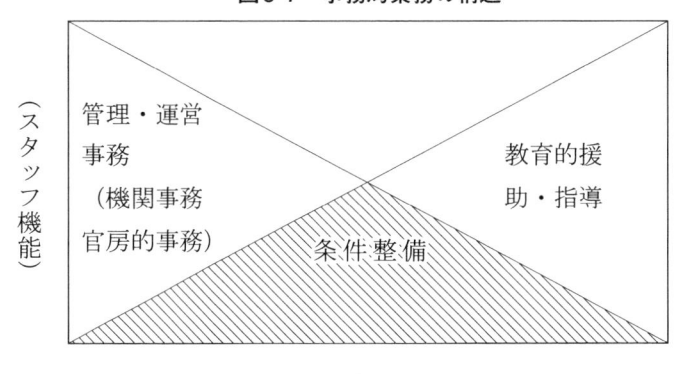

図3-7　事務局業務の構造

（スタッフ機能）　管理・運営事務（機関事務　官房的事務）　教育的援助・指導　（支援・サービス機能）

条件整備

（執行・管理機能）

『事務局改革の現状と課題』(答申) 1984年1月20日、日本福祉大学事務局改革検討プロジェクトチーム

内容であった。まず、学園としての一体的な将来構想の策定を求めたうえで、大学諸機関や学長選任への職員参画、学園長期計画などへの職員の総意反映と全学協議会への職員会議参加、理事への就任や評議員会への職員代表の参加、などが提起され、その後、1990年代の改革の実践的指針として読み継がれることとなる。

その参加の根拠として、これまでの検討を集大成した職員の固有の役割の解明がある。これが、別図に示した**第4の発見**である。条件整備（執行・管理機能）を基礎に、管理運営事務を主にスタッフ機能を使って、また、教育的援助・指導を支援・サービス機能を通して果たしていく、それら総体が職員の大学における固有な業務、固有の役割だとした。

長計合意、職員の役割の確立と前進

そうした中で、一大転機が訪れる。先にもふれたが、1983年、知多半島への総合移転は、これまで立地上の制約から学部新増設などが不可能だった環境から解き放ち、新たな将来構想を実現させうる条件を作り出した。他方、名古屋からの移転は、学生募集など新たな困難をもたらすと共に、移転への力の集中による内部改革の遅れはこの困難に拍車をかけていた。また、新たな地での発展構想をどうするかという将来ビジョンの策定も求められ、議論百出、時期を同じくして起こった不幸なバス事故の対応も事態を複雑化した。こうした前進の可能性と困難な環境の間の葛藤、学内での意見対立を乗り越える。克服過程の中から、これまでの単年度・調整型の運営を刷新する創立以来初めての長期計画が誕生することとなる。1989年1月「長期計画の基本要綱」が理事会、教授会で決定され、全学合意を見る。そして90年代、「政策に基づく学園運営」による学園・大学機構の整備、その立案と遂行を支える事務局の政策審議機関、経営組織、大学機関への参画が急速に進展することとなる。

なぜ、長期計画型運営体制が職員参加を拡大させたのか。それは、長計体制が、古い教授会自治の終焉を意味し、経営・教学の統一意思の形

成による運営は、教授会のみによる大学運営システムを大きく変えたことによる。これにより、理事会の基にもっぱらあるとされた事務局が大学運営全体で市民権を得ることとなり、両者の業務の統一的執行を担う職員なしには機能しないことが明確となった。こうした参画は、政策業務の到達を経営や大学運営に日常的に反映できるだけでなく、職員の大学作りへの主体的参加意識と責任感を培い、そのための力量の一層の向上を進める源となっている。

　事務局は、狭い「条件整備」労働を超えて、新たな段階に対応する本格的な開発力量やマネジメント力量の飛躍が求められることとなる。これは、これまでの年功序列型の人事・処遇制度の根幹を見直し、変える大きな転換期を迎えたことをも意味した。後述する今日の目標管理、人事考課・育成制度が、1993年から検討開始され、足掛け4年に及ぶ準備と試行を経て、1996年、組合も含む合意が成立し、本格的運用が開始され、職員の能力開発制度、人事・給与改革がスタートする。「戦略創造型事務局」「事業経営型職員」の育成をめざす新たな事務局改革が始まり、そして今日も続いている。

　これからも日本福祉大学事務局は、国民の求める「21世紀福祉社会建設」を担う人材の輩出という本学の使命達成に真摯に向き合い、誠実に改革の努力を継続させなければならない。

第6節　国立大学法人のマネジメント

1．国立大学法人の運営システム

国立大学法人化の3つの柱

　国立大学の法人化は、規制緩和と競争激化の流れの中で、自律的に改革を推進するシステムとして登場してきたと言える。その運営は、3つの柱から成り立っている。

　第1は、学長への権限の集中によるマネジメントであり、

第2、は中期計画を軸とする政策に基づく自律的運営の拡大であり、
第3は、それに基づく目標管理と評価である。この3つをテーマにマネジメント改革としての法人化の意義と課題を考えてみたい。

学長権限の確立、選任制度

法人化により学長は法人の長となり、教学・経営両面での最高責任者として強い権限を持つこととなった。法人化以前の、大学を代表しながらも人事権も予算編成権も不十分で、学部長や事務局長が強い影響力を持っていた時代とは大きく変わった。

新設の役員会は決定機関として、年度計画、予算、さらに今までは主に教学側で審議されていた「学部、学科その他の重要な組織の設置」（国立大学法人法第11条2の四）など重要事項を審議、決定できるようになった。経営協議会の半数は学外委員による構成となり、企業等の最新の経営管理手法が導入できる。意思決定の複雑な階層化の中でダイナミックな改革の難しかった国立大学にとって、トップの強い権限の確保と法人機関の専決・執行領域の拡大は、改革の前進に大きな意義を持つ。

国立大学学長は、私立大学でいう理事長・学長兼務体制で、政策統一や一元的な運営にとって、人を得られれば強い力を発揮する仕組みだ。東北大学のように学長選挙をなくして学内、学外者で構成する学長選考会議が中心的役割を果たすところも現れた。経営能力のある実力派リーダーを選び出すシステムが、学内の声をうまく取り入れながら機能すれば、現在の私学のトップの育成や選抜より進んだ仕組みとなりうる可能性をもっている。ただ、ほとんどの大学が意向投票を行っており、その点では法人化以前と変わらないとも言える。しかし、意向投票の結果にもかかわらず、一位以外の人を学長選任した大学もあり、裁判になってもいるが、選考会議の力は確実に強まりつつあると言える。

役員会、経営協議会の強化

　学長機能を支える役員会は重要だ。学長任命で編成できるため、部局の代表者だけでなく、中期計画の理念を共有できる実力のある教員、そして職員や外部人材も加えられる。学長の政策決定を支えるとともに、特にその執行管理をサポートし、学長の意思を実現する先頭に立たなければならない。

　その点では、理事の構成とその分担責任体制も大切だ。大学の規模により理事定数は2名から8名の間だが、私立大学の様な創立以来のしがらみがない分、経験や得意分野を生かした強力なスタッフ編成や業務分担ができる。

　経営協議会は、半分を学外委員で構成することが法律で定められており、ここを通さねば経営案件の決定が出来ないことから、積極的に経営改革に活用すべきだ。経営協議会の学外委員は、アンケート（2008年5月9日付日経新聞）によると、重要事項の審議に意見が反映されたと言う声が60％なのに対し、十分でないとしたのも35％近くに上った。理事の20％近くは企業等から起用されているが、多くは非常勤で、必ずしも経営中枢の政策遂行に影響を及ぼす形にはなっておらず、学外者の活用が課題だ。

教授会や部局への政策浸透

　中期目標に沿って事業を遂行していく点で、法人化前まで、大学の実質的決定に大きな力を持っていた教授会や部局長会が、どのような役割を担い運営されているか、また、教学トップとこの現場との政策統合を機構上どう位置づけるか、この統治の仕組みが極めて重要だ。しかし、この教授会や部局長会についての定めが、法人法ではなされていないのが致命的弱点だ。慣例のまま部局長会を設置しているところも多いようだが、法的位置付けがなければ、評議会と学部をつなぐ橋渡し機能も果たせないし、議論がいたずらに時間の浪費となる場合もある。学長や役員会でいかに迅速な意思決定ができても、それが教学や業務遂行の現場

(部局)に貫徹されなければ意味がない。

　この点では、学長が統括する「教育研究評議会」などトップと現場を結ぶ機関が、学内教学の基本方向を定め、具体化していく上で如何なる権限と実効性を持ち得るのか、この教学統治の実質化が重要だ。私立大学でも、経営と教学の一体的な政策立案とその貫徹は、常に大学運営の中心問題のひとつであり続けた。役員と現場をどうつなぐか、部局の自律性を適切に担保しながらも、大学全体の政策にどう効率的に統合できるか、本部と部局の関係は、引き続き法人運営の中心問題のひとつである。

集中と分散のマネジメント

　『IDE・現代の高等教育』2006年1月号は、「学長の可能性」という特集で、学長の役割やリーダーシップについて東大の小宮山宏元総長や慶應の安西祐一郎前塾長、『落下傘学長奮戦記』(中公新書ラクレ)の岐阜大学前学長の黒木登志夫氏などが語っているが、結局トップダウンとボトムアップの接合なり、バランスという点が共通して強調されている。

　厳しい経営環境の中では、当然ながら各学部の利益を超えて、長期的視野で大きな方向を定め、ビジョンを提起し、痛みの伴う改革を揺ぎ無く進めるトップのリーダーシップが非常に重要だ。他方、大学ではトップダウンだけでは駄目で、個人の能力や意欲という要素が大切であり、集中型と分散型のマネジメントを上手くバランスさせていかなければならない。小宮山氏の「自律・分散・協調系」という提起も、自律して存在し、分散して動いているのだけれども、最終的には、一つの目的に向かって協調していくような仕掛けづくり、リーダーシップが求められていると言う。

　しかし、それを実際どうつくるのか、具体論の展開は不十分だ。つまりトップと部局を繋ぐシステムや権限の有り様がはっきりしない。トップの政策とボトムの現実を接合させる結び目にいる機関が、どのような形で学内を統合し、また構成員の知恵も集められるか、この具体的な仕

業務遂行責任体制の確立

それからもう一つは、基本政策と現場の業務を結び合わせる幹部の役割だ。東京大学の佐々木毅元総長が日経新聞で述べた言葉を引用すると、「各法人の経営力を左右する具体的課題での改革推進には、『憎まれ役』を担う人材がなければ極めて困難であり、私の体験によれば、細部の議論になればなるほど、執行部の評判は芳しくなかった」(『国立大学の法人化から一年』2005年4月25日)。「憎まれ役」、つまり、その課題を実際に責任を持って執行する、そういう人材が不足しているということだ。

総論は賛成だけれども各論になると反対、具体化が進まない。これを打ち破るには、政策と業務の結び目にいる役員の責任体制だとか、幹部職員の経営力量や政策力量が、非常に大きな課題として出てくる。政策に掲げた課題や目標が、実際に現場で働く職員、部課長の確信になり、業務課題に落ちているのか、目標の実現に向かって業務や人事が組織されているのかが問われている。もちろん、これも私学と共通の課題だ。

2．国立大学法人の中期計画

中期目標と中期計画の関係

4月より、2010年度からの新たな中期目標、中期計画がスタートする。法人・大学が達成すべき中期目標は、文部科学大臣が定める。これに対し、その達成のための具体的な方針である中期計画は、各法人が定める。これが6年間の法人の進むべき道筋を指し示すものであり、これに基づいて評価され、資源配分の基準ともなる。その意味で、法人運営の根幹である。

しかしこれは、法人化にあたっての大きな論点のひとつであり「文部科学大臣は、中期目標を定め、またこれを変更しようとするときは、あらかじめ国立大学法人等の意見を聞かなければならない」と明文化する

ことで決着したいきさつがある。

　大学の側から見れば、これまでの強い管理や制約から各大学の個性に見合った自由な運営に力点を置きたいところだし、国からみれば、改革推進のためには目標を定め、評価・管理すること、そのための自律的管理体制の確立だということだ。しかし、国の政策目標達成の対象とすべき目標設定と、大学内部の教学運営にかかわる目標設定とは自ずと異なり、あらゆる事項を目標管理の対象とすべきではないという意見は今でも根強い。

中期計画策定作業の改善

　ただ、法人化スタートに当たっての、実際の計画策定作業は、中期目標の原案が示されてからわずか2カ月の猶予しかなく、至上命令である提出期限に向けて、目標項目に計画を当てはめていく作業にならざるを得なかったようだ。そのため、名前を隠せばどの大学の中期計画かわからない、とも言われるように、大学ごとのミッションや特性を鮮明に打ち出す点では不十分だった。当然、現場の実情や課題を良く分析し、大学構成員の知恵を集めて作成するという点でも限界を持っていた。しかも項目数は、最小でも70、最大で350にのぼり、それをさらに年度計画に落とし込んでいくと、膨大な量にならざるを得ない。それが評価作業に跳ね返って、膨大な資料と関連データの準備という悪循環につながっている。

　このあたりが次期の目標設定ではずいぶん改善された。文科省の「第2期の目標設計」によると、「一定の目標を設定し、これを達成すべく自律的な業務運営を行っていく」点で「中期目標・中期計画は大きな意義を有して」おり、「大学の機能別分化も視野に入れつつ、それぞれのミッションに照らした役割を踏まえ」たものに改善していくと提起した。このため計画は、特色・個性化を図るべき事項を中心とし、全ての活動分野の記載は不要としたこと、「記載事項の例」を示さないことによって横並びを防ぐこと、項目数の目安を約100項目としたこと、大学全

体の目標を中心とし、部局ごとの計画提示は精選すること、などとした。これにより第1期と比較して、①各大学の個性化の促進、②精選化により質の高い評価の実現、③計画化や評価の作業量の軽減を目指す。本来の中期計画、戦略形成の方向に確実に前進していることが見て取れる。

計画に基づく先進的改革

　しかし、限界があると言われた第1期の中期計画も多くの先進的側面を持っている。公開されている各大学のホームページで見ると、私学でもなかなか実施が難しい教員の任期制や評価制度の導入、あるいは学生の就職率など数値を掲げた目標設定がされているものも多い。さらには、キャリアセンターや学習相談センターの設置、学生の個人指導・援助の徹底や授業公開など改革の最先端を行くもので、決して私学の後追い、などと侮れるものではない。全ての国立大学が一斉に改革目標を掲げ、実践している状況は、明確な目標や計画を持つのが半数程度という私大と対比しても、想像以上に大きな力を持つことは確かだ。

　年度ごとの国大法人評価委員会による経営計画達成度評価でも、総じて計画は順調に実施されているとのことだ。「特筆すべき進捗状況にある」と評価された法人も多く、例えば**新潟大学**では、学内の組織ごとに収入目標額を設定して、達成度に応じて翌年の予算を増減させる仕組みを作り上げたとか、**岐阜大学**は、教員の定員管理をポイント制というものに移行をさせて、計画的な管理と圧縮を図る仕組みを作ったとか、教員の個人評価に基づいて選択定年制を導入するなど教員人事制度改革を実施した等。また、**九州大学**は、研究者の評価情報をインターネットで公開し、**福井大学**は、若手教員に学内公募で配分する研究費枠を新たに設けるなど、いずれも先進的な改革を行い、優れた成果を上げている。

　先述の「第2期の目標設定」でも、「学長のリーダーシップのもとで、法人化のメリットを生かして」改革が進み、「教職員の新たな人事評価制度を構築し、評価結果を給与等処遇に反映させる」「先進的に財務分析を行い、その結果を法人運営の改善に活用する」「ＩＴを活用して中期

計画・年度計画の進捗状況管理や評価作業の効率化を先進的に実施する」など全体として成果を上げていると評価している。

目標達成を支える経営、財政計画

しかし、実際にこの計画なり目標をやりとげていくためには、いくつかの課題がある。

第1に、政策が全学に共有され、構成員の指針として機能しているか、

第2に、財政や人事が目的実現に向かって統制されているか、

第3には、改革を決定し、執行する経営体制、管理運営機構が有効に動いているのかどうかなどで、この検証が必要だ。

中期目標が、全学の旗印として役割を果たすためには、やはり、トップのリーダーシップと共に、構成員の知恵を集め、現場実態を踏まえた実行性のある内容にするための策定過程が大切で、これが政策を共有するベースになる。

ふたつめには、改革推進型の財政運営の確立という点だ。国立大学は、私大に比して強い財政力を持つが、問題はこうした財政の投下の仕組みが、単なる割り振り型の予算配分から、政策目標の実現にシフトした重点型になっているか、という点だ。また、こうした財源を作りだす仕組みが、通り一遍の経費削減から、本丸の人件費削減に踏み込んでいるのか、あるいは全体のどんぶり勘定の財政ではなくて、部門別の収支管理だとか、財政指標に基づいた運営や評価がなされているかどうかが問われる。学費以外の収入がほとんど無い私学では、この点が常に問われる経営の中枢課題だ。

天野郁夫氏は、日経新聞で「中期計画とは別途に、長期的な経営計画を策定することが差し迫って必要」として、バックボーンとなる経営政策の重要性を指摘した。どんな立派なプランも、それを実現させていく財政、人事や決定・遂行システムなしには機能しない。中期計画はいわば表の顔で、それを実践するためには、どうしてヒト・モノ・カネを再配分しなければならない。ところが、国立大学も毎年予算が削減され、

私学もまた入学者減で同じ状況にある。こうした右肩下がりの時代の重点課題への資源の集中には、経費削減とか、人員減とか、事業の見直し、圧縮とかが不可欠となる。既得権益や利害に絡む提起をせざるを得ず、当然抵抗も大きいが、これをやり遂げない限り、中期目標の達成はできない。

重点課題に、資金や人員を集中するための経営計画の確立と断行がやはり勝負の要となる。

3．国立大学法人の評価の実際

中期計画の達成度評価

国立大学のマネジメントは、中期計画を柱とした目標を鮮明にした運営と、それを遂行する強力な学長権限を軸とした体制によって機能し、また成果を上げつつある。そして、この改革を強く後押しし、推進する仕組みが国立大学法人の評価システムだと言える。

中期目標の設定とその達成度評価は、国立大学法人制度の根幹をなす。この目標管理システム、PDCAサイクルの機能化こそが、国立大学を確実に変えてきたことは間違いない。これまでの国の直接管理・統制から評価による間接的管理に移行したとも言えるが、それが国立大学の自律的改革やマネジメントの確立を促してきた。

高等教育評価機構の一員として、国立大学の評価システムにかかわる調査に加わった経験から、訪問した東京工業大学と岡山大学の事例をもとに、評価が如何に改革に結び付き、また、中期計画の具体化や推進に役割を果たしているかを見てみたい。調査結果については、『認証評価に関する調査研究』（平成20年度文部科学省調査研究委託事業、日本高等教育評価機構）に詳しい。

中期計画における評価の位置

両大学とも評価方針は、中期目標、中期計画に示されている。

東京工業大学では、①「評価を評価室に一元化すると共に、評価結果に対応する改善策等を講じる組織を充実する」、②「教職員個々を公正に評価する評価システムを確立する」、③「個人が特定されない範囲で、点検・評価結果を公表する」である。評価を学長のもとに一本化するとともに、評価結果を処遇や資源配分にも反映させる方策を策定・実施し、意欲の向上とその公表による改善促進を謳っている。

　岡山大学でも、①「教員の個人評価の実施や評価データ等の一元的管理システムの確立により、評価の学内体制を整備し、外部評価や第三者評価を積極的に取り入れて評価の充実を図る」、②「自己点検・評価、外部評価、第三者評価、学生による授業評価等の学内評価結果を、教育研究の向上、大学運営の改善等に十分に反映させる」とし、評価センターを軸とした恒常的な評価体制の強化と、評価を改善へ生かす方針を明確にしている。

　例えば、「教育の成果・効果（目標達成度）を厳密に検証するため、入試成績と入学後の成績の追跡調査、学生・同僚による授業評価、就職先企業・団体等に対するアンケート、外部評価機関による第三者評価、卒業生、外部有識者による教育評価等を実施する」としている。

　両大学とも、評価を目標の達成、教育の改善につなげていこうとする強い意志が感じられるとともに、教育の到達度（アウトカム）評価、教員評価など困難なテーマに挑戦している。

評価を改革に活かす取組み

　ふたつの大学とも、学長直轄機関として評価センター、評価室が置かれ、副学長等が直接所管し、多くの専門家教員や職員幹部をメンバーとし、数名の専属職員を置く強力な布陣を敷いている。そして目標達成度を厳密に検証するため、成績の追跡調査、授業評価、各種資格試験の合格率推移、就職率推移、就職先企業へのアンケート調査、卒業生評価の実施等を義務付けている。教育活動の評価基準を確立し、教員の個人評価を実施、授業評価、自己評価、第3者評価を積極的に活用して、教育

の質の改善を図ることを明記している。

　東京工業大学では、評価室の中に置かれた、評価活用班が評価結果の改善・指摘事項を検証し、改善策の具体化、提案を行っている。この改善案は、分野別業務の企画・実施部門である教育推進室、研究戦略室などに示され、これらの室を通して恒常的改善が進められる体制となっている。また、こうした改善実施状況を一元的に把握・管理する点検・報告システム、その学内やステークホルダーへの公表の準備も進んでいる。さらに、中期計画の策定、推進を担う企画室とも連携して、評価をダイレクトに基本政策に反映させている。

　岡山大学でも、自己評価規則で、評価の結果、改善が必要と指摘された場合は、学長、学部長に改善の実施が義務づけられている。「評価センターからの提言」の中には、11の基準全てにわたって具体的な改善事項が示されており、これを実際の改善行動に結び付ける点に特に留意している。評価を業務上担当する学長室が、他方で中期計画の策定・推進を担っており、こちらも評価が基本政策に直接反映される仕組みとなっている。

　両大学とも、各種データを教員個人評価にもつなげ、活用しようとしており、評価を通じて、組織や制度、システム改革に止まらず、教員個人の教育改善につなげようとしているところが特徴的である。

評価の取組みからの課題

　国立大学では、認証評価、法人評価、自己評価をある意味で厳密に区別している。すなわち認証評価は、規制緩和と連動する質保証システムであり、掲げた目標への到達度評価ではなく、現状のデータを積み上げそれが基準を満たしているかの評価とする。法人評価は経営評価に軸足があり、中期目標・中期計画の達成度が評価される。自己評価は、学校教育法に定められた自己評価条項に根拠を持ち、経営、教学の全分野に渡って、掲げた目標にしたがって、その前進の状況と課題をトータルに明らかにする取組みで、3者は別者と位置付けている。これが改革を促

進する半面、負担増となり評価の効率化という点では障害になっているようにも見える。

全学評価と部局評価の関係は微妙で、評価機関の位置づけとしても上下の関係にはなく、評価方法や評価基準、データの集め方や分析方法も、必ずしも共通とはなっていない。改革すべき課題についての温度差もあり、全学機関で推進している分野は改善が進むが、部局レベルでは一律には進まない現状もある。部局の自立性を前提としつつ、いかに統一的に改革を前進させるかが課題だと言える。

評価による学長方針の浸透

学長権限が及ぶ範囲での事業の推進、全学共通システムの改革は、法人化後かなり進んでいると見ることができる。しかし部局レベルの教育・学生支援、組織運営や業務・予算の改革となるとその進行はまちまちである。教員の個人評価も、システムは進んでいると言えるが、具体的な評価の実施は、部局に任されているところもある。

しかしながら、確定された中期計画、中期目標の存在が、到達評価の指標としても、改革前に進めるうえでも、直接、間接に強力に機能しているといえる。

国立大学の場合、評価は、大学のランク付けに直接結びつき、交付金や補助金に連動している点で、大学の生命線である。その点で評価は重い位置づけを持ち、私学とは比較にならない厚い人の配置、専任体制と資金投下で、恒常的なデータ集約と分析、改善方策の検討と推進が行われている。

そして、この外圧を伴った評価の推進が、学長権限の拡大と定着、中期計画の全学浸透とその実践に強く連動していると思われる。評価の積極的な推進が、中期目標の推進、学長主導による全学改革の進展につながっているのが見て取れる。

国立大学法人の根幹をなす中期目標・中期計画とその評価システムは、確実にその成果と前進を作り出していると言える。

第7節　評価を改革に生かす

1. 評価を改革に生かすために

市場評価と第三者評価

　競争と淘汰、2極化の進行、私大は激変する環境の中にある。大都市規制、参入規制の撤廃と大幅な自由化により厳しい市場の評価に直面している。2009年は、過去最多の265校が定員を確保できず、赤字私大も4割を超え、1年で5校が廃校を決めるなど、いよいよ大学倒産時代が現実化してきた。

　相次ぐ私大の破綻を前に、「量的な充足から質の保証へ」の転換が叫ばれ、これまでの事前規制の撤廃を軌道修正し、「事前・事後の適切な役割分担」が強調され、改めて設置認可の重要性や教員審査の厳格化が強調されている。現在審議中の「中長期的大学教育の在り方」でも、「事前規制と事後確認の併用型への転換」が提起され、設置基準、設置認可審査、認証評価の3要素からなる公的な質保証システムの相互の役割と関係を見直し、充実させることを課題としている。全入時代を迎え大学は、厳しい市場評価と第三者評価、この2重の評価に直面している。

評価の受け身的とらえ方

　2003年、学校教育法改正によって義務付けられた第三者評価は、国の認可を受けた認証評価機関による評価を義務付けたことにより、当初は、本来のアクレディテーションとは異なるのではないか、結局、統制を強化し個性化を妨げることになるのではないか、という議論を呼んだ。これは、同時に定められた、法令に違反した大学への改善勧告、変更命令、閉鎖命令制度とセットで受け止められることで増幅した。認証評価機関の評価が、まず大学設置諸法令の遵守を基準としている点から、法令違反チェックとなるのではないかとか、補助金との連動やランキング評価の危惧も指摘された。そして「評価を何とかクリヤーすれば…」と

いうような受身的、防衛的な姿勢も現れた。

　さらに、2004年の私立学校法の改訂は、私学に法律による財政公開を義務づけ、また、「事業報告書」の形で、私学の経営、教学の基本情報の公開を定めた。この情報公開のさらなる徹底と法制化についても、現在、中教審でとりまとめが行われている。情報公開と評価の流れは、競争による改革の重要な一環としてますます拡大している。

　評価に正面から立ち向かう
　しかしながら、大学は好むと好まざるとにかかわらず、常に評価にさらされている。
　高校生、進路担当教員、父母、企業の採用担当者、地域社会、在学生等々。そして、前進し成長する大学は、こうした評価に正面から向き合っている。市場やニーズの変化にすばやい対応ができるか否か、ここに2極化の分かれ目がある。
　全入時代の大学の存立と発展は、時代と社会並びに学生の求める課題にいかに応え、改革を持続できるかにかかっている。淘汰の時代の評価と公開に、慎重に対応せざるを得ない局面は確かに存在する。しかし、受動的、防衛的な対応はかえって市場の評価を下げ、問題の解決を遅らせ、改革の前進を妨げる。
　痛みの伴う改革によってしか大学の存立と発展がありえない以上、評価と公開に正面から向き合い、大学改革のサイクルにこの第三者評価を取り込み、生かしていく以外に道はない。法制度として確定したこの公開と評価の枠組みから離れては、もはや私学、大学は存在できない。
　いかなる組織も、自己評価だけで客観評価を保つのは困難だ。現実に存在する外部からの評価をいかに組織的に内部改革に接合出来るかが大切だ。しかし逆に、課題を主体的に捉え改善に取り組む姿勢が無いところで、第三者評価を行い立派な報告書を出しても、改革の前進には繋がらない。自律的改革こそが真の改革の基軸となる。

政策方針立案の原点は評価

　評価を持続的に改革に生かすためには、大学の中長期的な政策や計画の立案と、それにもとづく運営が必要だ。評価とはそもそもこの自ら定めた目標への到達をはかるものだからだ。今日の厳しい環境の中では、明確な改革方針による資源の重点投下が不可欠であり、また、教育・研究、学生、社会連携、財政などを含む総合的な施策が必要だ。それは、全学を一致させる基本目標でもあり、これなしに持続的な大学革新は不可能だ。

　そして、この政策の根源に評価がある。評価による強みと弱み、問題点の分析抜きには、的確な政策立案は不可能だ。現場のニーズ、実態に基づいた変革によってしか、競争に打ち勝つ真の改革は出来ない。評価結果にSWOT分析、マーケティング等を組み合わせることで内部・外部環境を踏まえた先見性のある改革方策が策定できる。これを認証評価で検証することで真に客観的な政策が立案できる。

政策機関と評価組織の連結

　持続的改革を実現するためのもうひとつの重要な点に管理運営の課題がある。経営と教学の問題認識の共有による一元的政策の立案と推進が求められる。この基礎にも、全学的評価による客観的な現状認識が不可欠だ。大学としての持続的な教学改革を実現する上で、学生実態や授業評価に基づく改革推進型の運営が必要だ。

　全学的な、あるいは分野別の評価推進組織が、政策立案機構と結びつき、評価の成果を生かし活用することを通じて、評価を改革に生かす仕組み作りが可能となる。

　評価は、当然ながら日常業務データの集積の上に成り立つ。現場の課題が明確にされ、その到達や問題点がデータも含め分析され、企画立案に日常的に生かされる業務組織（IR組織）、職員の政策的業務を作り上げることが、改革型運営を支える大本になる。評価を、7年に一度の取り組みではなく、改革推進機関に評価組織が日常的に連結し、位置づい

てこそ、その本来の力を発揮できる。

全学評価活動の連結による改革

　大学全体で見れば、実際にはさまざまの形で学内の自己評価活動が行われている。

　大きなものをあげて見ても、第1に、大学の自己評価、年度事業計画と総括など全学的な評価の実施とそれを評価報告書、データブックなどの形で公開する取組みが上げられる。

　第2に、教育改革の領域では、授業評価、教育到達度評価と、それに連動したFD活動、教員評価、学生実態調査アンケート、就職状況調査、留学生調査などがある。

　第3には、経営評価の領域がある。2004年の私立学校法改定により、全私学は事業計画の策定が明記されると共に、その執行状況を「事業報告書」の形で取りまとめる、計画と評価のサイクルが義務づけられた。合わせて監事監査も重視され、監査対象も拡大した。

　第4に、厳しい財政状況の中、財務運営にも評価と公開が求められている。明確な財政指標の設定と事業別の収支管理、投資と効果の検証なしには、今日の縮小傾向にある私大経営は困難だ。

　そして、それらを支える職員の業務水準の向上、成長のための人事考課、業務評価も避けられない。こうしてみてくると、目標設定と評価は、大学の全ての分野で不可欠な基本サイクルであり、その全学的な連結による戦略策定、制度整備やデータベース構築が求められているといえる。

　目標と評価のサイクル、政策と評価の連携を作り出すことこそが第三者評価の本質的意義であり、学内での目標設定と自己評価の真剣な取り組みなしに大学の進化、社会的評価の向上は望めない。

２．私大改革担う高等教育評価機構

個性的私大の改善を支援

「評価を改革に生かす」視点から、日本高等教育評価機構（以下評価機構）に、その設立当初から関わってきた者として、その特色と、特に私大改革に果たす役割を述べてみたい。

評価機構の特色にまず上げられるのは、私立大学を主な対象とし、その特性に配慮した評価をめざす日本で唯一の機関という点だ。いうまでもなく日本の高等教育は、その7割強を私大が占めており、その質の向上が日本全体の大学教育の質を左右する。しかも、日本にある300種類近い学部のうち、私大にしかない学部は半数を超え、多面的な人材需要に応えることで日本社会の発展を支えてきた。規模の点も数万人から100人単位までであり、その創立と発展の歴史も個性的かつ多様で、これらをひとつの物差しで計ることは困難だ。

国立大学や都市型大規模私大の平均値を尺度にしたり、大学院を置く研究型モデルを念頭に置いたりしても、中小規模の地方型私大の教育や経営の厳しさや到達を正確に評価することは出来ない。これらの大学は、特に地方の高等教育の中核として、地域の文化創造と人材養成を担っている。

しかし、競争と淘汰の大学環境の下で、定員割れや赤字経営を余儀なくされているのも、これらの大学で、この教育や経営が改善され強くならねば、日本の大学の発展はない。その点で評価機構が、これらの大学の評価・改善、活性化と経営確立に果たす役割はきわめて大きい。評価機構は、個性あるミッションに基づく改革を支援するという視点から、日本に新たな評価活動を作り出し、根付かせようとしていると言える。

評価基準の点から見た特色

まず**第1**にあげられるのは、唯一「建学の精神」を評価項目に掲げ（基準1）、その理念が教育・研究や諸事業に貫かれ、具体化されている

かを見ようとしている点だ。これは私学の原点であると同時に、個性的教育の源である。創立の歴史を踏まえ、今日的に再定義・具現化し、大学の目指すべき方向、存在意義を示しているかを問うている。

第2に、「学生」というトータルな項を設定し（基準4）、学生を入学から卒業まで一貫した流れで評価しようとするエンロールメント・マネジメントの視点を持っている点である。学習や大学生活全体を通じて、学生満足度の向上を作り出し、育成し付加価値をつけ、社会に有為な人材として送り出せているか、その全体としての成果を重視する機構の考え方の表れである。

また、他機関にはない「職員」の項目を起こし（基準6）、大学の教学・経営に、教員と共に独自の重要な役割を果たすことを期待している点が特徴の**第3**として挙げられる。職員の、業務を通して改革推進を担う新たな役割と力量向上を求めている。

特徴の**第4**は、大学の設置者である法人、理事会の組織体制、運営方針のあり方を、「管理運営」の項の中で明確に設定（基準7）している点である。理事会の果たすべき役割はますます高まり、経営のあり方の検証は私学の評価に欠かすことは出来なくなっている。

第5にあげられるのは、「社会連携」「社会的責務」を評価項目として設定（基準10、11）している点だ。大学に求められる3大機能のひとつ、社会や地域との連携や大学の社会的責任を重視した。こうした地域連携や社会人教育、自治体、地元企業との共同研究の積極的展開は、地方私大の存在意義を確立する上で重要な課題と位置づけている。

評価方針の点から見た特色

評価の進め方としては、**第1**に、個性的な教育、人材養成を重視し、特定モデルによる評価ではなく、自ら設定したゴールを評価の機軸とする。このことで、例えばお坊さんの養成やファッションデザイナー、鍼灸師の養成など多様な目的と個性を持つ私大を的確に評価しようとしている。

第2には、定性的評価を重視している点だ。大学の特性を評価しようとすれば、平均値などに基づく定量的評価、数値評価では限界がある。特に小規模大学では、全てをバランスよくクリヤーすることは難しく、限られた資源を特徴ある事業に重点投下することで、その存在意義を確保している。目標や規模、環境に照らして、その実現への取り組み総体を評価し、努力の過程と成果、そして問題点と今後の方向性を定性的に示していくことこそが求められる。その点から、自律的な改革の拠り所となる「自己評価報告書に基づく評価」を重視し「参考意見」を大切にしている。

第3に、ランキング評価やグレード評価は行わないとしている。これも多様性と個性が顕著な私大を、単一基準で優劣をつけるのは不可能だという考えである。

第4にあげられるのは「コミュニケーション重視」だ。自己評価書作成の説明会、リエゾンオフィサー（評価担当者）との緊密な連携、調査報告書の確定段階と評価結果の判定段階の2度にわたって設定されている意見申し立ての機会、その後のアフターケアなど、その全プロセスで十分な意思疎通をはかっている。

改革の要、自己評価報告書

自己評価報告書の作成は、大学の全領域に渡って、現状評価を行い課題を明らかにすると共に、改革の方向を明確にする、評価の中核作業である。報告書は、現状の問題点を分析する白書であると共に、向こう数年間の大学の改革方向を指し示す方針書として、全学に共有されなければ意味が無い。膨大なデータの整理分析と自己評価のまとめの作業を評価対応の作文に終わらせず、実際の改革の前進に寄与するものとしなければならない。

改革に実効性を持たせる評価のためには、自己評価組織をどう編成し位置づけるかが大きな意味を持つ。トップ機構の下、改革に実際の指揮権や決裁権限を持った幹部を中軸に編成を行うこと。またこの機会に、

評価を通して改革を前進させるという方針を機関決定し、このメッセージを構成員に浸透させ、できるだけ多くの人を作業に巻き込むことが重要だ。

　この自己評価書を策定する過程こそが、全学の教職員に改めて現状を批判的に分析し、問題点を自覚させ、改善方策を共に考えることで、大学の目指す方向についての共通の認識を作り出す、またとない機会だということを繰り返し強調すべきだ。

　自己評価報告書の記述は、評価機構では「事実の説明（現状）」「自己評価」「改善・向上方策（将来計画）」の3段階で行う。全ての業務分野で、これらに基づき、自らの強みと弱みを掴み直し、改善方策と新たな目標を設定する作業を行う。評価機構の自己評価の特徴は、問題点を分析し、改善策を考えるだけでなく、優れた点を積極的に引き出し、その「向上方策」を明記する点にある。また、当面の対策だけでなく少し長いスパンでどうするか、項目ごとに中長期的見通しを「将来計画」の形で記述する点が優れている。そして、この分野ごとの将来計画の総和が、建学の精神の実現方策、中長期計画に収斂されていくことが望ましい。

　記述の仕方も、現状分析から出発し、将来計画を描くことも出来るが（帰納法）、建学の精神に裏づけられた各分野の中期的な目標、「将来計画」をまず作り、それを基準に現状を総括し、到達を自己評価するという順序で記述すること（演繹法）も可能となっている。まさに、自ら掲げた政策に基づく評価である。

第8節　財政、人事・人件費政策の確立

1．財政悪化と人件費

財政悪化と人件費の増大

　次に、経営の根幹となる財政・人事政策、とりわけ、困難な課題の多い人件費問題を中心に考えてみたい。

2008年度決算において、年間の帰属収入で消費支出が賄えなかった法人（「赤字法人」）は、4年制大学で235校となり、全大学の44.3%、半数近くにまで拡大している。前年度より一気に53校（9.8%）増え、この5年間に約2倍となった（『日経新聞』2010年2月1日）。消費収支差額比率も0.8%となり、こちらも前年より5%低下、2000年度11.7%だったのが、一貫して低下を続けており、そのテンポも拡大している。

 消費収支差額比率がマイナスに転ずると、人件費比率は急激に高くなる。『月報私学』(2007年8月号)に掲載された両角亜希子氏の分析表によると、収支差額比率が0から−10%（67校）までだと、人件費比率は、都市大規模大学で平均54%、地方中小規模大学で59%、−10%（35校）になると65%〜70%、−20%（62校）を超えると90%〜100%となって破たんに近づく。逆に同比率が＋10%以上の大学は、平均で40%台の人件費比率となっている。（表3-25参照）

 人件費比率の全国平均は、2008年度で54.5%であり、年々増加傾向にある。定員を満たせず収入が減れば、最大の固定費である人件費の比率が増大し経営を圧迫する。逆に人件費総額を抑えることが、定員割れでも消費収支の悪化を防ぐことができる最も重要な施策であることを示している。

表3-25　**人件費比率**（平成17年度、グループごとの平均値）

帰属収支差額比率	地方・中小規模	都市・中小規模	地方・大規模	都市・大規模
△20未満	96.79	98.96	74.70	104.10
△20以上△10未満	64.40	70.08	60.50	76.65
△10以上0未満	59.10	56.68	56.64	54.54
0以上10未満	53.20	59.24	51.75	53.60
10以上20未満	48.32	48.92	47.95	48.27
20以上	38.16	45.32	38.70	41.12

（注）平均値であるため、少数の極端なケースの影響も考えられる。
出典：『月報私学』私学振興・共済事業団、07年8月号、東京大学、両角亜希子リレー連載「再生へのキーワード：財務からみた地方・中小規模大学」の図表5。

また最近、私大協会附置私学高等教育研究所の私大マネジメント改革チームで調査したアンケート（私大協会加盟382大学対象、回収235校、61.5％）によると、下に示す**図3-8**の通り、人件費比率は平均で55.1％となっている。定員が未充足の大学は合計48.1％だが、帰属収支差額比率がマイナスのところは33.6％で、定員割れしていても帰属収支がプラスになっている法人が約15％ある。

　また、**図3-9**を見ると、同じく帰属収支差額比率がマイナスになるほど人件費比率は上がる。しかし、帰属収支差額比率がプラス15％～20％を保持しているグループを見ると、これだけの収益を上げる構造ながら、平均では定員充足率は95・9と、5％近く定員割れをしている。このグループの人件費比率の平均は46％となっており、ここでも人件費の圧縮が大幅な「黒字」経営の大本になっているとみられ、収支バランスを保つ上で、人件費問題、人事政策のあり様が重要テーマになってくる。

図3-8

人件費構成比率

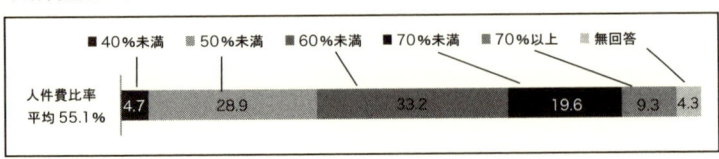

	40％未満	50％未満	60％未満	70％未満	70％以上	無回答
人件費比率 平均55.1％	4.7	28.9	33.2	19.6	9.3	4.3

定員充足率

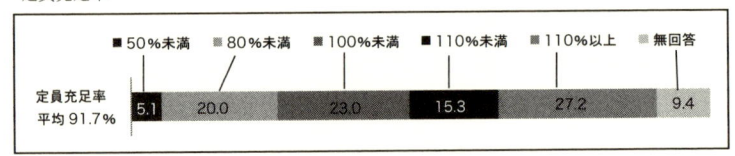

	50％未満	80％未満	100％未満	110％未満	110％以上	無回答
定員充足率 平均91.7％	5.1	20.0	23.0	15.3	27.2	9.4

帰属収支差額比率

	－20％未満	－19～0％	5％未満	10％未満	15％未満	20％未満	20％以上	無回答
帰属収支差額比率 平均3.3％	8.5	25.1	14.5	15.7	11.9	7.2	10.2	6.8

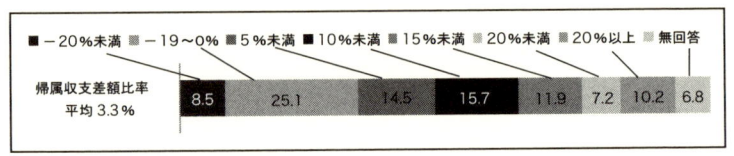

図3-9

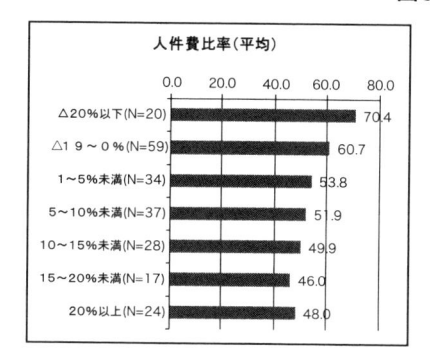

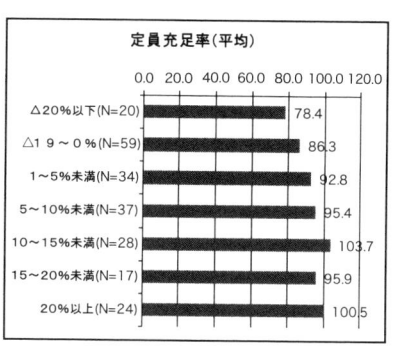

人件費比率(平均)

区分	値
△20％以下(N=20)	70.4
△19～0％(N=59)	60.7
1～5％未満(N=34)	53.8
5～10％未満(N=37)	51.9
10～15％未満(N=28)	49.9
15～20％未満(N=17)	46.0
20％以上(N=24)	48.0

定員充足率(平均)

区分	値
△20％以下(N=20)	78.4
△19～0％(N=59)	86.3
1～5％未満(N=34)	92.8
5～10％未満(N=37)	95.4
10～15％未満(N=28)	103.7
15～20％未満(N=17)	95.9
20％以上(N=24)	100.5

出典:「私立大学の財務運営に関する実態調査（速報）」（私学高等教育研究所、2009年）

財務に占める人件費の位置

　もちろん、大学にとって最大の課題は収入増、入学者確保にある。そのために大学全体でどのような改革を進めていくか、教育の充実、特色化、学生満足度の向上、学生の育成と目指す分野への進路の確保などへの重点投資が求められる。

　大学の社会的評価の向上、法人の存立と発展なしには雇用は維持できず、そのためにも人件費、経費を可能な限り圧縮し、最低限の改革原資を確保することが求められる。それら全体の遂行計画を明示する旗印、中期計画、経営戦略が求められる。達成すべき目標の明確化なしには、人件費削減の意義や必要性は語れない。

　収入に見合う支出構造を作らなければ大学経営は成り立たず、経費削減と併せて、その検討の中心は、最大の支出項目である人件費になってくる。

　通常賃金は、基本生計費、社会的（大学）相場、支払い能力の３つの要素で決定するといわれる。しかしながら、支出超過構造の大学経営にあっては、支払い能力が最大の基準とならざるをえない。中期的な学生数推移（見通し）に合わせて、総人件費、教職員数の計画的調整と抑制が求められる。

しかし、これは教職員の直接的利害に絡むものでもあり、前例や既得権益が重視される大学風土の中にあっては抵抗も強い。長きにわたり毎年予算、給与は増えるものだという右肩上がりで発展してきた大学運営の染みついたスタイルを転換するのはそうたやすいことではない。経費を初めて削減に転ずるのも困難だが、人員削減、人件費削減は、さらに踏み込んだ決断が求められる。学園の目指すもの、その存立の意義と未来への展望など基本的なところでの確信や共有が必要だ。

収入で支出を賄う財政構造の確保は、生き残りの絶対条件であり、その中心となる人件費抑制、人事政策、人員計画や処遇政策は、経営・財政改革の大きな柱になりつつある。アンケート調査に基づく、多くの実践事例の中から、人事政策、処遇政策の転換や人件費削減の取り組みをまとめてみる。

使用したアンケートは、以下の通り。(調査年月順)
(1) 私大協会附置私学高等教育研究所『私立大学の財務運営に関する実態調査(速報)』平成21年9月調査
(2) 日本私立学校振興・共済事業団『学校法人の経営改善方策に関するアンケート報告』(『私学経営情報』第26号) 平成20年7月調査
(3) 社団法人私学経営研究会『私学経営に関するアンケート報告書』(『私学経営』別冊) 平成16年7月調査
(4) 私大協会、大学事務研究委員会、大学経理財務研究委員会『加盟大学における財務安定化(経費抑制方策等)に関する調査報告書』平成15年7月調査
(5) 文部科学省『学校法人経営の充実・強化等に関する調査報告書』平成13年10月調査

2．教員人員計画、教員制度

教員人員計画の策定

総人件費は、教職員数×平均給与で成り立つ。したがって、このいずれか、または両方を抑えていかねばならない。まず大きいのは学生数の

変動に合わせて教職員数を調整できるかどうかである。学生生徒納付金収入または教職員一人当たり学生数などの基準をもとに、教職員総数、採用可能数を決める計画的な管理システムに変えていければ良いが、これがなかなか困難だ。

　教員の場合は、設置基準があるため、その確保は不可欠である。人員計画は教学と協議しながらも、理事会が最終責任を負わなければならない。在籍教員の都合ではなく、将来的な学部新増設、改組もにらんで、教員人員計画を中期的な見通しをもって立案することは経営、財政運営の根幹となっている。定員を減らす場合、対応する教員基準の刻みを小さくする措置が中教審で検討されているが（「中長期的な大学教育の在り方に関する答申・第1次報告」）、こうした制度の活用も重要となるだろう。

　専任教員は中心科目の担当に絞り、周辺科目は設置基準教員数にカウントできる条件を持った有期契約教員や嘱託教員で対応するところも増えている。専任教員は固定費だが、有期教員であれば変動費となり、この割合が一定数あれば、激しい入学生数の変動や定員割れにも、ある程度対応が出来る。

　専任教員の担当科目、持ちコマ増を図っているところも多い。一人当たりの担当科目数を増やすことで人員増を抑えている。また退職科目を補充せず、さらには履修者が少ない科目は統廃合するなど、科目そのものの精選にも取り組んでいる。総コマ管理を厳正に行い、この削減により専任増を押え、非常勤講師の削減も追求している。また、教員の出勤日数を定め（義務化し）、講義日以外も出勤して学生サービスの向上を図っているところもある。

教員制度の多様化

　最低教員数、必要教授数は変えられないので、教員制度、雇用制度の多様化、有期雇用制度の拡大は有力な人件費削減方策だと言える。特別任用教授など退職者を活用することで処遇水準を下げる方法も多い。2004年から労基法の改正で、有期雇用は3年、研究職は5年に延長さ

れた。これを活用し、なんらかの有期雇用制度を置いている私大は、現在200校を超えている。

任期制や年俸制を採用するところも増えている。任期制は、教員組織全体を変動人件費に変えられる点では有効な措置だが、現在籍者の転換が難しく、新規採用者から、ないしは準備期間を置いて段階的に、というところが多い。年俸制と評価制度を連動させているところもある。出勤日数に応じて、雇用体系を変え、給与もそれに連動して支給しているところもある。（多摩大学：週4日以上出勤100％、3日80％、2日70％など）。

退職者が出た際に、新たな雇用制度に順次移管する例も多い。退職補充を、専任ではなくこれらの教員で当てる、もしくは、そもそも補充せず減員するなどである。学生数に対応して教職員定数を設定し管理したり、収容定員数を見直す（削減する）ことで教職員数を減じたり、また学生数の減少に対応して退職者補充数を減じるなどが行われている。少なくとも、多くの大学が、退職者と同じ分野での自動的採用をやめ、大学としての必要性、必要人数を改めて機関で認めた場合にのみ採用する方式に転換している。

退職勧奨制度、早期退職制度、退職優遇制度、選択定年制も多くの大学でとられている。退職を早め、若手教職員を採用することで、この給与差で人件費削減を追求している。

定年制度の改革もかなり多い。私学事業団の調査によると、定年を70歳から65歳に下げているところが非常に多い。一気にはいかないので、段階的に、毎年1年ずつ繰り下げたり、再雇用制度や退職金割増制度とセットで実施したりしている。選択定年制を採用しているところも増えている。定年後の再雇用は、年金受給との関係も考慮し、給与を低く設定し、能力のある人員を確保しながら人件費圧縮を追求している。

人員削減、給与削減以外では、この平均年齢を低く抑える措置を計画的に取り組むことが、総人件費抑制に大きな影響を持つ、第3の重要方策だ。

3．職員人員計画、人事制度

職員人員計画、雇用形態

　職員の場合は、全国平均と比較することで、自分の大学の職員数の現状評価がある程度出来る。設置基準がある教員は削減できないため、勢い職員数の削減に目が向けられることになる。中期的計画を策定し、職員数の削減、転換、採用を計画的に進めているところが多い。予算1億円に対して、専任職員1人を目標数に設定し、削減すべきだと提起しているところもある。

　全体として少数精鋭化、業務合理化、ＩＴ化の推進、組織再編などにより職員数の抑制を追及している。組織の見直し、部課室の統合や事務の一元化、課の壁を低くするオフィス設置などにより、業務の統廃合がすすめられている。相互支援体制の強化、組織のスリム化、各学校と本部の管理部門の統廃合、事業の精選・重点化等によって、職員数を削減、あるいは減った職員数で新規業務に対応するなどの取り組みが強められている。また、管理職ポストの削減、統合、兼務の拡大、あるいは役職定年制を設け、管理者の削減を追求し、役職手当のカットも拡大している。

　また、職員の能力を高めるための研修も様々な取組みが行われている。人事考課制度の導入も最近再び増えており、一人一人の力量を高めることで業務の拡大と高度化に対応する努力が行われている。

　職員の場合は、雇用制度の多様化が、急速に進んでいる。派遣職員、嘱託職員、契約職員、臨時職員、特別任用職員など様々な呼称で制度が置かれている。

　アウトソーシング、業務委託も拡大し、パートタイムやアルバイトも多くなってきた。専任の退職を機にこれらの雇用に転換する大学が多く、短大などでは、退職職員の代わりに、持ちコマの少ない教員を兼務させるというような極端な例もある。

　専任職員を全く採用しない、または当面採用を停止しているところ、

採用に当たって試用期間を設け、力のあるものだけを専任に移行させているところもある。全般的に採用は厳選の方向にあり、採用試験も、テーマ論文を書かせたり、プレゼンテーションを行ったり、面接をいろんな角度から繰り返し行ったり、資質を判定する工夫が進んでいる。

学校法人出資の株式会社の活用も進んでいる。自大学設立の会社からの人材派遣を拡大したり、専任が担当すべき業務とそうでないものを切り分け、出資会社に業務委託するやり方などである。アウトソーシングの受け皿も出資会社とすることで資金の外部流出を防ぐとともに、委託職員の業務の質、業務レベルの向上も図っている。株式会社の活用は、清掃・ビル管理分野に始まり、物品購入、学生や教職員の保険代理業、学生アパートの紹介業務（不動産業務）、出版印刷業務、情報ネットワーク管理業務など様々な分野に広がりを見せている。法人設置会社は、効率的に運用、活用すれば人件費、経費の構造的な改善・節減に極めて有効性を持ち、また、新たな事業開拓や寄付等を通じて学園財政に貢献する可能性も大きい。

4．人件費抑制の方策、手法

人件費抑制の取り組み

現在、大学法人の給与支給基準は、国家公務員俸給表に基づくものが30.1％、法人独自の作成が51.1％、年俸制が7.8％、その他が11％となっている。

平成19年度実施した給与支給基準の見直しとしては、賞与支給率の引き下げが16％と最も多く、各種手当の引き下げが7.7％、本給の引き下げが4.3％、定期昇給の凍結が4.3％と続いている。変更なしは55.9％。

各法人が実施している人件費削減への取り組みとしては、派遣職員の雇用が61.9％、アルバイト・パートタイムの雇用が55.9％と多く、続いて新規採用の抑制が46.8％、事務効率化による人員削減が39.9％、賞与支給率の見直しが36.4％、給与・手当の見直しが31.6％、早期退職

の推進が20.9％の順となっている。（私学振興・共済事業団調査、2008年7月）

給与（本俸）抑制の事例

　2009年の人事院勧告では、国家公務員の給与、期末・勤勉手当て引き下げの完全実施が決定され、年収が平均で15万円ダウンすることとなった。これにより、ボーナスは過去最大、0.35カ月（7.8％）の削減となり、給与月額も0.22％引き下げられる。（読売新聞、09年8月26日）

　本俸の計画的減額、ベースダウンに取り組み、私学平均に下げる、公務員並みにするなどの取り組みが増えている。帰属収入に対する人件費比率の目標値を設定し、これを超えたら、超過分の人件費を、教職員全員一律にカットする厳しい仕組みを作り、実施している大学も出てきた。年功型給与から職能資格制度への移行、成果主義を加味した支給制度への移行も多くの大学で検討が進められ、また実施されている。

　持ちコマ、持ち時間の基準を設定し、基準以上担当できる教員は給与を満額（100％）支給し、それ以下の場合は、段階を設定して給与カットする仕組みを作ったところもある。また、教員の正規の勤務日、勤務時間を高く設定し、それに対応できない教員には、「教員就業規則特例規程」を制定し、7～8割の給与支給としているところもある。

　年金満額受給の65歳以上を対象にした基本給の引き下げも多い。特任教員給や嘱託教員給では、賞与や諸手当の廃止、給与の定額支給を減額し、担当コマに応じた支給に変更、非常勤講師給も定額払いから出講回数分の支払いに変更するなどしている。

定期昇給抑制の事例

　自動的に昇給する仕組みを変え、例えば昇給は業績評価、目標を設定しそれに対する成果で行う。定昇やベアを含む改善原資を、資格や業績評価で配分することで、頑張った人を相応しく処遇すると共に、抑制を行っているところもある。等級制による能力評価で賃金を決める給与制

度に移行したとか、能力主義の昇給制度と昇格・昇進制度の採用、評価の成績によって定昇を減ずるなど、人事評価を処遇と連動させて抑制を図っているところも多くなってきた。昇給停止年齢の引き下げ、一定年齢を過ぎると12カ月昇給を24カ月、36カ月とする、60歳からは、毎年本給を3号俸ずつ減じるなどもある。

賞与抑制の事例

収入の減少に対応して、まず賞与の支給率、支給額を下げるところが増えている。私学高等教育研究所の最近の調査でも、支給率1カ月減、単年度で10%、20%のダウンなどの回答が目立っている。独自支給方式から国家公務員レベル、人勧準拠で支給する方式に改め、またこれに段階的に移行しているところもある。

法人の業績に応じて賞与原資を毎年決定し、それに応じて支給月数を決めることで、収入に賞与を直接連動させるところも出てきた。業績は主には前年の入学生数、学生生徒納付金収入を基準とする。また、毎年の定員に対する入学者数の比率を支給率に掛けて支給する法人もあり、収入減に対応した賞与支給を行っている。

算定基礎額を変更する、例えば算定に含めていた扶養手当、調整手当、管理職手当等を外すところも多い。評価（査定）制度を導入する、例えば、勤務、業績評価による査定を行い、賞与5カ月分の支給のうち、査定分は1.5カ月分相当を充て実質的減額を図っている。

教育、研究、学生指導、勤務状況、授業評価等で勤務評定（人事考課）を行い、賞与に4段階の格差をつけて支給しているところ、評価（査定）基準を、担当授業時間、担当学生数、授業調査（評価）結果の3つで評価する所、基礎賞与と業績賞与に分け、50%を全員支給、残り50%を人事考課に基づく勤勉手当として支給するところなどがある。

その他、60歳以上の支給率を下げる。特任教員の賞与支給の廃止なども行われており、全体として厳しい財政状況の中で、まず賞与の削減から手をつけているところが多い。

諸手当抑制の事例

- 諸手当―家族手当、住宅手当等の全廃など手当の整理、見直し、削減。
- 通勤手当―1カ月定期から6カ月定期への変更。自動車通勤の場合、ガソリン代実費支給、自動車走行距離で支給など。長距離通勤者の最高支給額（上限）の引き下げ。
- 入試手当―入試手当の廃止、削減。原資を受験料収入の一定割合に設定し、受験生数に応じて支給。
- 超勤手当―超勤管理を厳しくし、事前申告の徹底。部門別に超勤時間の目標を設定し、その範囲しか認めない。ノー残業デーを増やす。時差出勤制度で超勤を減らす。時間外勤務は、原則出勤時間の調整で行う。フレックスタイム制採用、勤務時間の変更で超勤に対応。シフト勤務制で、サービスを落とさず超勤を抑制など。
- 超講手当―ノルマ増、超講手当支払い基準を引き上げて削減。
- 管理職手当―役職手当のカット（10％など）、役職を兼務する場合の兼務手当削減。
- 役員報酬の引き下げ、削減（10％〜30％）、退任慰労金、退職慰労金の廃止。

5．人事・処遇の一貫した政策

　以上、人件費削減の手法を、この数年の諸調査での多くの大学での実践を参考にしながら見てきた。収入が大幅に減少した経営にとっては、人件費の圧縮は避けがたく、削減にはその具体的な方法は不可欠だ。

　そして、その実施にあたっての手法の選択には教職員を、専任・非専任を問わずどのように処遇していくのか、法人全体の人事政策、処遇政策に基づく一貫した考え方が大切だ。それ無しにあれこれの策を多用すると、当然ほころびも出てきうる。人事に関する事柄は、いったん実施したら途中変更が困難だからだ。

　大学の直面する厳しさに伴う痛みは、まず専任教職員が共に背負う覚

悟が求められる。人件費の構造改革にとっては、人員計画や雇用制度の問題は決定的に重要だ。すぐには成果が出ない場合もあるが、中期的な見通しのもとに計画的に取り組めば大きな効果をもたらす。

　そして、最も肝心なのは、そのことによって何を実現するのか、法人、大学全体のミッション、戦略目標の明確な提起と共有だ。例え個々の人事施策には異論がある場合でも、大学の目指すもの、その存立の意義や評価の向上の大きな方向が基本的に理解、共有されていることが、こうした厳しい改革の断行を支える大本となる。

第4章　戦略経営を担う職員

第1節　新たな大学職員像を求めて

1．戦略経営の確立

　「大学の市場化」「競争と淘汰」政策の進展の中での、私学の最重要課題は、これと切り結び存立の基盤を固めること、目標を鮮明にした経営やガバナンスの確立であり、教育の特色化による社会的評価の向上である。私立大学の職員像は、まさにこの課題を担い、推進すること抜きには考えられない。

　第2章で紹介した私立大学協会付置私学高等教育研究所の研究チームの経営実態の調査分析から、厳しい時代環境の中では、マネジメントやガバナンスの質が大学改革の進度に直結することが明らかになった。

　訪問調査した大学の経営上の特徴を要約すると、

　第1に、ミッションに基づく戦略や目標が明示され、強みや伝統に特化した事業に資源を選択集中している。しかも、トップダウンだけではなく、現場からの適切なボトムアップを生かす、双方向のコミュニケーションが機能している。また、専門的な企画部門をおいて計画をリサーチ、立案している。

　第2に、こうした戦略を実行計画に落とし込み、教育計画や業務計画、予算編成に具体化する仕組みを持っている。計画から評価にいたるPDCAサイクルが、お題目ではなく学内運営に年間スケジュールとして実体化している。

　第3には、そうした戦略をトップ自らが直接構成員に語り掛け浸透を

図るとともに、各組織が政策を具体化し、障害や問題があればその解決に知恵を出し、責任分担や期限をはっきり定めて実践に取り組む組織運営に努力している。

そして第4にあげられるのは経営・教学の政策一致、事務局も含む全学協力体制の構築だ。

2．戦略遂行を担う職員

調査のまとめで特に強調した点に職員の役割と力量の向上がある。なぜ職員がこうした改革推進に中心的な役割を担いうるのか。

今日、戦略が現実課題の解決に有効性を持つためには、現場の実態から出発し、実際のデータや現実の問題点に立脚したものでなければならない。私大の職員は経営や教学の現場におり、学生と接し、大学の評価に繋がる高校や企業や地域との接点に立っている。外からのニーズ、要望あるいは批判がまず最初に来るのは、この現場にいる職員のところであり、学長や理事長ではない。この現場がどのような感度、問題意識を持って業務を遂行し、またそこからどんなレベルの提案が出て来るのか、ここに大学総体の改革水準が規定される。厳しい環境の中で改革を前進させようとする時、現場で教育・研究を支え、財政・経営を担い、学募や就職を推進する職員の、まさに開発力量が問われている。

日本福祉大学の創立50周年式典で、当時トヨタ社長だった張富士夫氏に「ものづくりは人づくり」のテーマで講演頂いた。トヨタが世界のトップ企業のひとつとして先進的な地位にいるのは、個々の技術や生産システムの優秀さではない。根源は、現場からカイゼンをし続けることの出来る「トヨタのDNA」進化能力の伝承、すなわち「人づくり」にあり、その育成システムが簡単には真似が出来ないということだ。

職員は、大学の全ての分掌業務の客観データを持っており、大学のあらゆる政策や計画は、こうしたデータや情報、経験の蓄積をベースに成り立っている。教員は、教育行政に一部は従事しているが、大学職員は

全員が大学運営を、業務を通して末端まで担っている。事業や計画の素案の立案、決定後の具体化や執行は、そのほとんどが職員の手を経ており、正確な現状分析や課題設定、適切な解決策の立案の総和で、大学全体が動くことになる。

　戦略とか中期計画とかひと括りで言っても、それは、分解すれば、教育支援、就職、学募、地域連携、財務など、ひとつひとつの分掌になってくる。この一つ一つが、他大学より一歩でも半歩でも進んだものになり、努力によって改善されない限り、政策全体の優位性は確保できない。つまり、個々の分掌の業務遂行レベルが全体政策の水準を決めることになる。

3．職員の「専門性」「プロフェッショナル」

　では改めて職員の専門性とは何か。この議論には、求められるのがスペシャリストかゼネラリストかという議論が付いて回る。職員のこれまでの処理型業務の反省から専門職化を追及する向きも多い。しかし、狭い専門家でも職員のプロとは言えないし、教学や経営を動かし得れば、ゼネラリストでも専門家だと呼びうる。要はプロフェッショナルな職員とは何かということだ。

　今日の職員業務は多くの分野に細分化し、専門化している。学術情報管理、教育事業やカリキュラム開発・情報教育推進、研究コーディネイトや知的財産管理、国際交流事業企画、就職支援やキャリアアドバイザー、学募広報政策、資産運用や財務管理、ビル管理や施設建設、学部申請許認可業務等上げればきりがない。では職員の専門性の向上は、こうした専門職への特化や資格取得によって実現できるかというとそうでもない。

　今日求められる戦略推進を担う職員像を成り立たせるためには、まず共通する基礎的な能力が必要だ。それはコミュニケーション力や文章力、プレゼンテーション力であり、調整力や交渉力、対人支援力、調査・分

析力、論理思考力、そして政策提言力や事業統治力であるといえる。この上に、高等教育の歴史や制度、法体系の知識等大学固有の基礎知識が必要だ。さらに、当該大学のミッションや戦略、教育研究の概要、財政や人事の知識等大学個別の知識が求められる。最近急速に進む戦略思考を支えるツール、SWOT分析、マーケティング、ベンチマーク、戦略プランニング、さらにはカウンセリングやアドバイザー等の学習も必要かもしれない。

　自分の足場である業務の専門力量にこうした基本的力が加わって、客観的視野で自らの業務の位置づけができ、大学全体のあるいは各部課室の目標実現を担えなければ、専門家とは言えない。つまり、専門分野の知識や経験がゼネラリスト的視野と結合し、ミッションの前進に結びつく事業や教育の企画、改革、推進が出来たとき、初めて大学職員としての専門性が身につき、プロフェッショナルへ一歩前進できたといえる。

4．アドミニストレーターへの飛躍

　しかし、大学アドミニストレーターとは、たとえ高度なものであっても、作られた政策や方針に基づく業務遂行だけでは成立しない。現場の状況を分析し、他大学を調査・研究し、その中から先駆的に取り組むべき課題を明らかにし、解決策や実施のための事業計画を立案し、機関決定に持ち込み、予算をつけ実践し評価する、この一連のサイクルをマネジメントし、新たに開発することが求められる。どんなに専門的な仕事でも、定められた方針、指示された枠組みでやる業務には限界がある。例え限定された分野であっても政策作りに参画し、また方針を豊かに具体化し、現場から大学を作り上げる一翼を担うところにアドミニストレーターの本質がある。

　これを我々の職場では、「戦略創造型事務局」「事業経営型職員」とスローガン化してきた。大学には膨大な処理的業務、ルーチン業務が存在する。これなしには大学は存立し得ないが、専任業務は、こうした現場

の業務やデータをベースにした問題発見や解決策提案に重点を置き、大学の掲げる目標を前進させねばならない。しかし、この開発するという仕事は、前例がなく、すぐにアイディアが出てくるものでもなく、勉強もいるし、調査も必要となる。正解の保証はなく、常にリスクが伴い、また、改革には抵抗勢力が付き物で、これを説得して決定に持ち込まねばならない。しかし、ここにこそ専任、常勤の職員の本当の役割がある。事務処理からの脱却、業務目的そのものの達成（創造）へのシフト、教育事務から教育作りへの参画が求められている。筑波大学の吉武博通氏はこれを、ルーティン（Routine）―ソリューション（Solution）―マネジメント（Management）への能力の進化と表した。本学ではこれを「教育研究目的達成のための事務」＝「業務の政策化」として長年取り組んできた。そして、この事務の目標から教育研究目標への転換は、単なる事務業務の変化ではなく飛躍がいる。受動的業務遂行の意識から根本的に脱却し、大学作りへ主体的に責任を持って参画する意思が求められる。

　孫福弘氏が「『戦略的に仕事をする』というアプローチによって、初めてミッションの達成も、業務の卓越性も獲得できる」と言ったのはまさにこの指摘である。専門性を持った職員からアドミニストレーターへの飛躍が求められている。

5．教学、経営職員に求められる力

　では、具体的にはどのような仕事が求められているのか。

　例えば、教学分野では全入時代の中、多様な学生を育成するための教育の充実は焦眉の課題である。それは正課授業のみならず、入学前教育からキャリア教育、資格教育、情報教育やeラーニング、実習やインターンシップ教育、国際交流、学習支援や各種相談業務など多岐にわたる。そして職員はこれら正課外教育体系を中心とする業務を企画段階から担っており、職員の教育マネジメントなしに成り立たない教育分野は急速に拡大している。これまでの教育条件整備的の仕事から、学生の成長に入

学から卒業まで直接責任を負い、教員任せでなく「エンロールメントマネジメント」としてトータルに学習支援するという姿勢なしに、真の学生満足度の向上や学生の成長は望めない。教育の事務処理から、教育を担い教育を作るスタンスへの転換が求められている。

　研究領域においても同様に、研究を企業・自治体や社会のニーズと繋ぎ、地域と連携して進めることが、大学の社会貢献を作り、また研究の活性化を促す。研究資源を把握し、外部ニーズと結びつける「研究プロデューサー」とも呼ぶべき職員業務、COEをはじめ外部資金を獲得するための研究計画の策定支援や研究チーム編成、知的財産管理などの新たな力が求められる。これらを基盤に進められる社会連携事業の企画推進業務は、地域に存立する大学の存在意義を示すものとなっている。

　困難さが増す経営の分野ではもちろん中心的な役割を担う。例えば、財務の基本業務は、出納・予算・決算・資産管理などだが、財務の本質は収入と支出の制御、有効な投資と効果を検証し、大学目標の達成を財政面から推進することにある。そのためには事業別・学部別収支分析、財政指標の設定とシミュレーション、予算投下の優先順位判断、さらには補助金獲得政策、経費削減計画など実務型から財務分析・政策型への進化が求められる。

　総務・人事においても、人事計画・処遇政策・業務改革・施設計画など経営を支える戦略プランニングに軸足を移していかねばならない。

　学生募集は、大学の盛衰に係わる最も中心的な市場に接している。厳しい学募状況を打破するためには、徹底した現状分析に基づく、学募事業・入試制度・広報活動の革新が不可欠だ。あわせて重要なのが、高校生ニーズの変化、高校の大学評価、競合他校の改革や強み、売りは何か等、市場の評価や競合関係とその対応策の学内機関への発信だ。営業部隊の中心任務の一つはここにあり、市場評価・ニーズに基づく大学の特色化のための改革提起こそ学募の根源といえる。

　人事採用担当と面談し、企業評価に日々直面する就職業務もこの点まったく同じである。

6．力量形成のためのシステム

　こうした能力を形成するためには、学内で新任研修から年代別研修、管理者研修の体系的な実施、外部セミナーへの派遣とフィードバック、全国に設置された大学院への入学などは大変有効だ。しかし、大切なのはSDをそれだけに解消しては駄目だと言う点だ。危機の時代に直面する厳しい現実課題の解決を通してこそ、実践的な政策・開発力量を育てることができる。今、改めてOJTの再構築、さらに進んだ**OJD**、すなわち名城大学大学院大学・学校づくり研究科などで定式化されつつあるオンザ・ジョブ・ディベロップメントをベースとした人事評価・育成制度の構築が求められている。

　業務提案を決定に持ち込み、事業実施をマネジメントする、この政策目標の達成行動そのものの過程に、調査・分析・研修計画を組み込み、開発と統治の力量を持続的に評価し、育成するシステムがいる。これが、高い業務目標をを掲げチャレンジする中で力をつけるOJTだ。そのためには、大学の戦略課題に連動した業務課題の設定と遂行、すなわち業務を処理型から政策型に作り変えることが欠かせない。「目標管理制度」とも言いうるこのシステムは、専任職員のコア業務へのシフト、開発・企画と統治・マネジメントへの力の集中を求めるが、これこそが今日、プロフェッショナルとしての職員に求められる業務である。本学では重点事業課題に基づき150件を超える企画事業書を現場から立案し、この業務計画のプロジェクトによる遂行を研修、評価と結合するによって力量形成を図っている。これに更に採用方針から計画的異動、考課制度、管理者選抜などトータルな育成型人事政策が不可欠である。

　もうひとつ重要な点に職員の管理運営への参画問題がある。職員の位置づけや役割の重要性の提起から、経営組織や大学機構への職員参加のあるべき姿、そこでのポストや権限などの具体策が欠かせない。「車の両輪」論を学内機構に実体化する取り組みなしに、職員の主体性の確立、

急速な力量形成、真の教職協働は難しい。特に戦略遂行にとって重要なのは政策決定機関（過程）への職員の正式参加だ。そのためには、経営体制の刷新や教学との政策統合機関の確立と合わせ、理事や副学長を始め幹部スタッフへの職員の任命も大切だ。教職協働から教職幹部の一体的業務遂行への進化なしには、教職の壁を越えた行政管理専門職としての大学アドミニストレーターの実現は不可能だ。

7．持続改革を担うチェンジリーダー

　最後に強調したいのは、多少繰り返しになるが、これらの課題の推進を実際に担う現場責任者、リーダーである管理者論だ。チームで仕事をする職員にとって管理者の役割や力量は決定的だ。元気な企業は、中堅層、課長補佐クラスが会社を動かす原動力になっており、このミドルアップ・ダウンのシステム、現場の実態やニーズを熟知したミドル層が、自立的な動きで経営事業の立案に関与し、市場評価を勝ち取っている。トヨタでは、部下の仕事のチェックばかりの「赤エンピツ」型ではなく、「黒エンピツ」を離さない実践型の管理者育成を重視してきた。ところが大学管理者は調整型、実務チェック型のスタイルもまだ少なくない。管理者は業務（現場）と戦略の結び目におり、その自覚や資質が事業の成否に大きな影響を持つ。現場からの発信に基礎をおく大学運営の構築こそが、大学の革新性を保持し、持続的な大学改革を保障するが、これを担うのが管理者だ。年功型の打破、実力主義に基づく管理職人事の刷新や若手幹部の登用、管理業務の水準の向上は、多くの組織改革の中でも最重要課題のひとつである。戦略に確信を持ち、その実現の先頭に立つのは、紛れもなくこの最前線で指揮を取る管理者集団以外にないからだ。

　戦略を現場の言葉で語り、課員を組織し、第一線から課題を構築し事業を構想する、この敏感な市場への対応と不断の事業革新こそ、チェンジリーダーたる管理者の今日の役割に他ならない。管理者集団のアドミ

ニストレーターへの進化こそが、困難な大学改革の実践的推進を支える。

第2節　職員の開発力量をいかに養成するか

　大学をめぐる環境が厳しさを増す中で、学生満足度を向上させるための仕掛けをどう作るか、入学者確保のためにどんな企画が必要か、収支を安定させるための投資と削減の施策など、大学の進路をめぐる現場レベルでの提案力、開発力量が問われている。大学危機の深化は、専門性の強化、執行機能のレベルアップと共に、競争を勝ち抜く改革を担う開発力育成へのシフトを求めている。職員の役割への期待の高まりや職務の高度化に対応し、職員育成制度も従来型からの転換を迫られている。直面する危機を打開するためには、各分野の現場で厳しい事態に直面し、ニーズや要望また批判を受けながら苦闘している職員の、開発と統治の力量の向上が不可欠だ。

　重点政策目標の確立とその遂行計画の明確化、すなわち戦略型の経営確立のためにも、各分野で実際にその業務を担っている職員の力量の向上が求められる。職員の専門力量を高めるための育成システムは、この間急速に整備されてきた。しかし、もっとも肝心な大学の戦略遂行を担う開発力量、すなわち、現状を調査・分析、ベンチマークし、政策に取りまとめ、提案、決定後はその遂行マネジメントを行うという点では、まだ十分とは言えない。今日までの職員育成システムの到達点と課題を整理しながら、今日求められる新たな職員像、開発型の職員人材とその養成のための諸課題を整理するとともに、日本福祉大学の人事制度改革の取り組み、戦略遂行を開発力量の向上に結びつける新たな試みについても紹介したい。

1．今日までの職員育成の取組み

1) 各種の研修制度、大学院の役割

学内研修制度の体系的実施

　職員の力量向上のために、学内において研修体系を整備し、新人教育から管理者まで一貫した育成を図ろうとする取り組みは強まっている。代表的なものに階層別研修があり、職員を業務遂行能力別あるいは年代別に分け、ふさわしいテーマと方法で育成を図るやり方である。どの大学でも取り組んでいる新任研修から、30歳くらいまでを対象とした若手職員研修、40歳くらいまでの中堅職員研修、50代を中心とした管理職研修、さらには全職員共通テーマによる全体研修などがある。またそれらを補完する特定の業務テーマに即した課題（部門）別研修、各種の通信講座での学習を奨励する通信研修、一定期間の海外研修、資格取得等を支援するスキルアップ研修、自己啓発への支援制度など様々な取り組みが行われている。これらの研修が職員の基礎的力量の向上に役割を果たしていることは間違いない。

　ただ、中小規模の大学だとどこまで体系的な整備ができるか限界もあり、また講演を聴いて知識を学ぶやり方を毎年繰り返すだけで身に付いたものとなるかなど問題点もある。これを改善するため、研修を踏まえた現場からの報告や経験交流、さらには進んだ改革の取り組みを報告、事例研究することや実践的なトレーニングを行ったりするなどの工夫がなされている。つまり、こうした研修や知識も最終的には現場の業務に実際的に適用し、その改善に使うところまで具体化すること無しには生きたものにならない。

外部セミナー等への派遣

　内部での養成だけでは限界があることから、外部研修や各種セミナー

への派遣も拡大しており、またそうしたニーズから研修のメニューも増加している。私大協会や私大連盟を始め各大学団体が主催する多様な研修会、大学関連の民間研修機関や高等教育関係誌等が主催するセミナー、大学行政管理学会をはじめとする大学関連の研究組織等が主催する研究会やセミナー等、その数は膨大なものに上る。学内研修と合わせて、これらをうまく活用し、最新の知識や考え方、ノウハウを学習することは大変意義がある。

　しかしこれも、単に知識として学ぶだけでは力量形成に結びつかない。いくつかの大学では、研修報告の形で学んだことを文章にまとめ、学内で発表の機会を作って普及を図り、より身に付いたものとするための取り組みを行っている。学んだことを基本に、その視点から見れば自らの大学はどこに問題があり、解決を迫られている課題は何で、そのためには何をすればよいか、という所まで分析・提案できれば生きたものとなる。その過程で自らの頭で考え、問題発見、問題解決できる力も付いてくる。つまり現場の直面する課題に接合させる仕組みが介在しなければ、せっかくの研修も役に立たないということだ。

職員対象の大学院への入学
　大学院での職員育成の専門的な教育課程もここ数年で急速に整備されてきた。日本で最初に大学アドミニストレーション専攻を立ち上げ、通信教育課程も置いて全国展開する桜美林大学大学院は、2008年より大学アドミニストレーション研究科として改組され新たなスタートを切った。通信教育課程は入学定員も多く、全国どこでも学べる点で現場職員の本格的な育成機関といえる。その他にも名城大学大学院・大学・学校づくり研究科、東京大学大学院・教育学研究科・大学経営・政策コース、さらには広島大学、筑波大学、名古屋大学、立命館大学などで様々な教育コースが設定されている。

　これらの大学院で学ぶことは、大学の歴史、法制度、高等教育体系や教育制度、経営・管理システムやマネジメント手法などを、集中して体

系的に、しかもその分野の専門的な研究者から講義を受けられる点に意義がある。実務家教員から実践に即した講義も聞け、かつ現実のテーマや手法に基づいたトレーニングや調査分析の訓練も受けられる点で、総合的な力量を養成するカリキュラムとなっている。

　筆者自身も、桜美林大学大学院で「大学職員論」「大学経営管理論」を担当している経験から言うと、レポートテーマは自らの大学を素材に現状分析させ、その改革方針を考え出し、取りまとめる内容としており、否が応でも理論と実践を結び付けざるを得ない。ちなみに桜美林大学の科目体系を見ても、高等教育論（馬越徹）、高等教育・大学教育史（舘昭）、高等教育政策論（山本眞一）、高等教育組織論（土橋信男）、大学教授の国際比較（有本章）、継続教育論（山田礼子）、大学財政論（羽田貴史）、私立大学経営環境論（西井泰彦）、大学評価論（早田幸政）など、その分野で日本の第一線にいる研究者による講義が配置されている。一方、学校法人会計、大学マーケティング戦略論、学費政策論、学生相談研究、キャリア開発支援論、学生募集戦略論、法的リスクマネジメント、私が担当する大学職員論、大学経営管理論などの実践的科目が、現場で実務を担当している（していた）実践家教員により講義される。

　東京大学の金子元久教授は、同大大学院の大学経営・政策コースの発足に当って「こうしたコースでは大学の組織や財務経営などに関する理論的な学習が必要なことは言うまでもないが、…重要なのは大学での具体的問題についてのデータを分析し、目標を立ててその達成の手順、戦略を立てる、またそれを学内に説得していく、という能力を形成していくこと」（日経、2004年12月4日付）と述べ、そうした実践的教育方法に工夫がいることを指摘した。こうした現場での業務課題に即して、分析力、政策立案能力、マネジメント力をいかに養成するかという点は、多くの大学院で共通する課題でもある。

　その上で、大学院を卒業した職員が、それに相応しいポストや分野の仕事を与えられ、力を活かせているかというと心許ない。私の経験から言うと、入学者の中で、大学から派遣され授業料も援助されている者が

2-3割は居るものの、多くは職場の支援が無く、さらには職場に内緒で学んでいる学生も多いのが現実だ。大学院修了者が、大学の改革や発展に力を発揮するにふさわしい現場に配置され、それを通して学んだ理論を実践に結びつけることが望まれる。

「3つのリテラシー」の修得

　寺﨑昌男氏が、「大学人、特に職員の基礎知識を考える」と題して「大学リテラシー試論」を、『教育学術新聞』に3回にわたって連載された。(2008年3月5日、12日、26日) 事務員から職員へ飛躍しようとする時、とりわけ大学全体を視野に将来方向を考えられる人材になるためには、この大学リテラシーが不可欠だとして以下の3つの柱を提起した。その内容は、(1) 大学という組織・制度への知識と認識、(2) 自校への認識とアイデンティティの確認と共有、(3) 大学・高等教育政策への認識と洞察だ。いずれも職員が大学改革について何らかの提案をしようとする時、狭い分掌の現実からだけでなく、広い視野から問題を捉える上で基本となる素養だ。また、解決方策を決定に持ち込む上でも、部分最適ではなく大学全体を見据えた全体最適の視点が大切で、こうした提起ができる力をつくるためにも重要である。これらは「基礎知識」といわれている通り、大学人としての職員が共通して身に付けるべきもので、前述の学内研修体系に組み込むとか、大学院に入学すればさらに体系的に学ぶことができる。特に (2) の自校認識は、それぞれの大学で折に触れ意識的に教育プログラムに組み込むべき重要な柱である。この3点とも日々変化する内容を含んでおり、一度学んだらそれで良いというものではなく、仕事の高度化に従って学ぶべき内容もまた高度化する。その点では学習を続けることのできる職員を作り出すことが大切だとも言える。そして、これらの知識も処理型の業務から使命感を持って大学の政策・運営へ関与し、開発型業務に転換しようとする時、初めて切実な必要性を持ってくる。その点では職員業務の高度化と一体の関係にある。

2) 職能資格制度の意義と課題

職能資格制度の概要

　現在、年功序列型人事制度を脱却しようとしている大学の多くが採用しているのが、職能資格制度を核とする人事制度である。職能資格制度は、個人の職務遂行能力に着目し、何段階かの職能資格を設定し、それぞれに必要な職能要件を定め、人事評価による到達度によって昇格を決める育成型の制度である。従って、通常この制度には、人事考課制度、研修制度、目標管理制度、給与制度などが連結して設計され、トータルな人事制度として機能することで職員の能力開発に役割を果たしてきた。こうした制度は、企業では8割を超えて導入されているが、大学法人でのきちんとした評価制度の実施はまだ少ない。年功型を脱却し、これまでの働き方を改革し、評価を通して能力を高めようとする意欲的な取り組みであり、それまでの、頑張ってもサボっても処遇や評価は変わらない仕組みからの大きな転換といえる。

職能資格制度の意義

　その意義は、①それまでは例年の流れにそって、または上司の指示でその時々の課題をこなしていた業務から、業務目標や業務計画を立案し目に見える形で示すことが求められ、事務局全体でも誰がどんな業務に取り組んでいるかが明らかとなること。

　②掲げた業務目標や持っている能力のレベルが評価され、どこに問題点や改善すべき点があるかが掴めるようになること。評価なくして人の成長はありえず、仕事の結果が評価されるということ、評価文化定着の意義は何よりも大きいといえる。また、努力する者が報われるという当たり前のことが組織全体に浸透する点で職場風土改革への影響は大きい。

　③業務目標を立てるためには、必ず課室や全体の方針がどうなっているか確認し、理解しようとする。そして、それとの関係で自分の分掌では何をしなければならないかを考える。全体政策と自らの業務課題の連

結を促進するとともに、自らの業務を見つめ直し、また改善方策を考える絶好の機会となる。

④上司とのコミュニケーションの強化、活性化という点でも大きな効用がある。同じ課室で仕事をしていても、業務を巡って部下と真剣に議論することは意外と少ない。職能資格制度は、システムの中にこうした面談を目標設定時、中間点、評価結果報告時等、年何回か制度化し、全ての管理者に部下と真剣に向き合うことを求める。また、部下育成の課題を管理者の重要な仕事として位置づけることとなる。これまで管理者は、業務遂行の指導には熱心でも、課員の育成を系統的に行うという点では不十分な場合が多かった。

⑤職能資格制度は、事務局全体の人事システムを目に見える形にし、また制度化・体系化する。導入に当たっては業務分析や客観化が不可欠なことから、業務全体を見直し、改善を進める上でも効力がある。また、人事異動や昇格に当たって客観的な根拠を提供し、管理職への登用なども、年功による順送りでなく、実力に基づく客観的な基準を明示することが可能となる。

⑥この制度自体が、育成的要素、つまり、常に上の資格基準を目指して努力するシステムとなっているが、さらに研修制度と結びつくことで、評価で明らかとなった改善点を研修テーマと結びつけ系統的に育成することができる。制度運営上不可欠な評価者訓練に合わせて、管理者研修を組むこともできる。そして、何と言ってもこうした制度を作り職員全体の成長を図るという組織全体の前向きな取り組みや変革の姿勢が重要だと思われる。

職能資格制度の課題

しかし、開発力量の育成という視点から見ると、制度としての課題や弱点もある。

職能資格制度を作る上では、基礎的作業として職務調査が求められ、事務局の全ての課業に対してその内容、達成目標、重要度、遂行上の困

難度、また発生頻度や処理時間などを分析・評価し「課業一覧」を作成するところからスタートするのが一般的だ。そして、それをベースに職能資格を決め、職能用件を業務分野ごとに設定しなくてはならない。こうしたシステム作りは業務改善には有効だが、ある程度の複雑さと煩雑さを伴う。また一旦作ると基準として固定化し、変化に対応しづらい、あるいは対応しようとすると頻繁な改定が求められる。変化の激しい今日の大学業務、そして、むしろ新規事業の創造にこそ力を入れるべき環境からするとそぐわない面も出てくる。

　それと、評価基準がある程度具体的に定まっている分、その基準に基づき「評価する」という面が重視され、評価優先で育成や業務の高度化が二の次にされるという傾向も生みやすい。業務をいろんな要素や能力に分解して評価していくため、業務全体の質やレベル、プロセスをトータルに評価する点では難しさがある。難しい課題にチャレンジした場合も、処理的業務の評価も同レベルで見てしまうということにもなりかねない。また大学目標との連結も、課題設定で努力はしても、システムとして結合させることは難しい。

　そして何よりもあくまで個人の力量形成のための個人の評価が中心だという点だ。これからの戦略上重要なテーマは、チームやプロジェクトによって担われる課題が大半であり、しかも縦割りの課室レベルより、課を超えた横断的な取り組みで初めて解決策を導き出せるテーマが急速に拡大している。これらの諸点では難点を持っている。

3）立命館の政策立案演習による育成

大学行政研究・研修センターの目指すもの

　立命館大学の大学行政研究・研修センターは、高度な専門的力量を持った職員（アドミニストレーター）の育成、大学行政学という学問領域の開発を目的とした大学院レベルの研修センターとして2005年に設立された。従来の体系的知識を学ぶことを中軸とした大学院と異なる点は、

政策立案演習を中核に据え、実践的な政策立案能力の徹底的な育成を図ろうとする点にある。

新しい職員のあるべき姿は、大学アドミニストレーターとか職員のプロフェッショナル化と総称されている。その機能は、経営の戦略や方針を実際の仕事や業務に創造的に具体化し、成果を作り出す上からの流れと、現場から問題を発見し、課題化し、経営に提起していく下からの流れの二つの側面がある。この双方を担える人材、すなわち①問題の発見と課題の特定、②政策の立案・提起、③成果の創造、この力量に特化した育成を目指している。もちろん講義も行われ、寺﨑氏提起の３つのリテラシーの柱にある大学をめぐる最新の状況や知識と合わせ、自校教育、すなわち立命館の戦略やその実践の到達点を現場の幹部が講義し学習することを最重視している。

政策立案演習による開発力の育成

これらの成果は、職員による大学行政政策論集として２冊の本にまとめられ出版されている。『政策立案の「技法」』（伊藤昇編著）と『もうひとつの教養教育』（近森節子編著、ともに東信堂）に収録された17名の、政策立案演習の成果としての政策は、いずれもレベルが高く、大学改革を一歩前進させる革新性と実践性を持ったものと評価できる。「教育力強化の取り組みの新たな仕組みづくり」「学生の海外派遣促進政策」「教員評価制度を通じたシラバス改善提言」「学生活動の効果検証」「施設管理運営の高度化施策」「ブランド価値発信政策の研究」「ハイブリッド型教養教育の創設」「高校生からの転換教育プログラムの開発」「キャリア教育科目に見る教職協働と産学連携」「課外活動の教育的役割の検証」「図書館における教育プログラムの開発」などなど多彩なテーマを扱っているが、特に現状の深い分析から出発した教育そのものへの政策提言が多い。

これらは個人論文だが、取りまとめには直属の上司も深く係わっており、すぐに実践に移しうる内容とレベルを備えている。体系的な講義を

基礎に、実際の課室データを駆使して、また学内外の調査を経てまとめ上げられる政策の数々はプロとしての職員のレベルに十分到達しているばかりか、その過程で習得される企画・開発力量は大変大きなものがある。

　伊藤昇氏はこれらを、政策立案の「技法」として整理しているが、「具体の問題を、具体に解明し、具体に（政策的に）解決する」（具体3原則）をキャッチフレーズにしている通り、現場からの課題解決を開発力養成の根幹に据えている点が優れている。目標を達成しようと問題意識を持って現実を分析すれば、そこにはいくつかの問題群が見えてくる。その中から問題を絞り込み、解決するキーとなる事実の特定、問題の本質をえぐりだし、問題の仕組み（構造）を明らかにし、それを潰す、解決する。あるべき姿を描き、それと現実とのギャップを埋める具体の計画、政策を策定する。このようにして全体として「目標-成果」検証の業務サイクルを作り出すことを提起している。

　職員の現場からの政策立案のプロセスをモデル的に提示し、その技法を解明しようとする試みは、職員のプロ（アドミニストレーター）としての仕事、力量、役割を確固としたものとする上で極めて先駆的で意義がある。しかしこれらは、幹部職員養成プログラムと銘打たれているように、高いレベルの素養と一定の経験を積んだ幹部職員層を対象とした育成システムであり、ましてや、こうした研修センターを一般の大学が付置機関として持つことなどできない。こうした開発型の育成方法を、これほど大掛かりなものでないにせよ、それぞれの大学の人事制度の中に如何に取り込むことができるかが、開発力を育成する上で考えるべき重要な点である。

２．各大学の人事考課制度の到達と改善の取組み

1) 各大学人事考課制度の事例

ここでは、職員育成制度の中核である各大学の人事考課制度の概要や特徴点を取りまとめ、その共通の改善の取組みを明らかにしながら、力量向上につながる制度改革の方向を整理したい。とりわけ、開発力量を高めるシステム構築の視点から、新たな役割を求められている職員育成のあり方、方向性を考えてみたい。

　では実際に、大学で人事考課・育成制度を運用している7つの大学の人事考課制度のポイントをご覧いただく。事例として紹介するのは、いづれも『私学経営』誌に掲載（巻末「参考文献」参照）された考課制度を持つ大学、淑徳大学、関西学院大学、兵庫大学、広島修道大学、名古屋女子大学、大谷大学、西南学院大学である。

■事例1　考課制度の先駆的導入 ── 淑徳大学
考課制度の意義の浸透

　最初の事例として、私立大学に人事考課制度を古くから先駆的に導入してきた2つの大学を紹介したい。まず1991年から制度の導入を検討し始め、実施した淑徳大学のケースである。

　当時、大学における考課制度導入は一般的ではなかったことから、まず、その必要性や目的の説明、浸透に努力が必要だった。職員は長い間競争のない職場で、教員の指示の下で動く習慣で育ってきた関係で、どうしても指示待ち、受身のスタイルが染み付いている。しかし、今は新たな発想による改革・改善が必要で、その推進力として職員の力の発揮、そのための能力向上、目標達成に貢献する仕事の成果が求められている。したがって、年功序列のぬるま湯的職場からの脱却の重要な施策のひとつとして、能力開発を促す人事制度の導入が効果的である。

　考課制度は大半の企業で導入されているが、その経験が乏しい大学職場では、考課は人格を評価するんだとか、人間の価値に順番を付ける事だなどとして導入反対を唱える人もいる。しかし、考課の目的は、到達力量や業務の達成を適切に評価、処遇し、業績や能力を向上させることにあり、これによって職員の働き甲斐を高め、職場を活性化させ、成長

を図る仕組みだ。主な評価制度には、目標・課題の達成度を基準とする「目標管理制度」、仕事や職務の大きさ、重さ、難しさを基準とする「職務等級制度」、職務遂行能力の高さ、有りようを基準とする「職能資格制度」、簡単な等級定義を定め、後は自由な判断を加え運用する「資格等級制度」などがある。それらの特質を吟味した上で、能力開発の動機付けを重視する「職能資格制度」を導入した。

導入による職場風土の変化

当時、人事管理は、いくつかの規定があるくらいで基本理念はなく、体系化もされておらず、人事異動や研修も場当たり的、恣意的であった。人事制度をまずトータルに設計することで、誰にでも理解されかつ効果を上げるものにすべく、職能資格制度を中心に人事考課制度、給与制度、異動配置制度、教育訓練制度を一貫した流れで設計した。職能資格基準は考課の物差しに当たるので、企画立案力とか折衝調整力とか、実際に求められる能力を考課要素として定めた。評価の着眼点を作成するに当たり、職員全員に職能調査を実施し、それを集約し職能ごとに整理することで、職場や仕事に合致した着眼点となり、納得性や実効性を高めた。人事考課は職能考課と業績考課で構成されるが、職能考課は、直属の上司を含む管理職3名による合議考課で行った。これも他部署の管理者が加わることで客観性が保たれ、被考課者に納得性や安心感を与える制度として工夫されたものだといえる。

また、これまで場当たり的に行われていた人事異動も、職務経験を系統的に積むことで能力開発の機会の拡大につながるように改善し、定期異動と複数職務経験制度、自己申告制度を定めた。

複数職務経験制度（ジョブローテーション）とは、一定期間において計画的に複数の職場を経験させ、職能開発、適性発見、適職配置を進める制度である。異動は五年を目安に早ければ3年、遅くとも7～8年を基準とした。自己申告制度は、個人の希望や家庭の事情を公式に表明できる制度として利用した。給与制度も、考課によって定期昇給額に少しず

つ差がつく仕組みで、夏季期末手当にも業績考課を反映させる仕組みとし、実際上下に15％ほどの差がつけられている。

　制度の内容は解説書にまとめ、繰り返し説明会や研修会を開催して浸透させた。被考課者にとっては、職能資格基準書に基づき自分の業務レベルが把握できるようになり、またフィードバック面接における評価説明や重点目標提示で課題設定が明確化してきた。管理者も自分の職務のひとつに部下育成の役割があるとの自覚が高まってきた。評価によって昇格、昇進を決めることで年齢や勤続年数に拘らない考え方が職場全体に広まってきた。人事異動も以前は必ず抵抗があったが、複数職務経験制度の定着と共に、当然一定年数が経てば異動の時期が来ることが当たり前になるなど、職場風土が大きく変わってきた点で制度の効果は大きかったと言える。

■事例2　職員の成長を支援する制度 ── 関西学院大学

段階的な導入

　関西学院大学も早くから人事制度改革に先進的に取り組んできた。1981年に自己申告制度を始め、職員管理者面談制度（1984年）、人事考課制度、職能資格制度（1987年）、職員研修体系の実施（1988年）、給与体系の資格・号俸制度への移行（1989年）と年次的に改革を進めてきた。人材育成を基本に適材適所の配置、職務意欲や業務効率の向上、評価による公正な人事処遇等により長期的な視点から一貫して少数精鋭主義を目指してきた。

　自己申告制度では、部下に①自己の能力とその開発、②職務と適性、③職場運営、業務改善の3点について申告書を提出してもらった上で、上司と面談する。上司が部下に何を期待し、また部下は何を求めているか、相互理解を深めると共に、職務と適正の一致の促進を狙った。人事考課制度は、基本に従って職務遂行能力、業務成績、勤務態度の三要素で評価するが、評価を単に給与に反映させ、一人ひとりに差をつけるのが目的ではない。職員の長所・短所を把握した上で、各人の能力開発を

行うことを重視しているため、自己評価とフィードバック面接を行っている。職員自らが自己の課題を自覚的に、正しく認識すると共に、直接の対話を通しての上司の評価、指導、援助を大切にしている。

管理者業務・人事管理報告書を軸に

その上で、管理職全員と総務部長の面談を実施している。これは人事考課制度の中心的担い手は管理者であるという認識の下、この資質向上を目指して1984年から行っている。管理者には、管理者業務・人事管理報告書の提出を求めている。課員との面談の状況や育成の取組み、課全体や個人として掲げた目標の成果を振り返り問題点を記載するもので、これを基にした面談を通して、今後の業務目標や業務改善につなげようとしている。

報告書には、まず3つの主要な業務目標を記載し、その目標達成課程における自己の取り組みと課員への指導内容を記載し、最終的に達成結果と評価、次年度課題を記載する。また人事管理の項は、職場全体の管理運営と課員の能力育成に分かれ、それぞれに特に注意を払った点、その結果（成果）、次年度方針を記載するようになっている。これらの制度で、管理職の職場管理能力を高めると共に、管理者が率先垂範実行する風土の醸成を目指している。

■事例3　個人評価から組織目標達成評価へ —— 兵庫大学

スムーズな導入と問題点の表出

兵庫大学の人事考課制度は、1995年の大学設置と同時にスタートする。職能資格制度を中核に、情意考課、能力考課を行う基本形を保持した制度である。ただし、導入にあたっては、制度の理解と浸透を最優先する考え方から、構成員が咀嚼できる時間を確保するため、十分な時間をかけ段階的に実施した。

すなわち、導入時、考課は夏季賞与に反映させたが、プラス評価のみでスタートし、評価にある程度慣れてからマイナス考課を導入した。評

価制度も絶対評価とし、直属の上司が行う第一次考課、さらに上級管理者を交えて考課の平準化を図る二次考課、トップによる三次考課と丁寧な評価を行った。その後も改善を進め、評価する側の信頼性を確保するため管理職評価制度を導入した。これは部下からの評価、同職位者による相互評価を含んだ先進的なものだった。さらに考課の前提として、被考課者の自己点検・評価制度を取り入れ、より自覚的な評価になるよう工夫した。

　スムーズな滑り出しをした制度だが、10年近く経った2004年頃から現行制度の問題点について意見や改善要望が噴出するようになった。制度のマンネリ化によって職員のモチベーションが高まらなくなったという点だが、評価制度で重要な妥当性、信頼性、客観性、納得性、公平性が、運用面で必ずしも担保されていないという意見である。

　例えば、人事考課調整会議でも他部署の職員の業務把握が不十分で適正な評価にならないとか、構成員の力関係で考課が左右される、考課者と被考課者のコミュニケーション不足などが指摘された。しかし根本には、人事考課は、誰のため、何のためにやるのかという問題があり、職員個人の活性化や育成だけで良いのか、という問題があった。

従来型に目標管理を加味

　やはり、職員一人ひとりの活性化が組織の活性化につながらなければ、単なる人物評価に終わってしまう。最終的には、組織の成果、大学の目指す基本目標の前進につながらなければ意味がないという点にあった。また、記載書類や手続きの複雑さが負担感を増幅させ、目的が希薄化してしまうという点も指摘された。この背景には小規模大学の少ないマンパワーで、コンサルタントも入れず、組織風土に合った制度設計を手作りで行ってきたという状況があった。これをむしろ強みとし、出された課題を解決しながら、できるだけ簡素な制度として再設計すべく、事務局長をリーダーとするプロジェクトが立ち上げられた。

　結論的には従来の制度に目標管理制度を加味し、組織の目標と個人の

目標の統合、あらゆる階層の努力を組織全体の目標達成に集中させることとした。また制度の詳細（考課要素や考課の着眼点、ウエイト配分、処遇システムなど）を徹底的にオープンにし公正さを確保した。目標設定時や考課結果と理由を説明する上司との面談を重視した。上司が一方的に仕事を割り振ったり、細かい指示をするのではなく、全体方針に沿ってまず部下が自ら目標設定し、それを基礎に自己統制しながら仕事を進める仕組みとした。目標に基づき具体的な業務実践の成果を評価する業績考課と能力考課の二本立てにし、そのウエイトは一般職で半々、上位に行くほど業績評価のウエイトを高める形とした。

　制度改正の説明・討議は全員を対象に繰り返し行われ、疑問点をなくすと共に出された意見は直ちに取り入れ、小さな大学の利点を生かした小回りのきくやり方で、実効性のある制度を作り上げた。個人の評価から目標達成をめざす自律的な業務に高めることで仕事のレベルアップを図り、管理者とのコミュニケーションの強化や制度のオープン化によって信頼性を強化し、マンネリを打破した事例である。

■事例4　管理者育成を軸に信頼性を高める ── 広島修道大学
成長を重視した制度

　広島修道大学の人事制度も、1991年の制度導入から段階を追って様々な改善を行ってきた。まず1995年から目標面接制度を導入し、上司との面談を通して、大学の政策方針に沿った形で各自が業務目標を設定し、また、その到達度を面談を通して評価する仕組みとした。この狙いは、各職員が部局の課題や目標に基づいて主体的に年間目標を設定することにより、より自覚的に目標達成意欲を高めることにあった。その達成状況をまず自己評価させることによって、自分の姿をより客観的に捉え、今後の能力開発、自らの成長へのヒントを掴むこととした。達成しやすい目標設定になるケースも上司の指導で修正を行った。また管理者には「総合所見」や「指導計画書」の記述を通して、より部下育成を意識的、系統的に行うようにした。まず上司に部局の年間の課題の明示

を求めることで、管理者の側に目標や方針を明確化することを促す効果があった。

管理者育成の徹底した重視

さらに優れているのが、管理者の育成・評価システムの構築である。1997年から学長、事務局長による管理者面談を始め、1999年から「事務職員管理職のセルフチェック制度」を、2000年には部下からの「管理職に関するアンケート」を行い、双方を対比・分析することで改善課題を明確にするシステムを稼働した。

まず管理職のセルフチェックの仕組みは、42項目の管理者の職務行動に関する質問事項から構成されている。これは管理者の望ましい行動を促す行動指針を示す意味もあり、これを管理者自身が自己評価し、自らの管理行動を改善する素材とした。続いて翌年から同じ質問事項を、部下から上司へのアンケートという形で全員から提出してもらうこととした。これは上司の管理行動が、部下の側からはどう受け取られ、効果を上げているかの評価でもある。そして、この二つを突き合せ分析することで、上司と部下とのギャップを明らかにし、改善課題を鮮明にすることを狙った。

この背景には、考課の最終評価者がこれらの管理者であり、制度の信頼性を高めるためには、管理行動の客観化と上司・部下の相互チェックの仕組みを通して、抜本的に管理の質を向上させる必要性があった。この素材を使い、学長と事務局長が全管理者と面談する制度を通して、部局の課題の達成状況、目標面接時の部下指導の状況、人事考課の内容をチェックし、業務指導や課員育成の改善課題を明らかにし、管理者の成長によって人事考課制度の実効性を高める措置であった。

フィードバック、考課者研修

その後、2001年からは人事考課結果を本人にフィードバックする措置に踏み切り、評価面接で指導、助言、期待表明を行うことで、より育

成の効果を上げる制度とした。また担当課長のみによる一次考課から複次考課に変えることで、考課の客観性を高める措置をとった。最近力を入れている点に考課者、被考課者それぞれの研修がある。考課者の評価傾向フィードバックアンケートなどを事前に行い、自身の考課傾向を踏まえた具体的な研修を心がけている。また、被考課者研修についても夏季休暇中二日間をかけて、目標設定の仕方や制度の運用、基準に関わる問題点・不明点に即した実践的な内容で行っている。研修の積み重ねによって評価への習熟や問題点のオープン化、適正化を進め、評価の本来の意義に立ち返っての効果の向上に期待している。職能資格制度を中核とした基本システムに、自大学の目的に沿った改善を加えることで、直面する育成課題に応える制度としている。

■事例5　アセスメントを重視した設計──名古屋女子大学

実態に基づく制度の運用

　名古屋女子大学の場合も、1999年、経費削減を契機にスタートした事務組織機構改革検討小委員会がきっかけになった。この検討の中で、課題を組織改革に限定するだけでは本質的な問題は解決せず、密接不可分な人事の課題も合わせて検討することとなった。具体的には、法人事務局を廃止し、全学の事務組織を事務局長の下に一元化する機構改革と合わせて、人事管理を改善する観点から、段階的に専門職制や人事考課制度の導入、給与体系の見直しを行うことになった。

　2000年に小委員会の中間まとめが出され、それに対し全職員一人ひとりから意見の提出を求めた。並行して職員の履歴、研修暦、職務上の希望を記入した身上調書を提出させ、これに基づいて初めての全職員の人事ヒアリングが行われた。制度そのものが職員の実態や抱えている課題、業務への思いに即したもの、成長を後押しするものでなければ効果がないと考えたからであった。

　翌年には記載項目を追加した「身上調書Ⅱ」の提出を求め、「本学が直面する危機状況を乗り越えるためにどのような対策を講じたらよい

か？その実現のためにあなたは今から何をしますか？」という設問を行った。添付資料には、そうした現状を打開するための自己改革・改善計画表、その実施の月次行動計画の記載を求めた。これが後の考課制度の核となる業務改革・改善計画表につながっていく。

　また、制度が実態に合うようにするための丁寧な個人調査は、人事制度上に「事前特性評価（ヒューマンアセスメント）」システムとして制度化され、個々の職員の資質や潜在能力、特性、適正などの事前の発掘・評価を２～３年に一回は行うこととなった。

課目標と連結した課題設定

　2001年より始まった人事考課の試みは、翌2002年度には基本形が整えられ、年度を追うごとに整備、改良されていった。業務改革・改善計画表に、現在の職務に対して何らかの改革・改善目標を盛り込むことを義務付けることで、マンネリになりがちな分掌業務に対し、改革にチャレンジする気風の醸成を図った。実績評価シートには、自己の所掌業務の中から重要度の高い順に３つの業務課題を選定し、自己評価すると共に課長評価を行い、評価の違いは課長から本人へきちんと説明、納得させる仕組みとした。

　さらに翌年には、個人目標の基となる課全体の目標を明確に掲げることを重視し、「課全体で取り組むべき改革・改善課題」を必ず課内で話し合ってから個人目標を作ることとした。これによって組織全体の目標、各課の業務目標と個人の課題の連結を図ると共に、方針の可視化によって相互理解や協力体制の促進につなげていった。こうした一連の改革によって、目標を明確にしその実現にチャレンジする風土を形成すると共に、処理的業務から全学の改革・改善業務に重点を移行させ、業務の高度化を図った。

　また３つの重点課題の成果は、その達成状況を説明でき、客観的に証明できる具体的根拠資料を添付することとした。このことで評価の記述と実際の業務遂行の整合性が確認でき、その内容や成果に至るプロセス

を検証できる工夫されたやり方だといえる。

■事例6　年功型を維持しながらの改善 —— 大谷大学

組織改革から人事制度改革へ

　大谷大学でも改革のスタートは組織再編だった。15の課が並列し、縦割り業務のため課の垣根は高く、協働した業務はほとんどなされていなかった。そこでチーム制を導入し、7部14チームに再編、部内の異動、チーム間の業務調整や人事配置は部長の裁量で行えるようにした。さらに、部を超えた組織横断型のチームを常設で置くこととし、国際交流や情報システムの構築といったテーマでチームを作った。構成員には辞令を交付することで、複数の上司が存在するマトリックス型組織となり、試行錯誤した部分もあったが、全学的な情報の共有、視野の拡大、専門知識の学び合い、協働する風土の醸成などの点で大きな成果があった。

　しかし、単に部・課の再編という物理的改革のみでは組織の真の活性化はできない。大学が求める組織のあり方とは、使命を果たすために目標を掲げ、達成する組織、成長できる組織であるとの狙いを鮮明にしながら人事制度の検討に入った。

　まず着手したのが、職能資格の中身を作ることだった。当時、「書記補」、「書記」、「幹事」という職階が呼称としてはあり、年功に応じて上がっていく仕組みであった。その資格の職務内容を明らかにし、実質化するため職務基準を作成し、合わせて管理職の職務や任用基準も明らかにした。しかし基準を定めただけでは実行されないと、さらに行動規範を作った。すなわち、職務基準を遂行するために表に現れる重要な行動をコンピテンシーとして明文化した。これにより、それぞれの職階で職員に期待される行動がはっきりイメージできるようになり、また、どういう段階を追って成長が計られていくのかのキャリアパスも明らかにできた。

管理者改革、専門職制度

次に、管理者改革に着手、役職は機能であることを改めて明確にしつつ、再任を可能とする3年任期制に踏み切った。従来は、一旦管理者になると任を解かれることはなく、力のある若手の昇任が困難であった。この制度によって降格という形ではなく交替がしやすい風土となり、職場の活性化につながっている。さらに管理職俸給表を新たに作成し、年齢に関わらず管理者1年目は同一給与とすることで、若手管理職の処遇に配慮すると共に、管理職は機能であることを給与体系上も明確にした。しかし一般職の給与は、将来が見えて安心感があるという利点も考慮し、年功的な運営を続けている。

また、国家資格をベースに仕事をする職員を対象に専門職制度を導入し複線型人事制度とした。行動規範と合わせて職務目標を立て、自己管理で遂行・評価を行う目標管理の手法も導入を始めている。これらの検討は職員自身のプロジェクトで行われ、議論や提案は全てオープンで、説明会や質疑も十分行って、まず事務局一致で成案を作り、そのままを理事会で認めてもらっている。組織改革から人事改革まで5年をかけ段階的に実施し、従来の年功型の仕組みの良い点、骨格を残し、管理者改革や職員のコンピテンシーを定めるなどの改良を加えることで活性化を実現させた例である。

■事例7　合意を重視した制度導入 ── 西南学院大学

職員自身による制度作り

次にご紹介するのは、人事考課制度を導入するに当たって、「職員の大半が納得できる制度」の策定に取り組んだ西南学院の事例である。

考課制度の導入は、人件費抑制やリストラというような短期的な、即効性を求めて導入を考える向きもある。その場合は、勢い経営サイドが中心に上から押しつける形になり、学内の反発を招き、制度が発足しても実効性が上がらない。西南学院の場合は、職員の計画的な育成による生産性の向上に軸足を置き、即効性はないが中長期の経営改善には大き

な効果をもたらすことを狙った。そのため、上から制度提案をする従来のやり方ではなく、被考課者である一般職員が自ら制度案作りを主体的に担った。労働組合との協議も重視し、その意向も可能な限り取り入れる形で、基本方向については合意を得ながら制度導入を行った。

　最初のきっかけは、常任理事会の指導による事務局の改善・改革プロジェクトの取組みで、4つのチームのひとつに「人事制度チーム」があった。いくら組織、業務、戦略、情報システムを改善しても、それを担うのが人である以上、人事制度刷新による職員活性化がなければ機能しない。こうした位置づけで人事育成・考課制度の導入に着手することとなる。

　チームメンバーは当初、監督職一人と公募で選出された職員4名で構成された。まず現状を把握するためアンケートやヒヤリングを人事部局や管理者、一般職員の双方に実施した。その結果、身分型年功序列体系の問題点、役職昇進が個人の属性や特定の層に偏っていること、個人の能力が適正に判断されていない、人事異動基準がなく個人による差が激しいなど、多くの不満や問題点が寄せられた。こうした率直な声が寄せられたのも経営側と職員側の中間に位置するこのチームの利点であった。

制度設計から合意へのプロセス

　これらの問題点を整理して、①職員の位置づけ、定義、期待度が不明確、②評価基準の不統一、不透明、③職員の側の現状認識、自己努力の欠如の三点を上げた。評価、処遇、育成の人事三原則が機能せず、このまま放置することはできない状態であること、改革は早いほど良く、また、小手先で終われば効果半減、痛みの伴う改革によって今より良い状態を作ることの必要性を提起した。そのためには、評価・処遇・育成が一体化した総合的な人事制度が不可欠である。仕事を通じて能力を正しく評価し、ビジョンの達成に力を最大限に活用すること、適正な処遇により労働意欲を高め、生産性の上がる職場環境を作り出すこと、ラインマネジメントを強化し、責任ある人事管理制度の確立を図ることが重要

である。それらを有効に機能させるためには、職員共通の評価基準の設定とその適正・公正な運用、管理職の役割の明確化、能力開発を促進するシステムの確立が必要だとして原案策定作業に入った。

　策定過程においても、各種の会議体で繰り返し説明会を開催し、現状の問題点や新制度導入の必要性、メリットについてアナウンスし、質問や意見にも丁寧に対応した。ここでもチームが、経営主導、リストラや人件費削減を主な目標にしているのではないことが、全学的な理解を促進する上で大きな力となった。人事チームの原案をもとに、正規の人事制度検討委員会が立ち上げられ、2000年に大筋で原案を承認、理事会で決定された。その後組合に提起され協議が始められたが、論点の中心は旧制度からの移行措置の問題、昇格に必要な最低年数を何年とするか、人件費に関する問題等であった。特に人件費は、旧制度で運用した場合の人件費総額を将来共に上回らないことを前提に試算を重ね、現行給与を2004年より2％引き下げることが合意され、また計画的な採用により職員の一定数の削減も実施された。

管理者の任期制、降格制度

　西南学院の人事考課制度は、職能資格制度を軸とする基本的なものだが、いくつかの特徴を持っている。そのひとつは考課における自己評価の重視で、制度への主体的かかわりによって納得性、公平性を高めることを狙っている。また職能開発面談制度（目標面談、育成面談）を重視し、対話を通じて自己に課せられた役割や期待を自覚すると共に能力開発への意欲を高め、相互信頼を深めることを目的としている。

　また、制度発足を機に管理者は全員3年の任期制とし、満了後一旦解任し、考課によって再任する仕組みとした。あわせて降格制度も導入し、事務局の中核を担う管理者が、この制度を通して厳しい自己改革を行い、信頼性を確保できる仕組みとした。

　制度の導入に当たって、職員の自主的な取組みや提案を重視し、自覚的な職員層の力で構築することで制度の納得性を高め、その後の運用に

おける効果を向上させた取組みと言える。

2) 各大学に共通する改革の特徴

このように見てくると、ほとんどの大学が制度導入を行ってから、運用の実態や問題点、現場からの意見を踏まえ、持続的に改善を積み重ねてきたことが分かる。育成制度に最初から理想のモデルや完成形はなく、改善を積み重ねることで実情にあったもの、狙いに沿った運用に近づいていく。特に職員に求められる役割の変化に対応して、制度がどう充実されていったか、各大学がどのような問題点を感じ改革していったかは、今後の改善にとって大変参考になる。改善の中心点を改めて整理してみる。

目標設定の重視

第一に、目標設定の重視、個人目標と組織目標の連結が挙げられる。個人目標に重きを置かず、上から、基準によって評価するやり方から自覚的な目標重視に転換するところが増えている。個人の活性化が、最終的には大学の目指す基本目標の前進につながらなければ意味がない。

全体目標、部課室目標と個人目標の連結を重視することで組織目標が前進できるよう改善した兵庫大学。広島修道大学でも、大学の政策に沿って業務目標が設定されることを重視し、目標面接でも上司はそのための指導、支援を意識的に行っている。そしてその前提には上司の、目標提示、部課室方針明示の義務付け、さらには大学全体の戦略やビジョンの設定が求められる。

名古屋女子大学では、個人目標の基になる全体で取り組むべき改善・改革課題を、目標設定に当たって課室ごとに必ず議論している。また、重点課題に重要度に応じて順番をつけることで、より一層業務の重点シフトを進めている。

評価方法の改善

　第二に、評価の仕方の工夫が挙げられる。多くの大学が、評価に当たって自己評価の重視を行うよう改善している。目標への到達がなぜできなかったか、その要因の主体的分析を行うことで、自覚を高め、制度への参加意識を向上させている。また一次考課だけでなく、二次・三次評価など複数評価を行うことで、より客観性を担保している。

　また、淑徳大学のように直属の上司だけでなく三人の管理者で行う合議評価制度や、名古屋女子大学のように成果を客観的に説明できる具体的な根拠資料の添付を義務付けるなど、評価に客観性を持たせる工夫を行っている。職務調査に基づき着眼点を設定することで、より業務実態に即した評価基準にする努力を進めている淑徳大学や、評価基準や考課システムのオープン化を通して、制度の理解や信頼性を高める取組みも進んでいる。さらに同僚評価、相互評価システムなど、お互いに業務をチェックし合う仕組みを取り入れるところも出てきている。

面接の重視

　第三に、面接の重視が挙げられる。評価は、結果を査定することに主要な目的があるわけではない。取り組んだ努力の過程全体を検証し、評価の内容をフィードバックすること。結果を分析することで、問題点や課題を共有し、育成や次年度課題に繋げることが重要である。業務の到達やその遂行方法をめぐって管理者と部下が真剣に向き合うことで、真のコミュニケーションが図られる。目標設定と考課結果面接は、この制度が育成に寄与できるかどうかの要であり、不可欠の仕組みとして重視されなければならない。本人の納得とやる気を高めることこそが肝心な点である。

アセスメントの活用

　第四に、制度の運用や改善に当たっての実態調査、アセスメントの重視である。自己申告書を提出させ、職務の現状・課題や今後の希望など

を踏まえて制度運用を行うことで職員個々の実情に合った育成を図る仕組みは、従来から多くの大学で採用されている。

名古屋女子大学では、これをさらに一歩進めて職員の履歴、研修歴、業務遂行状況を詳しく記載する身上調書の作成を求めた。翌年にはさらにこれに追加して、「直面する危機へのあなたの対策、あなたの行動」を問う項目を加えた上で、全員に対して人事ヒヤリングを実施し、課員からの提言やより正確な職員実態の把握に努めている。これを発展させ、人事制度の中に三年に一回のヒューマンアセスメント（事前特性評価）を制度化し、実態と制度のズレをなくす取組みを行っている。

思い切った管理職改革

第五に、評価する側である管理者評価、管理者改革は、評価制度が効果を上げる上で決定的で、多くの大学で取り組まれている。大谷大学や西南学院大学では管理者任期制を導入し、評価結果を踏まえて管理者を選任すると共に、管理者交替がスムーズに行なわれる風土を作り出している。管理者の任用基準やコンピテンシーを明確化することで、管理者の成長や自覚を高めると共に、管理者選任の根拠を明らかにし、また管理者を目指す職員の指針、目標としても機能している。

他方、降格制度を作った西南学院大学や、評価による管理者の交替制度を作ったいくつかの大学でも、管理職は機能であり、業務目的や組織再編による柔軟な異動を実現することで、若手の抜擢を可能とし、活力ある職場作りを目指している。任期制や降格制が全ての大学にとって有効とは言えないが、風土改革のインパクトは大きい。

広島修道大学は、制度の信頼性は管理者にあるという観点から、管理者育成システムを強化してきた。管理者自身による管理行動のセルフチェックと、同じ項目で部下評価（アンケート）を実施し、それを突き合せることでズレを見つけ出し、これを基に学長、事務局長と面談することで、改善につなげている。関西学院でも、管理者業務・人事管理報告書で、管理職として年間三つの主要目標を提示させると共に、達成課程

での課員の指導状況、課の運営や能力育成に特に努力した点などを記載させ、それを基に総務部長面談で改善を図っている。

制度導入方法の改善

　第六に、導入の仕方も上からの一方的なものではなく、制度の狙いの浸透と納得を重視したものとなるよう努力が行われている。一気に本実施に入るのではなく、何年か計画で評価を段階的に定着させ、徐々に導入していく取組みや被考課者である職員が、制度作りの中心に主体的に参画することで、スムースな導入を行った西南学院などが好例である。
　さらに、煩雑な仕組みをできるだけ簡素化する工夫や考課者、評価者の双方の研修を定期化し、重視することで制度運用の改善を図るなど、様々な工夫が行われている。

３．日本福祉大学の事業企画書による能力開発

１）経営戦略と直結する事業企画書

戦略管理、業務高度化、能力開発の結合

　本学における戦略と業務の結合は、事業企画書によって担われる。これは日本福祉大学人事（評価・育成）制度の中核でもある。これまでの職能資格制度に基づく個人の育成から、目標管理、ＯＪＴの考え方を基礎にした、チームによる業務遂行を通しての開発力育成への重点の移行である。
　毎年150本近い事業企画書が、中長期計画や事業計画に盛られた重点政策テーマを遂行すべく、管理者あるいは中堅職員によって自律的に立案される。担当部長の事前の点検・指導を経て、人事・総務部局が、全事務局の事業企画書に１週間近くかけ全てに目を通し手を入れた上で、事務部局長会議で審議、決定される。課題設定、目指すべきレベル、実現すべき内容など目標設定の妥当性について徹底してチェックする。ま

た、その遂行のための方法、計画の適切性、能力開発目標の設定の適否、成果基準の設定やチーム構成、作業分担やスケジュールなど計画の細目にわたって審査する。今年1年で実現すべき法人全体の政策重点課題を推進するに相応しい内容になっているかどうか、徹底した審査と指導を行う。その点では年間を通じた議事の中でも最も重い、大変な労力を伴うものである。

これは事業企画書が3つのツール、3つの機能を併せ持っていることによる。それは、戦略管理のツールであり、業務高度化のツールそして職員の能力開発のツールである。ある業務テーマが戦略実現の核になる課題なのかどうか、それをどう達成するか、この検討、工夫、知恵の中に業務高度化の鍵があり、それを議論し共有化することでメンバーのコミュニケーションと方針の共有が図られる。そうした作業を5月、毎年一斉に全事務局あげて行うことで重点課題が絞られ、コアコンピタンスの明確化につながっていく。そして、この業務計画をチーム全体で遂行することで職員の開発力の育成を目指している。

事業企画書による目標・計画の明確化

事業企画書は「外部の環境変化や学園の戦略を踏まえ、学園全体、各部課室で取り組まなければいけない重要な課題は何か、その達成・解決の手順、プロセスを設計すること」と位置づけられている。添付 資料:1 の事業企画書の書式をご覧いただきたい。重点課題について、「何を」「何のために」「どこまで、どのくらい」「どのように」「誰が」の流れで、明確に記載する内容となっている。まず、事業名またはプロジェクト名を記載の上、事業の目的、事業目標、成果指標を記載（ここを如何に具体的な到達指標として設定できるかが重要）し、この仕事を通してどんな力量を獲得するか、その能力開発目標を設定、その上でどんな事業、業務を行うか、その事業概要を具体的に記載する。その上で、成果基準として目標を達成するためのステップ、段階ごとの評価基準やその成果物（目に見える形でのとりまとめや青果物、データ等）を記載、その上でチームの

資料1：事業企画書記載の書式

> 事業企画書を作成することは、外部の環境変化や学園の戦略を踏まえ、「学園／各部課室で取り組まなければいけない重要な課題は何か」「その達成・解決の手順、プロセス」を設計することです。

【事業企画書フォーマット記入例】

事業企画書承認	年　月　日	事業結果報告書承認	年　月　日

事業企画名称or プロジェクト名	）'04 ／　／ （学園戦略や部課室戦略に沿っているかどうか、テーマが広すぎないかどうか点検してください）
事業特性1 事業の重要度／新規性／創造性等 目標は目的の達成を端的に示すこと。（数値化など）	事業目的（簡潔に記入する。その説明は別添で。） （何のためにやるのか） 事業目標（成果指標）※複数可 （今年度どこまでやるのか（目標は単年度） ＊具体的かどうか、達成可能かどうか、「だれが、なにを、どのように、どの程度」行うかを考えてください）
事業特性2 事業の能力開発度 （どんな能力を獲得／集積するか）	
事業概要 （何をどのように実施するか、大まかなフローや対象や方法を記入すること）	1. 2. 3. 4. 5. （目標を達成するための手順・プロセス ＊どんな作業やリサーチを行って目的を達成するのか ＊こういう手順で実施すれば達成されるという仮説）
事業期間	1年以内・　　年　・常設

先行指標（プロセス指標） 目標を達成するための具体的な成果やステップごとの成果	成果基準（計画）	成果状況（結果評価）
	1. 2. 3. 4. 5.	1. （事業概要から導き出される手順・プロセスごとの成果 ＊数値で測定可能な場合は数で表記）

運営組織／チーム （責任者：　　　）	人員数と分担／協業 人材条件 （だれが、何を、どのくらい担当するのかを記入してください）
費用等実施条件	

分担表別紙
作業スケジュール概要添付

構成や作業スケジュールを記載することとなる。実際の記載例として、資料：2 2007年5月16日に提出された人事課、人事担当者による「職員人事制度改革プロジェクト」の事業企画書をご覧いただきたい。事業課題に対し、どのような市場調査、検討を経てプランのとりまとめと提案を行い、それらを能力開発に結び付けようとしているか、イメージを持っていただけると思う。

資料2：人事担当の2007年度事業企画書

事業企画名称or プロジェクト名	職員人事制度改革プロジェクト
事業特性1 事業の重要度／新規性／創造性等 目標は目的の達成を端的に示すこと。（数値化など）	事業目的 　事務局ならびに職員の業務と能力の向上 事業目標（成果指標） 1. 職員人事制度改革の完全実施 2. 能力開発プログラムの策定と実施（「事業経営型職員育成」「マネジメント機能強化」「キャリア形成プラン」等） 3. 事業経営型職員のワークスタイルの策定・提起
事業特性2 事業の能力開発度 （どんな能力を獲得／集積するか）	1. 調査・分析・問題解決 2. 人材開発コンサルティング能力・キャリアコンサルティング 3. 人的資源管理（HRM）に関する知識 4. マネジメント能力向上のための知識・技能
事業概要 （何をどのように実施するか、大まかなフローや対象や方法を記入すること）	1. 2006年度評価の分析（能力分野） 2. 2007年度重点課題における能力開発課題の抽出 3. 職員の能力開発・キャリア形成に関する状況把握（アンケート、議論含む） 4. 能力開発・キャリア形成のプログラムの市場調査 5. 能力開発・キャリア形成プランの策定・提起 6. 事業経営型職員のワークスタイル検討・策定 7. 労使交渉の継続（職員人事制度改革実施、就業規則等）
事業期間	1年以内・2年・㊪常設

先行指標（プロセス指標）目標を達成するための具体的な成果やステップごとの成果	成果基準（計画）	成果状況（結果評価）
	1. 職員人事制度改革の完全実施（新給与制度移行） 2. 制度の課題抽出・改善 3. 2006年度評価の分析 4. 2007年度重点課題における能力開発課題の抽出 5. 能力開発に関する状況把握（調査含む） 6. 能力開発・キャリア形成プランの策定・提起	
運営組織／チーム		
（責任者：○○）	○○○○○○	
費用等実施条件		

作業スケジュール概要
　5～7月　2006評価および2007重点課題からの能力開発に関する分析
　8～9月　能力開発・キャリア形成に関する課題提示と議論
　10月～12月　能力開発・キャリア形成プラン提起

　事業企画書の基本パターンは以下の2つに分類できる。第1は意思決定とその推進を目的とするもので、戦略的事業の進むべき方向や推進計画を定めたもの、またそうした意思決定のためのデータの収集、他大学調査・分析、課題提起、事業推進のための組織構造の設計や既存事業の改廃、組み替え、事業推進のための業務システムの改善などがある。
　第2は、問題解決を目的とするもので、個別・単独では解決できない複数の領域からの解決プランが必要であり、いわば部課室を超えて問題解決が図られるべきテーマである。そして、近年こうした横断的に取り組まなければ解決できない課題は急速に増えている。
　事業企画書の計画作成時には、以下のような「チェック視点」を作って内容の充実に努めている。

事業企画書チェックの視点

1、政策重点課題との関連―ヌケ・モレ・ダブリがないか？
2、レベル・水準のばらつき――一般課題の延長、業務改善レベルでないこと。
3、目的があいまいではないか―何のために行うかを鮮明に。
4、目標設定―どこまで行うのか、どういう状態にしたいのか。
　（重点にふさわしいか、実現可能か、測定可能か）
5、成果基準が不明確ではないか―「～の検討」「～の改善」などでは評価できない。
6、狙いが広過ぎ、あれこれ課題を盛り込み過ぎ―中心課題は何か。選択と集中が必要。
7、やるべき姿勢は明確だが、進め方（手順）が練られていない―特に分析・リサーチ重視。
（全体として、達成するための手順、プロセスが適切に設定されているか？）
8、プロジェクトメンバーの精選―多すぎて役割が曖昧ではないか。
9、表現が簡潔明快か、第3者が見てわかるか―現場でしか通用しない言葉に注意。

　2003年からこの制度はスタートしたが、これまで採択された事業企画書（重点課題）の数は、2003年度・109件にはじまり、103件、151件、146件、139件、139件と推移し、2009年102件、2010年101件となっている。
　従来の目標管理制度は、個人の目標を上司と部下の範囲で確認、推進されていたが、この制度ではプロジェクトとして目標を掲げ、評価し、これをチーム全体、事務局全体で共有し、推進する点にもっとも大きな特徴がある。この背景には、業務課題の複雑化・高度化が進行し、横断的な取り組みなしには、解決困難なテーマが急増していることもある。

戦略と業務を如何に結合させるか

ではどのように事業企画書と戦略課題を結合させるか？　2007年度の本学の実際の方針（重点事業）と事業企画書の対応関係を見ていただくことでご理解を頂きたい。学園全体の戦略重点領域としては19の分野を設定しているが、その中から3つの分野、大学教育改革、社会連携、人事・業務・財務領域を取り上げてみたい。

大学教育改革（重点領域：3）

ここでは、事業重点として教育ビジョンに依拠した初年次教育、キャリア形成、語学、情報、ゼミ教育などの教育改革の具体化と大学教育力の向上、科目精選とオンデマンド授業の推進、GPプログラムの遂行と新規獲得などを掲げている。これを実現するための事業企画書として15件が出されている。

「初年次教育策定プロジェクト」(学事課)
「学生の基礎能力形成に資する諸事業の推進」(教育開発室)
「教員の教育力形成に資する諸事業の推進」(教育開発室)
「新入留学生への導入教育の検討について」(国際課)
「教育改革の推進をリードする図書館の教育・学習支援機能の強化」(図書館課)
「大学の教育力測定・評価・分析手法の確立のためのSDプロジェクト」(教育開発室)

ほか9件となっている。教育そのものの改革に職員の視点から迫っていこうとする意欲的なテーマが多い。

社会連携（重点領域：13）

この領域では、福祉関連施策等社会動向に留意した福祉文化創生事業をはじめとするネットワーク事業の推進、介護人材の育成等新たな人材育成事業に係わる計画化と体制整備などを事業重点として設定している。事業企画書は、

「介護事業者（施設）との協力・連携事業の推進」(社会福祉総合研修センター事務室)

「ネットワーク形成を中心とした本学ブランド力の向上」(東京オフィス)
「高校・大学間の連携プログラムの開発と推進」(学事課)
「知多半島における地域連携関係の強化のための展開」(研究課)
「福祉系高校との高大連携事業の推進」(総長学長室)
「人材活用サイクルを活用した介護人材養成プログラム」(社会連携課)
など合わせて17件が出されている。いろんな課室から様々な視点での企画が出され、大学を取り巻くステークホルダーとの連携を強化しようとする企画に特徴がある。

人事・業務・財務 （重点領域：16）

　ここでも人事制度改革や人件費管理指標の設定、内部統制システムの確立や監査制度の整備、収益力の強化や財務運営力の高度化などを重点課題としている。事業企画書としては
「学園教職員人件費管理指標導入計画の立案」(人事課)
「教職員満足度（ES）の向上による組織活性化」(人事課)
「コンプライアンスの観点からの規程整備並びに規程管理フレーム」(業務課)
「知的財産並びに知的財産権の適正管理」(業務課)
「収益管理と経営状況の分析・診断・改善プロジェクト」(経理課)
「経営管理マネジメントサイクルの確立と予算編成システムの改革」(経理課)
など15件となっている。経営政策立案に深く関与したテーマが設定されている。

　ご覧頂いたように、それぞれの事業企画書は、学園の政策重点を実現するための最先端の重要課題を、創意をもって取り上げ、課題解決へのステップを提示すると共に、そこに多くの職員を巻き込んで開発力を持続的に高めるための極めて重要なツールとして機能している。事業企画書に基づき各分野で問題解決や事業創造の業務が展開されているが、この意欲的、創造的な取り組みこそが、学園総体の改革力を生み出す源となっている。

「目標管理」による育成

　ここで、事業企画書以前の旧人事制度における個人目標の設定の仕方について触れておきたい。

　力量の向上には、現場の課題に即したチャレンジ目標を設定し、実践する「目標管理」が不可欠だ。如何なる「形」の制度を持つにせよ、「目標と評価」のサイクルが機能せずに人や組織が自然成長することはない。そして、このサイクルが機能する条件の最大のポイントは、いかに適切な目標設定が出来るかという点にある。目標やその到達した姿が抽象的で曖昧であれば、達成できたか否かの評価も不明確になる。目標設定は育成制度の根幹に位置しており、本学では当初の制度から、この目標設定のあり方を重視してきた。

　数値目標が設定できないところでの業務評価は難しい、大学での評価は困難だという声も聞くが、目標とする改革の到達点（姿）を具体的に設定・記述できれば大学事務労働においても評価は十分可能だ。しかし、管理者が部門目標を示すことなしに、個人目標だけの設定を求めることは不可能だ。そもそも、業務が定型業務中心から「問題発見・解決」型に移行していなければ、こうした能力開発目標を設定するのには無理がある。最近になっても「制度で人は育たない」「教育業務に評価は不可能」という議論がある。実務的査定や人件費削減を主眼に、制度だけ精緻化しても確かに人は育たないし、評価も本質には迫れない。育成型人事制度は、いかに戦略目標を管理者や個人の目標に結合させるかという点に鍵があり、それができれば大学改革の目標自体の達成も担保され、その挑戦を通して育成を図ることができる。戦略目標への組織を挙げた挑戦が、また、能力の育成・成長に繋がるというサイクル、ここにこの制度の狙いの根幹がある。そして、その底流には、目標の共有やミッションへの共鳴、使命感、それを踏まえた主体的な参加と教育や学生への責任感がなければならないことは言うまでもない。

個人目標の設定の仕方

　本学の人事評価は、こうした「目標による管理」という考え方をベースに作られてきた。これは、当初から担当者による主体的な目標設定に基づき、自らの仕事を自己統制することを基本に置いたシステムとして設計されてきたことによる。非営利組織においては、組織体の使命の遂行と個人目標の達成、自己実現は調和できるいう考え方に基づき、自覚的な目標設定を基本に、セルフコントロールを大切にしてきた。そして、この制度が機能するには、学園の目標や部課室の業務方針が明示され、共有されていることが前提となる。現状の問題点や改革の基本方向についての共通理解や情報の公開なしに担当者だけに目標を求めることはできない。

　そして、この制度運用の最大のポイントは、これらの方針に基づき、チャレンジするにふさわしい個人目標が正しく設定されるか否かにかかっている。評価が正確に行われるためには、出発点となる目標設定が具体的な到達指標、評価基準を伴って適切に設定されるかどうかが決定的だ。個人目標の設定のため、下記の本学「チャレンジシートの手引き—目標設定にあたっての留意点」が作られ、これに基づいて行われてきた。目標の作り方として参考にご覧いただきたい。

目標設定にあたっての留意点

●目標設定のための五つの問いかけ
1、部課室会議で討議・確認した部課室目標は何だっただろうか？
2、私の分掌の中から、部課室目標を担う重点ポイントとなる業務課題（課業）を挙げるとすれば、それは何だろうか？
3、私はその重点課題に対しどうすることを要求されているのだろうか？担当者としてどうしたいのか？
（どういう状態になれば「うまくいった」と言えるのか？）
4、それを実現するにはどのような手段・方法が適切だろうか？
5、どのような知識や能力が必要だろうか？

それは、どうすれば身につけることができるだろうか？
●目標設定のための五つの条件
1、部課室の目標と結びついているか ― 組織の課題解決に貢献できるか
2、五つの業務課題は主な分掌を反映しているか ― 極端な偏りや見落としはないか
3、仕事の焦点・重点が業務課題になっているか
―「管理／確立／業務」などの曖昧な言葉を使っていないか
4、仕事のゴール・方法は具体的か ― 達成イメージが思い浮かぶか
5、達成可能性はフィフティ・フィフティか ― 易しすぎないか／難しすぎないか
●目標設定のための五つの条件（説明）
良いチャレンジシートは、あなたの仕事の、
①「部課室目標」との関連性が明確であり、
②「主な分掌」を適切に反映すると同時に、
③「業務の焦点」が絞り込まれて記述されています。
良い目標は、
④業務課題の「ゴールと実現の方法」が明示され、
⑤「達成できる可能性」を持っています。
●第三の条件「焦点化」
良いチャレンジシートは、分掌全体を反映しているだけではなく、同時に、仕事のなにが焦点なのか、そのポイントを明らかにしています。
注意していただくポイントとして、次の三つの言葉を使って業務課題を表現していないかどうかご確認ください。
「○○の管理」「○○の確立」「○○に関する業務」
こうした言葉はいろいろな業務課題をまとめてしまうことができるのでとても便利です。しかし、「業務課題」の記述で抽象的な表現を使ってしまうと、それに引きずられて、設定目標も、遂行手段・方法も曖昧になってしまいます。
掲げた業務課題を「なぜ？／どのような？／どのように？／いつまでに？」→「どのような方法で？」「どこに提案するのか？」と掘り下げていき、なるべく具体的に記述するのです。

> 「～の管理・～の確立・～に関する業務」といった曖昧な表現は、「〇〇の管理で何を改善するか」「〇〇を確立する上で何が一番重要か」「〇〇に関する業務をどのように展開するか」という問いかけを出発点にして掘り下げ、焦点を絞り込んでいきます。
> 以上が、目標設定に係わる留意事項です。
> ●第四の条件「ゴールと実現の方法の明示」
> 目標とは、結果としてアウトプットすべき最終ゴールを意味し、同時にそれは仕事の達成度合いを測る「ものさし」となるものです。目標には、定量的目標と定性的目標の二つがあります。
> 「とにかく数量化すればよい」というものではありませんが、まずは、量的に（＝定量的に・計数的に・時系列的に）目標を設定できないか検討します。
> どれくらい（〇％、〇人を対象に、〇日分の工程で）
> いくらで（前年比〇％の収入を、〇円以内の費用で）
> いつまでに（〇月〇日までに、前期中に、年度内に）
> その上で、量的に表現できないものについて、
> どんな改善や改良をはかりたいか
> どんな内容に仕上げたいか
> どんな水準に高めたいか
> どこに、いつまでに提案を行うか
> といった観点から捉えなおし、質的目標として記述するとよいでしょう。
> 目標（ゴール）が明確になって初めて、方法・手段（そこに至る道すじ）を具体的にイメージすることができます。

日本福祉大学「チャレンジシートの手引き」より抜粋

成果指標に基づく具体的評価

　事業企画書に盛られた計画に基づき、1年間の実践を経て総括を行うのが事業企画結果報告書である。実施状況を記載の上、到達点と残課題を明らかにし、プロジェクト全体の評価、構成員全員の個人評価を行う。
　記載の仕方は**資料：3**の書式をご覧いただきたい。まず、事業企画書であらかじめ設定した<u>先行指標</u>の<u>成果基準</u>に照らしてどうだったか、評

価基準の項目ごとに成果状況、結果評価を記載する。次に会議等実施状況欄にプロジェクト会議の開催状況とその主な検討内容を記載する。プロジェクトで取り組んだデータ収集やヒヤリング調査、分析作業、他大学訪問調査、それらの取りまとめや学内会議等への提案、決定・実施した事業等の詳細を記載する。その上で、達成状況と成果についての総合評価を行うことになる。まず達成状況と成果を、その理由も含め簡潔に箇条書きで記載する。あらかじめ設定した到達目標、その内容を具体化した成果基準に照らして到達がどうだったかを具体的に記載する。単にやれたかどうかではなく、どこまで進み、どこに困難さがあり、残された課題は何か。やれなかった場合はどこにその要因や問題点がありそれをどうするか、という点まで深めて分析することが重要だ。その上で総合評価をABCDで行う。

　A：達成。成果が目標通り達成、もしくは達成可能性が極めて高い場合
　B：達成過程。目標には到達せず、いくつかの先行指標の達成状況を見て概ね50％以上を達成していると評価できる場合
　C：問題状況。目標を達成できず先行指標のおよそ50％以下、30％以上の状況の場合
　D：未達状況。成果が達成できず、先行指標の30％以下の場合

とする。

　次に、プロジェクト構成員全員の氏名を記載し、プロジェクト計画への構成員の貢献度合いを考慮し、同様にABCDで評価、個人ごとの成果と評価理由を記載する。個々人の分担に従い、個人としてどんな取り組みを行い、どのような成果を上げ、成果物として具体的に何を示せるか等を踏まえて評価する。ただしプロジェクトの性格によっては、プロジェクト評価がイコール個人評価のケースもある。この評価結果をどう処遇等につなげていくかは、次の本学人事制度の説明をご覧いただきたい。

到達点と共に課題も明らかにする

　こうして全職員上げて取り組んだ事業企画の結果報告書が、本学の戦略に基づく諸事業の到達レベルを示すこととなる。したがって結果を評価することと合わせて、到達点と課題を明らかにすることが極めて大切である。事業企画書、結果報告書は、両方とも印刷配布されると共にネット上でも公開される。組織全体で課題と到達を共有することを重視しているのは、評価そのものに意義があるというより、いかに能力開発に結び付いた評価にするかということを重視している現われである。到達点と課題を明らかにする評価を行うため、特に以下の様な点に努力している。

　1、基準通りの評価がなされているか？―設定した目標や成果基準に沿って、客観的なデータや成果物、実施した事業で評価する。

　2、成果状況の記載が不十分なため、評価根拠が不明確になっていないか？―到達状況を事実に基づき記載し、出来たか出来なかったかを具体的に明らかにする。

　3、当初目標が抽象的で、評価が不明確になっていないか？―計画段階の問題だが、何を行えば目標に到達するか（したと言えるのか）の成果基準の明確化、見直し。

　4、達成度の評価ではなく、能力・情意評価となっていないか？

　5、出来なかった課題、要因の分析・提示が行われているか？―次の改善につながらない。

　例えば、業績評価については、①良い提案をまとめたが実行に至らなかったケースの場合その要因は何か。外部要因だとすれば、それは環境の変化、読み違い、他機関の影響（教授会が通らなかった）、その要因は何か等の分析がいる。②また当初設定したプロセスは出来たが目標は未達成の場合、こうすれば出来るはずという仮説の不十分さ、目標達成の具体的要件や段階の設定に弱みがあったことになる。③目標はクリアしたが、組織的な成果に結びついていない、全体の前進につながっていない。例えば、目標とするシステムは出来たが、期待したように利用者が

増えない、あるいは効果が現れないようなケースの場合は、当初目標の設定の仕方やニーズの把握、他部署との関連性など、いろんな側面からの分析と見直しが必要となる。

開発力育成のための総合的取り組み

いずれにしても、こうした目標設定と評価システムの運用は、大変な労力を伴う仕事となる。しかし、これこそが政策を計画的に達成して行く唯一の道であり、プラン・ドゥ・シーサイクルの実質化であり、業務の高度化を図る手立てである。そして、その遂行過程を通してのみ業務に即した開発力の育成、能力向上を図ることが出来る。また、これによって初めて戦略が絵に描いた餅ではなく、計画の裏づけを持った現実の姿として現れる。もちろん、このシステムが全ての大学のモデルになるものでないことは言うまでもない。しかし業務を基礎にした育成の取り組みが開発力養成に不可欠であることも論を待たない。

確かにこうした人事評価・育成制度だけでは人は育たない。大学を良くしていくためのミッションやビジョンの共有と使命感、責任意識の自覚が全てに基本にある。その上で採用から計画的異動、管理者選任など全体の人事制度を育成型に組み替えること、さらには、前述した学内研修制度、外部セミナーや大学院の活用など、育成のためのトータルな仕組みも欠かせない。教員の教育力量の向上とともに、とりわけ、プロとしての職員の育成、アドミニストレーターとしての職員の開発力の向上なくして、大学の持続的改革はありえない。

資料3：事業企画書結果報告書

【事業企画結果報告書フォーマット記入例】

| 事業企画書承認 | 年　月　日 | 事業結果報告書承認 | 年　月　日 |

事業企画概要書・事業企画結果報告書　　　提案者（　　　　　）／／

事業企画名称or プロジェクト名	
事業特性1 事業の重要度／新規性／創造性等 目標は目的の達成を端的に示すこと。（数値化など）	事業目的（簡潔に記入する。その説明は別添で。） 事業目標（成果指標）※複数可
事業特性2 事業の能力開発度 （どんな能力を獲得／集積するか）	
事業概要 （何をどのように実施するか、大まかなフローや対象や方法を記入すること）	1. 2. 3. 4. 5.
事業期間	1年以内・　　年　　・常設
先行指標（プロセス指標） 目標を達成するための具体的な成果やステップ成果	成果基準（計画） 1. ＊成果基準に対応して「できた・できなかった」を簡素に記載 ＊ここから評価をデジタルに導き出す ＊残課題等についてはここに記載せず、総合評価に記載	成果状況（結果評価） 1. 2. 3. 4. 5. 新たな成果 成果基準に示した以外の成果についてももれなく挙げてください
運営組織／チーム （責任者：　）	人員数と分担／協業 人材条件
費用等実施条件	

分担表別紙
作業スケジュール概要添付

第4章　戦略経営を担う職員　283

会議等の実施状況報告

> 成果状況から基準にしたがって総合評価をしてください。
> 〈評価基準〉
> ○成果が予定通り達成、もしくは成果の達成可能性が極めて高い状況であればA：達成
> ○成果が達成できていない状況で、先行指標の50％以上を達成している状況をB：達成過程
> ○成果が達成できず、先行指標も50％以下30％以上の状況をC：問題状況
> ○成果が達成できず、先行指標の30％以下の状況をD：未達状況

達成状況と成果についての総合評価

　総合評価（　A　B　C　D　）

　理由（可能な限り箇条書きで記載のこと）

> 目的と目標に照らして今年度どこまで到達したのかを簡潔明瞭に記載する
> ＊「到達点」と「残課題」を明瞭にする

_____

_____

_____

_____

_____

_____

プロジェクト担当者ごとの実績評価

氏名　　　　　評価　　　　　成果と理由
氏名　　　　　評価　　　　　成果と理由
氏名　　　　　評価　　　　　成果と理由
氏名　　　　　評価　　　　　成果と理由

> 担当者の評価は以下のいずれかを選択してください。
> ・担当者の分担ごとに結果を個別に評価する（個別型）
> ・PJの評価を全員が共有する（共有型）

> 「戦略管理ツール」として全体で共有するために、誰が読んでもわかる簡潔明瞭な表現を心掛けてください。

2) 日本福祉大学職員人事制度の概要

人事制度改革の経緯

2007年10月より新たな「職員人事制度改革」を実行に移した。既に一部は先行して実施していたが、処遇制度の改定も含めたトータルな人事制度としてのスタートである。

日本福祉大学における職員人事制度の歴史的な経過は下表のとおりである。1993年に新人事制度に関する検討を開始し、1998年に「職員新人事制度」として完全本実施した。「職員新人事制度」の詳細説明は省くが、その改善を図りつつ、より今日の環境に即した形で実施したのが「職員人事制度改革」である。

以下にその制度概要を紹介するが、特徴として、下表でもおわかりのとおり、提示から5年を経過しての実施となっている。つまり、その間の事務局全体での協議・検討、および労使間における協議・検討といった過程を踏まえて実施している。これまでの人事制度の到達と課題を踏まえ、世間で導入している人事制度を参考にしながらも、極めてオリジナルな制度として立ち上げられた。

```
1993年      新人事制度検討プロジェクト設置
1994年      新人事制度答申
1996年      新人事制度仮実施
1997年      新人事制度本実施
1998年      新人事制度完全本実施
2001年      新人事制度総括
2002年      職員人事制度改革案提示
2003年      制度改革案一部実施
2004年      職員人事制度改革案提示（処遇制度含む）
2007年10月  職員人事制度改革実施
```

職員人事制度改革のねらい

職員人事制度改革のねらいは、「今後の経営環境の変化への対応として、事務局ならびに職員の業務と能力を向上させる仕組みを構築すること」にある。そのめざす姿は、「全ての専任職員が学園戦略・重点課題に機敏にシフトし、そのことによって今後必要とされる能力開発が図られ、同時に、業務改革・マネジメント改革が促進され、その結果として学園戦略を実現していく仕組み」として機能していくことにある。そして、何よりも重要なのは「事務局および職員個々の意識改革」である。激変する環境の中で、事務局および職員はどういう働き方をめざすのか、今後求められる職員像についてのビジョンが必要である。

事業経営型職員（めざすべき職員像）

まず、めざすべき職員像・働き方を、職員人事制度改革の根底に捉えなければならない。その職員像を「事業経営型職員」とし、定義として次のように定めている。

> 激変する環境変化（「経営環境や事業環境」「国民生活環境」「学生生活環境」）に対して、「戦略思考」と社会的に評価される「専門性」と「マネジメント能力」をもって課題の発見と速やかな解決を行うことができる実務家。

職員人事制度改革のフレーム

職員人事制度改革のねらいで述べたように、事務局、職員の業務ならびに能力を向上させる仕組みとして機能するためには、①職員個々の業務が、経営戦略上の重点課題へのシフトを促進すること。②事業経営型職員を創出していくことが必要である。

そのために職員人事制度は、「能力開発」「職務改革」「評価制度」「処遇制度」の一連の改革の集合体としての性格を持たせている。

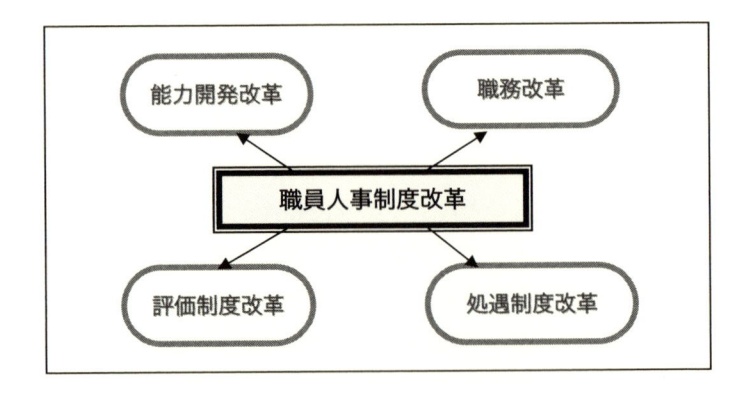

```
┌─────────────────────────────────────────┐
│   ( 能力開発改革 )      ( 職務改革 )      │
│           ↘         ↙                   │
│        [ 職員人事制度改革 ]               │
│           ↗         ↘                   │
│   ( 評価制度改革 )    ( 処遇制度改革 )    │
└─────────────────────────────────────────┘
```

能力開発改革の考え方

「事業経営型職員」を創出・育成し、かつ本学のコア・コンピテンシー（他が模倣できない優位性を確保するための能力）を集積・開発することを基本的な考え方としている。これを単なる研修制度の構築ととらえるのではなく、人事政策として、全体の職員人事制度の中に位置づけ、機能させるかがキーである。その意味では、「事務局および職員はこれからどういう働き方をめざすのか、今後求められる職員像は？」の具体化が、職員人事制度改革を行っていく上で、最も重要な基盤でなければならない。

この点に関して、様々な議論・意見交換を踏まえた結果、次の3点を今後の能力開発の柱とし、具体化してきた。

1) 「戦略思考」とスキルの獲得
   変化に機敏に対応し、創造的に業務革新を行なうことができる思考と技術。
2) 各領域における職員業務の高度化に向けた「専門知識・ノウハウ」の習得。
   激しい環境変化の中で複雑多様化する事務局業務において、常に安定かつ高度な価値・サービスを提供していく業務水準の確保。
3) 今後求められる「新たな管理者像」の構築
   とりわけ、今後の戦略課題の達成と事業経営型職員の育成には、管理職のリーダーシップとマネジメント機能の強化が不可欠。

職務改革の考え方

繰り返しになるが、職員人事制度改革のねらいは「事務局ならびに職員の業務と能力を向上させる仕組みを構築すること」にある。上記に述べた能力開発とともに業務を高度化させる具体的な仕組みの整備とその推進が必要であり、この取り組みが職務改革である。一言で言えば、専任職員一人ひとりの業務を経営戦略上の「重点課題へシフト」していくことを促進させるための取り組みである。

この取り組みが、一連の改革の成否を握っているといっても過言ではない。評価や給与といった制度の設計ではなく、職員一人一人の現行業務をリストラクチャリング（再構築）させる行動を具体的に要求するものだからである。私どもの職員人事制度改革の取り組みにおいて、最もエネルギーを傾注した所だといえる。

この職務改革を行う背景等の補足を加えると次のようになる。

（背景・現状）	（解決すべき方向）
・複雑多様化する業務・環境変化の中で、本来担うべき課題に取り組めていない現実。 ・組織として戦略・重要課題の管理の仕組みがない、全体として共有されていない。 ・戦略・重点課題を遂行する知識・スキル等の力量不足。 ・労働をめぐる法令の変化と「健康問題」への対応。	・担うべき課題（重点課題）を明らかにし、重点課題へのシフトを促進する。 ・戦略管理の仕組みを構築する。 ・重点課題を遂行する能力開発を支援する。 ・業務スタイルの標準モデルを設定する。

職務改革の基本的な考え方は、「事業経営型職員のワークスタイル」を創り、重点課題へのシフトを図ることであり、次の3点を柱としている。

> 1) 経営戦略課題を軸とした事務局業務マネジメントサイクルの整備
>   「事業企画書」による組織的な重点課題の共有と遂行（戦略管理）。
> 2) 専任職員が重点課題に集中して取り組む環境の整備
>   専任職員が取り組むべき「業務課題の精選」と「担当課題数の上限設定」。
> 3) 職員それぞれの資格・役割に応じた業務スタイル（標準モデル）の設定
>   能力開発支援、健康問題への配慮、労働関係法令の変化への対応。

評価制度改革の考え方

　一般的に人事制度上、評価の仕組みは非常に重要であり、そのあり方は組織の考え方が一番反映されるものである。1993年からの制度検討以降、従前の制度においても一貫して、評価制度は「職員の育成」に重点を置いて運用してきた。今回の人事制度改革においても育成の視点は維持し、従前の制度における課題を踏まえて改善を図った。また、今回の改革では、環境変化への対応と従前の制度運用上の課題を踏まえ、評価制度に「重点課題へのシフトを促進する仕組みを創る」ということを新たな視点として加えた。前述した職務改革と評価制度との関連付けである。詳細は後述するが評価制度改革の考え方は次のとおりである。

> 1) 目標による管理制度の運用の高度化
>   職務改革を補完するために、戦略管理の仕組みを持つ。あわせて評価の透明性を図る。
> 2) 業務課題の重要度と役割を明確にし、重点課題へのシフトを促進
>   事務局内の様々な業務課題を洗い出し、その重要度を区分し、専任職員が担うべき課題へのシフトを促進させる。
> 3) 人材育成および能力開発の支援ツールとしての高度化
>   とりわけ管理者および若手層の育成強化のために、それぞれの職務・資格に求められる業務水準・行動指標を具体化する。

処遇制度改革の考え方

　上記に述べたそれぞれの制度改革の最後の形として処遇制度がある。留意すべき点は、先に処遇制度改革ありきではなく、あくまでも職員人事制度改革の目的を踏まえ、それを支える仕組みとして最も適切な処遇制度のあり方は何か？という視点での検討・議論が重要だということである。実際に制度検討に際しては、処遇制度の検討・提示は最後だった。

　大学をめぐる経営環境の動向を考慮すると、コストとしての「人件費」課題は大きいものがある。しかし、職員人事制度改革のねらいからすれば別の側面からの課題であるということを前提に検討・議論を進めてきた。当然ながら処遇は職員個々に直接的に関係するため、慎重な検討を要するものである。折りしも制度検討時に、いわゆる「悪しき成果主義」の弊害が世間を騒がせていたという背景もあった。厳しい環境のもとでも、職員個々人が課題にチャレンジしていくモチベーションの点、公平性・納得性の点、人件費課題の点、それぞれの視点の均衡を図ることが非常に重要である。今回の処遇制度改革の考え方は次のとおりである。

---

4) チャレンジを促進する処遇体系を整備する。
　　「担う役割・課題」と「成果」に応じた処遇体系とし、職員業務の高度化を促進する仕組みと位置づける。
5) 人件費課題の観点からは定昇問題の「解決」を図る。（人件費削減は今回の主目的としない。）
　　現行の右肩上がりの人件費（給与）構造を変え、現在の定昇率を1/2にする。

日本福祉大学職員人事制度の内容

　以上の考え方を踏まえ、制度設計を行った。その内容を以下に述べる。

①**職群資格制度**

　　　全ての職員は、その個々の役割・スキル・成長度合いにより、次

のように3つの資格に格付けされている。「ゼネラルスタッフおよびマネージャー」を事業経営型職員層とし、「スタッフ」はその育成層と位置づけている。

資　　格		
マネージャー ＊部課室業務を統括する（管理職） ＊重点課題遂行を統括する ＊特定分野の知識・技術・経験をもって重点課題を遂行する	部局長	事業経営型職員
	課室長	
	主幹・参事	
ゼネラルスタッフ ＊企画立案から遂行までのプロセスを自立的に進める（管理職登用あり）		
スタッフ ＊一定の指導を受けながら、企画立案および課題遂行を行う（育成層）		育成層

なお、上位資格への昇格はそれぞれの昇格試験による。
　昇格試験　年1回実施（課題論文および面接）

	マネージャー昇格試験	ゼネラルスタッフ昇格試験
審査基準	1) 所轄業務の改革方向について学園のミッションや外部環境の変化等をふまえて課題設定し、その解決に向けての方向性を提示できる能力 2) 改革の方向性における深い洞察能力・検証能力 3) 実現に向けてのリーダーシップとマネジメント能力	1) 課題を学園全体の戦略の中で位置づけ、幅広い視点で多面的に分析する能力 2) 課題達成に向けて生じるさまざまな状況とその解決に向けての方向性における深い洞察能力・検証能力 3) 課題実現に向けて組織をマネジメントする能力
課題論文テーマ	「学園課題への提言」	「所属部課室重点課題への提言」
面接・審査委員	人事部会、大学事務局長、部局長会選出1名	

②課題・業務の区分

　事務局における業務、職員が担当する課題は様々にあるが、それらを以下の3つに区分している。そのことにより、今後職員が集中していくべき業務を明らかにするとともに、拡充・高度化すべき業務、効率化・標準化すべき業務などの区分を行っている。

課題区分	定義
重点課題	法人ならびに部課室の重点課題で「事業企画書」を提出し承認されたもの
一般課題	重点課題以外で自分が担当している課室業務（いわゆる分掌）
共通・協力業務	上記の担当課題以外に行っている業務すべて（事務局全体での共通業務、他課室からの依頼業務）

　また、管理職については、管理職務としてあらたに「管理マネジメント課題」を設定した。その内容は「本学のあるべき管理者像と管理職業務の定義」であり、その具体化を図ることにより、マネジメント機能の高度化を目指している。

管理マネジメント課題	管理職業務 「リーダーとしての基本姿勢」「リーダーシップ」「モチベーション」「組織維持・人的資源管理」などを柱に設定

③職務改革の内容

　職務改革は、今後めざすべき職員像である「事業経営型職員のワークスタイル」を創ることにある。すなわち、専任職員業務の重点課題へのシフトを図ること、同時に重点課題に集中して取り組む業務スタイルを確立することである。

この取り組みに、最もエネルギーを傾注したもので、制度の基盤であるといえる。
　前述の「背景・現状」から「解決すべき方向」への実現にむけた具体的なツールは、職員人事制度改革においてキーワードとなる「事業企画書」である。

|事業企画書| 外部の環境変化や学園の戦略を踏まえ、「学園／各部課室で取り組まなければいけない重要な課題は何か」「その達成・解決の手順、プロセス」を設計すること
　　　　　＝重点課題の内容

```
「何を」「何のために」「どこまで、どのくらい」「どのように」「だれが」を明示
　　→戦略管理ツールとして全体で共有
　　（以前の「目標による管理」は上司と部下の範囲）
```

|事業企画書の機能・ねらい|

○ 戦略管理のツールとして

　　　　　　やるべき戦略なのかどうか　どこまで進めるのか
　　　↙　　　　　　　　　　　　　　　　↘
組織全体で目的と目標および　　　明確に示すのが管理職の役割
課題を共有　　　　　　　　　　　（リーダーシップ）

○ 業務の高度化のツールとして

　　　　　　戦略をどうやって進めるのか
　　　↙　　　　　　　　　　　　　　　　↘
戦略の進め方・手順を共有　　　　共有化することが管理職と課員の
する機能　　　　　　　　　　　　コミュニケーション

○ 能力開発のツールとして

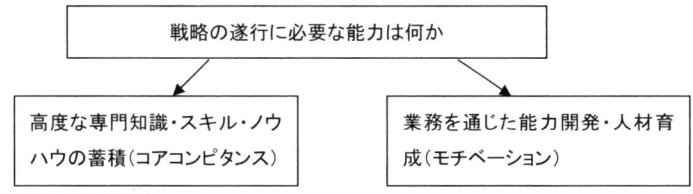

```
┌─────────────────────────────┐
│ 戦略の遂行に必要な能力は何か │
└─────────────────────────────┘
        ↓              ↓
┌──────────────────┐ ┌──────────────────┐
│高度な専門知識・ス │ │業務を通じた能力開 │
│キル・ノウハウの蓄 │ │発・人材育成（モチ │
│積（コアコンピタン│ │ベーション）      │
│ス）              │ │                  │
└──────────────────┘ └──────────────────┘
```

事業企画結果報告書 ＝ 事業企画書の内容の取り組みの報告

「到達点と課題」を明らかに

戦略がどこまでできたのか、何が課題なのかが明らかになっていることが重要

事業企画結果報告書全体が戦略の到達レベル

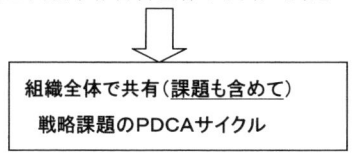

⇓

組織全体で共有（課題も含めて）
戦略課題のPDCAサイクル

④担当業務の標準モデル

　重点課題に集中して取り組む業務スタイルとして、職員それぞれの資格・役割に応じた担当課題数による標準モデルを設定した。検証を踏まえ、年間の担当課題数は7〜8、うち重点課題を4〜5担当するのを標準モデルとしている。

資格		担当課題	
マネージャー ＊部課室業務を統括する（管理職） ＊重点課題遂行を統括する ＊特定分野の知識・技能・経験をもって重点課題を遂行する	部局長	管理マネジメント課題	
	課室長	管理マネジメント課題 重点課題 共通・協力業務	3 4 1
	主幹・参事	重点課題 一般課題 共通・協力業務	5 3 1

ゼネラルスタッフ ＊企画立案から遂行までのプロセスを自律的にすすめる（管理職登用あり）	重点課題　　　　4 一般課題　　　　3 共通・協力業務　1
スタッフ ＊一定の指導を受けながら、企画立案および課題遂行を行う（育成層）	5課題 ＊その他共通・協力業務等を担当

⑤評価制度の概要

まず、評価制度の概要は次の通りである。

1) 重点課題（事業企画書）の確定および評価は事務部局長会で行う。

    このことにより、経営戦略との整合性を図っている。あわせて、評価の公平性および透明性を高めている。（従来は、目標設定および評価ともに本人と上司のみで行っており、言ってみれば密室型であった）

2) 担当業務および評価の「ポイント化」を行う。

    課題ごとにその重要度を明確にするためにポイント化を図る。あわせて、課題ごとに評価基準を設ける。前提として「チャレンジに対するリスクを軽減する」ことにあり、重点課題へのシフトを促進する。

3) 管理マネジメント課題およびスタッフ能力評価の実施

    抽象的な指標ではなく、本学において求められる水準・行動など具体的な指標を設定する。

⑥ポイント制

担当課題および評価結果を次のようにポイント化する。
ポイントは処遇に反映される。

【担当課題区分ごとのポイント】

年度当初に設定する担当課題について次のようにポイント化する。

課題区分	定　義	ポイント数
重点課題	法人ならびに部課室の重点課題で「事業企画書」を提出し承認されたもの	2
一般課題	重点課題以外で自分が担当している課室業務	1
共通・協力業務	上記の担当業務以外に行っている業務すべて	1

＊重点課題は一般課題の2倍

管理マネジメント課題	管理職業務 ＊「リーダーシップ」「モチベーション」「組織維持・人的資源管理」	6

【評価結果におけるポイント】

　年度末の担当課題の評価を次のようにポイント反映を行う。

A評価	ポイントを減じない
B評価	
C評価	0.5ポイント減ずる
D評価	1ポイント減ずる

　なお、A評価におけるポイント付与は今後の課題である。（A評価にいう「達成」の水準を組織内で明示）

　例）ゼネラルスタッフで、重点課題4、一般課題3、共通・協力業務1を担当
　　　→合計12ポイント

　そのうち1つの課題についてC評価があった場合は0.5ポイント減となり、最終ポイントが11.5ポイントとなる。

　なお、課題ごとの評価基準は次のとおりである。

課題区分	定　義	評価基準
重点課題	法人ならびに部課室の重点課題で「事業企画書」を提出し承認されたもの	目標・先行指標に対する達成度 A：達成 B：達成過程（50％以上） C：問題状況（30 ～ 50％） D：未達状況（30％以下）
一般課題	重点課題以外で自分が担当している課室業務	B：できた C：できなかった D：支障があった
共通・協力業務	上記の担当業務以外に行っている業務すべて	B：積極的に行なった C：非協力的だった

⑦ **管理マネジメント評価とスタッフ評価**

　　従来の制度では、抽象的な評価指標であったため、より具体的な指標を設定した。前提として「本学職員として、必要かつふさわしい能力・業務水準・行動」等の議論を踏まえており、「これからのあるべき職員像」をモデル化した形となっている。また、具体的かつ詳細な評価指標・項目を設けることにより、上司による育成指導の指標としていること、そして、職員全体の評価結果の分析が簡易にできるため、全体的な職員の傾向、強み・弱み等が把握できるようになった。この分析を活用して今後の能力開発の方向性を提示していきたい。

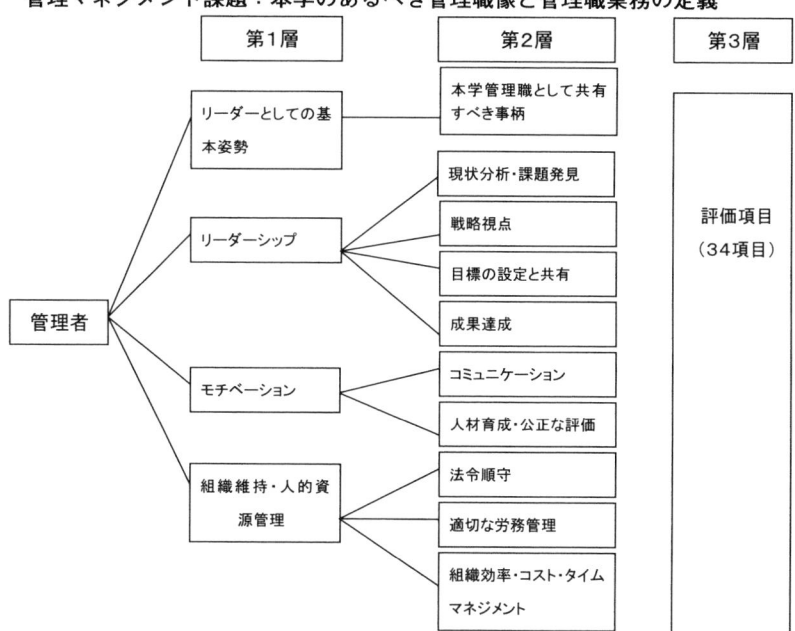

管理マネジメント課題：本学のあるべき管理職像と管理職業務の定義

```
                  第1層              第2層              第3層

              ┌─ リーダーとしての基本姿勢 ── 本学管理職として共有すべき事柄

                                    ┌─ 現状分析・課題発見
                                    ├─ 戦略視点
              ├─ リーダーシップ ─────┤
                                    ├─ 目標の設定と共有
   管理者 ────┤                     └─ 成果達成            評価項目
                                                          （34項目）
                                    ┌─ コミュニケーション
              ├─ モチベーション ────┤
                                    └─ 人材育成・公正な評価

                                    ┌─ 法令順守
              └─ 組織維持・人的資源管理 ─┼─ 適切な労務管理
                                    └─ 組織効率・コスト・タイムマネジメント
```

　スタッフ能力評価：職員としての基礎的能力の習得期間であり、事業経営型職員（ゼネラルスタッフ）に至るまでの育成過程である（能力開発の重要な期間）。その基礎的能力の獲得を促進し、育成の指標とするため、本学職員に求められる基礎的能力の基準および行動指標を定める。

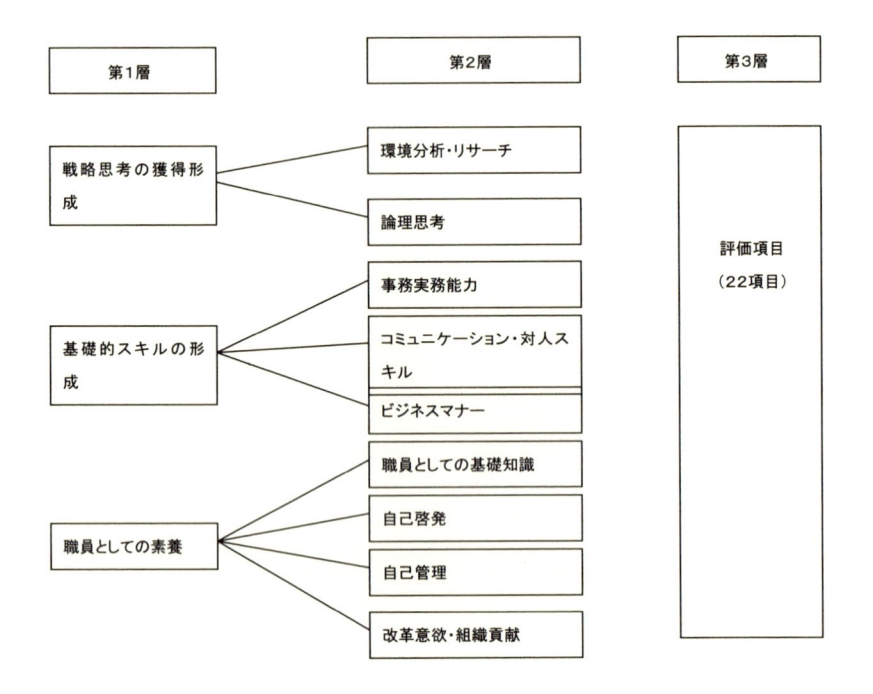

```
第1層                    第2層                      第3層

戦略思考の獲得形成  ──┬── 環境分析・リサーチ
                     └── 論理思考
                                                   評価項目
基礎的スキルの形成  ──┬── 事務実務能力              （22項目）
                     ├── コミュニケーション・対人スキル
                     └── ビジネスマナー

職員としての素養    ──┬── 職員としての基礎知識
                     ├── 自己啓発
                     ├── 自己管理
                     └── 改革意欲・組織貢献
```

⑧処遇制度改革

　　　処遇制度改革の考え方は前述のとおりであるが、これまでの私どもにおける処遇制度の課題を補足すると次のとおりである。

1. 「仕事の内容」とその対価としての「処遇」の関係が不明確。（本俸が年齢基準であり、業務・課題とは無関係）
2. 「仕事の評価結果」は期末手当に反映されているが、僅差であり、成果達成に向けた積極的なモチベーションに結びつかない。
3. 人件費コストとしてみると、硬直的な構造であり、環境変化に柔軟に対応できないリスクを抱えている。

第4章 戦略経営を担う職員 299

そうした課題を踏まえ、今回の改革では次のとおりとした。

1. 現行の本俸を、「基本給」および「職務給」の構成とする。
2. 現行本俸は「標準給与」と呼称し、標準モデルの課題を担当すれば現行本俸となる。
3. 新たに設定する「基本給」は、2体系とする。(現行5体系)
   いずれも基本給は「労働者平均賃金」を下回らない。
4. チャレンジの促進の観点から、「職務給」を設定する。
   「職務給」は担当課題と評価のポイントによる。
   (スタッフ級は「職務給」はない)
5. 人件費削減を目的としない。経費削減課題として定昇を2分の1とするよう設計を行う。

具体的なイメージを図で表すと次のようになる。

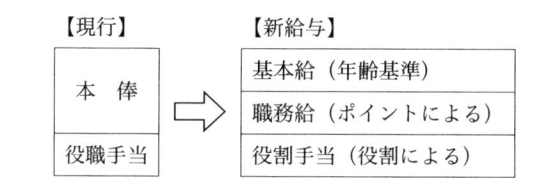

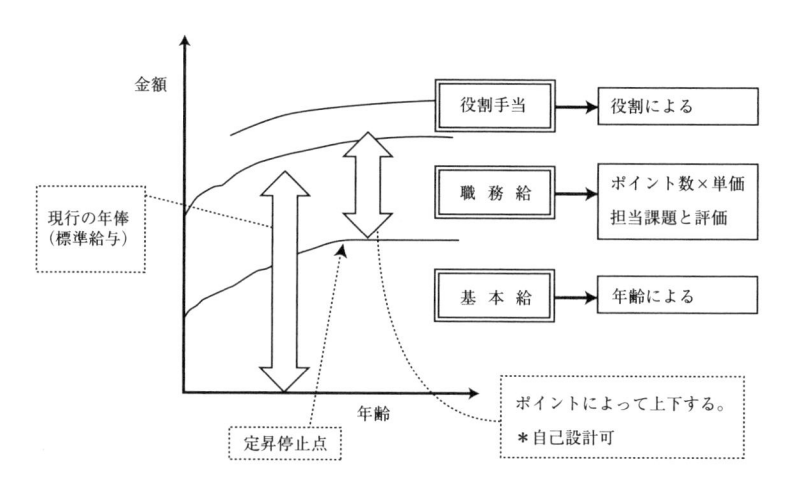

【現行】	【新給与】
本　俸	基本給（年齢基準）
	職務給（ポイントによる）
役職手当	役割手当（役割による）

役割手当	→	役割による
職　務　給	→	ポイント数×単価 担当課題と評価
基　本　給	→	年齢による

現行の年俸
（標準給与）

定昇停止点

ポイントによって上下する。
＊自己設計可

ゼネラルスタッフおよびマネージャーは、上記のような給与構成としている。
　従来の本俸を「基本給」と「職務給」に区分し、職務給が担当課題および評価によるポイントを反映した形としている。

職員人事制度改革のまとめ
　以上が日本福祉大学における職員人事制度改革の内容である。制度改革の主な内容をキーワードで挙げると次のようになる

> ■ 事業経営型職員
> ■ 重点課題へのシフト
> ■ 事業企画書
> ■ 戦略管理ツール
> ■ 標準モデル（担当課題数）
> ■ ポイント制
> ■ 管理マネジメント課題
> ■ 職務給

　スタートしたばかりなので、今後検証を行いつつ、制度改善を行っていくが、職員人事制度改革の検討から実施までの過程を踏まえると次のようなことがいえる。
　(1) 当初の改革のねらいである「事務局ならびに職員の業務と能力を向上させる仕組み」としての制度設計はほぼ完了した。
　(2) 引き続き業務の価値（学生満足度、ステークホルダー満足度、従業員満足度）を高める継続的改革をすすめるための、業務の高度化ならびに能力開発に向けた職員集団のエネルギーの源として、職員人事制度を機能させることが課題である。
　制度としてのハード面はほぼ整備したが、今後は制度の運用などソフト面での改善を加えながら、この職員人事制度を根付かせていくことが

重要であると考える。改革を当初のねらいや目標を実現すべく積極的に運用し、様々な視点からの検証・議論を踏まえながら、継続して改革を進めていかなければならない。

戦略遂行そのもので開発力を高める

　以上、今日までの各大学における人事育成制度の到達点を振り返りながら、求められる職員の新たな力量、開発力育成を目指す本学人事制度の骨格もご覧いただいた。もとより日本の大学職員人事制度において、職員のプロフェッショナル化＝開発力量向上にシフトした人事制度の完成した形、モデルは存在しない。その点では未知の分野への挑戦である。

　大学の未来を創造する仕事に、業務を通じて参画すること、そして、それを担うに相応しい力を不断に向上させるシステムが求められている。まさに、業務の量から質への転換、ＯＪＴからＯＪＤ（オンザ・ジョブ・ディベロップメント）への進化、仕事における発想力、分析力、問題を見つけ出す感度、そして解決策を全体視野からまとめ上げる力量、その遂行マネジメント力、このレベルが問われている。そして、これこそが、これからの時代に求められるアドミニストレーターとしての力だといえる。

　本学の人事制度が、そうした人材を育成する有効なシステムになっているか否かは、今後の評価に待つしかない。しかし、職能資格制度からスタートし、数々の試行や改善を繰り返しながら、全くオリジナルに、人事・総務部局の職員集団の知恵と日本福祉大学事務局全体の力で作り上げてきたシステムの中から、改革に役立つヒントを汲み取っていただければ幸いである。

　大学発展のための絶えざる改革には、抵抗もあり、批判もあり、困難もある。新しいものを作り上げるということは、前例踏襲型、ルーチン業務にはない、全く異なる新たなレベルの力が求められる。そして、こうした開発力は、実際に困難なテーマに挑戦し、問題の解決策を考え、少しづつ、そこに新たな価値、斬新な手法を積み上げることを通して、

初めて培うことが出来る。制度の有り様はともかく、何らかの形で、こうしたサイクルを創り出すことが不可欠だ。

そして、そのためにこそ職員集団が、大学のミッションに深い確信を持ち、次代の日本を担う若者を育てる仕事に使命感と働き甲斐を持って取り組むことが求められる。大学の発展と掲げた目標の前進に揺るぎなく、利害損得を超えて献身できる職員集団の育成こそが、真に大学を動かす強さを持ち、また新たな大学業務を切り開くことが出来る。

（第2節の3、本学人事制度の概要は、日本福祉大学人事課木戸脇正氏の論稿を基にした。）

第3節　職員の経営、管理運営参画

1．アンケートに見る職員の位置と役割

役割に相応しい位置づけを

職員の役割の重要性、職員が専門的能力を向上させ、大学の中でさらに積極的な役割を果たすことについては、おそらく大半の人は異論がない。教員と職員が「車の両輪」のように大学運営にとって重要だという点も、一般論としてはもっともだという人が多い。しかし、それを実体化するために、職員にふさわしいポスト、必要な権限、会議の正規構成員として提案権や議決権を持たせるとなると総論賛成、各論反対となる場合が多い。

職員の運営参加は急速に進んでいるといえる一方、職員の役割の重要性が繰り返し強調されながらも、教員のみによる統治のシステムが変えられていない現状が多いのも事実だ。しかし、この転換なしには、職員の本来的な役割の発揮も、真の教職協働による大学運営も、現場実態に基づく改革の推進も困難だ。経営面はもちろんだが、学生本位の教育を行おうとすれば、現場実態を熟知している職員の、教育づくりへの主体的な参加は不可欠だ。

大学職員論の中で、の職員参画が十分取り上げられてこなかった背景には、法制度上の位置付けの不十分さの他、これが経営・教学の権限関係の根本にかかわる問題であること、教授会自治、大学の運営は教員が決めるという伝統、これを阻害するものは教学権への介入だとする考え方などがある。大学の教育や管理運営にかかわる論文の多くが主に教員によって書かれてきた、職員からの発信が少なかったという事情もあるかもしれない。

もちろん、この問題は、それぞれの大学の目指すべき目標と到達段階によって現実的に判断されるべき性質のもので、あらかじめこうすべきだという結論がある訳ではない。しかし、アドミニストレーターとしての職員の役割、すなわち大学行政管理を担う職員像を目指すのであれば、管理運営や経営の一角に加わり、自ら政策決定に関与し、執行責任を担うことなしには成り立たない。

改めて職員の経営、管理運営参加の現状とそのあるべき姿、参画の方法を探ってみた。

1)「職員の力量形成に関する調査」

（私学高等教育研究所、2009年9月、回答233法人）

まず、職員の役割、運営参加の現状について、私大協会附置の私学高等教育研究所のこれまでのアンケート調査から、関連部分を取り出して紹介してみたい。

経営への職員の参画

　　　①理事への職員参画―145法人、62.2％。
　　　②上記のうち職員が二人以上理事に就任―32法人、13.7％。
　理事に就任している職員の事務役職名：事務局長、法人事務局長、大学事務局長、事務局次長、経営本部長、法人本部長、理事長室長、学長室長、法人室長、企画局長、総務部長、財務部長、企画財務部長、経理部長、経理本部長、広報部長、法人企画室長、政策推進課長など。

2007年調査と設問が異なり、事務役職を兼務していない職員出身理事はこの回答に入っていないので単純比較はできないが、後述する前回調査よりも、充て職（職務上の）理事はかなり増加していると思われる。

教学への職員参画
職員が何らかの教学の役職についている法人―66法人、28.3％。やや少ない。

主な役職：副学長、学長補佐、学生部長、教務部長、就職部長、教学本部長、進路支援センター長、キャリア支援部長、学生支援センター長、学務部長、研究支援部長など。

経営、教学組織への正式参加
経営組織に参加している法人―84法人、36.0％。
ただし、職員が理事として参加している法人数は含まれない。

参加している経営上の主な組織：常任理事会、学内理事会、常勤理事会、常務会、最高経営会議、経営会議、経営協議会、経営戦略会議、経営推進会議、経営委員会、執行役員会、学園運営協議会、法人運営協議会、学園政策協議会、戦略会議、総合戦略協議会、長期構想委員会、総合企画会議、企画委員会、企画調整会議、募集戦略会議、予算委員会、など。

教学組織に参加している大学―189大学、81.1％。
参加している教学上の主な組織：教授会、大学院委員会、大学評議会、大学協議会、代議員会、全学協議会、学長・副学長会議、学部長会、学部長・学科長会議、大学運営会議、大学教学会議、大学改革推進本部、大学政策会議、全学政策会議、大学改革推進会議、大学将来構想委員会、学生委員会、教務委員会、就職委員会、入試委員会、図書館委員会、国際交流委員会、学務委員会、キャリア支援委員会、自己点検評価委員会、FD委員会、授業評価委員会、学募対策委員会、入学者選抜委員会、生

涯学習委員会、企画委員会、企画運営会議、教育基本問題委員会、教育改革推進委員会、研究戦略会議、教員人事委員会など。

経営や教学組織に参加できない理由

1．教授会の自治意識が強い	22.1%
2．職員の専門能力不足している	11.7%
3．職員の位置づけが低い	23.4%
4．教員が統治している	13.9%
5．経営者の理解が得られない	3.0%
6．その他	9.5%
無回答	48.9%

（※回答の集計による平均割合）

　教授会自治、教員統治の壁が依然として強く（1と4の合計36%）、教員中心の大学運営が多くの大学で続いていることがうかがえる。その結果、職員の低い位置づけが変わらず（23.4%）、能力も向上しない・11.7%（向上を求められない）という基本構造からは抜け出ていない。ただし、無回答の半数近くにはそういった障害がないとも読める。

業務運営の現状評価

(%)

C(1)業務運営の現状評価(○)

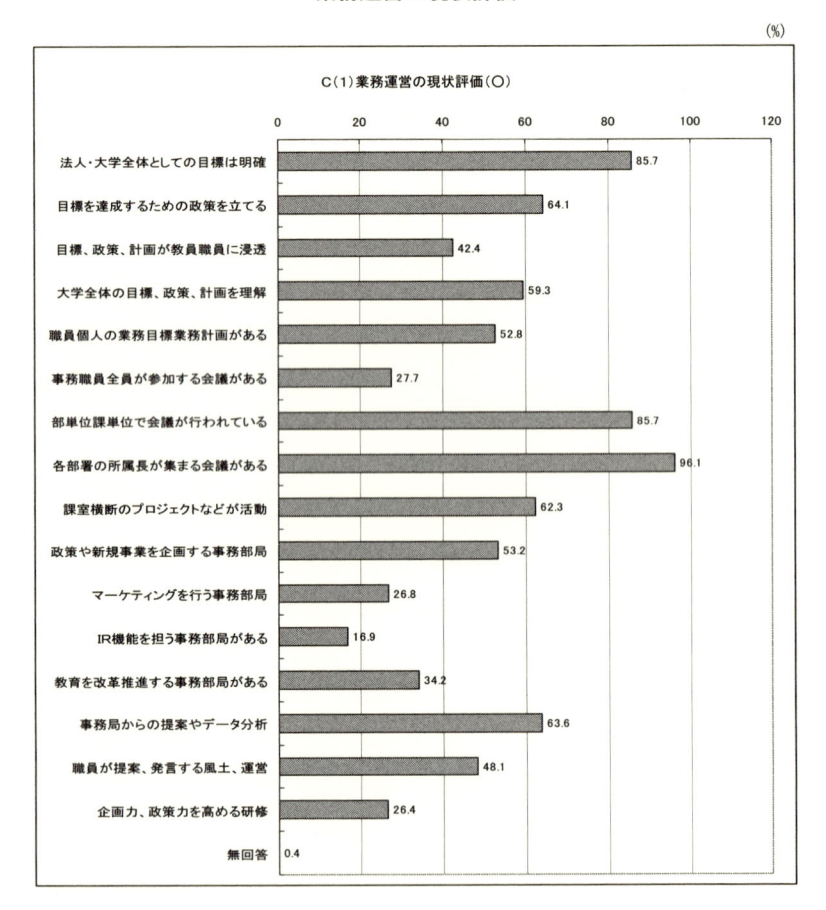

項目	%
法人・大学全体としての目標は明確	85.7
目標を達成するための政策を立てる	64.1
目標、政策、計画が教員職員に浸透	42.4
大学全体の目標、政策、計画を理解	59.3
職員個人の業務目標業務計画がある	52.8
事務職員全員が参加する会議がある	27.7
部単位課単位で会議が行われている	85.7
各部署の所属長が集まる会議がある	96.1
課室横断のプロジェクトなどが活動	62.3
政策や新規事業を企画する事務部局	53.2
マーケティングを行う事務部局	26.8
IR機能を担う事務部局がある	16.9
教育を改革推進する事務部局がある	34.2
事務局からの提案やデータ分析	63.6
職員が提案、発言する風土、運営	48.1
企画力、政策力を高める研修	26.4
無回答	0.4

　全体として法人、大学の目標は8割以上が明確と答えているが、その実現への政策があるというのは6割台、それが具体的計画となり業務目標に落ちているのは5割、教職員に浸透していると評価しているのは4割ということで順次減ってはくるが、かなり前進していると言える。中期計画を55%の法人が策定・推進している（財務調査結果）状況と照応している。事務局からの提案やデータ分析はかなり行われる（63.6%）ようになってきた。その背景には企画事務部局の設置が5割、課室横断

のプロジェクト活動は6割を超え、教育改革推進の事務組織の設置も3割を超えるなど事務局の企画推進体制の大きな前進がある。しかしながら、職員が提案、発言する風土があるというのは過半数に達しない現状に象徴されるように、教員統治の基本構造は根強く、実際の運営では、拮抗する関係が続いている状況がうかがえる。

政策決定に対する事務局の影響度合い（％）

	かなりある	少しある	ほとんどない	無回答		かなりある	少しある	ほとんどない	無回答
中長期計画（将来構想）	58.0	34.6	5.6	1.7	就職支援	84.4	11.7	3.5	0.4
事業計画	66.7	30.3	2.2	0.9	情報化計画	59.7	37.2	2.2	0.9
財政計画（運用）	71.0	21.2	6.1	1.7	研究計画の推進	10.0	42.9	45.9	1.3
施設計画	71.4	25.1	2.2	1.3	学生募集	84.0	14.3	1.3	0.4
教育計画	19.9	58.4	20.8	0.9	社会貢献	39.0	47.2	13.4	0.4
学生支援	71.9	24.7	2.6	0.9	地域連携活動	49.8	38.5	11.3	0.4

　こうした発言力は、この影響度調査でも見てとれ、大学の基本方針たる中期計画、事業計画でも6割前後がかなりの影響を持っている。教育計画など教育そのものには影響力が低いものの、就職支援8割、学生支援7割など正課外での学生育成への関わりでは圧倒的な影響力を持っており、こうした力なしには今日の教育が進められない構造となっている。

　また、今日の大学存立の生命線である学生募集でも8割を超える影響力を持っており、大学の実質運営に大きな影響力を保持しつつあることが読み取れる。

教職協働の取り組み

　これまでみてきた職員が積極的に関与し力を発揮している分野は、教職協働が進んでいる分野と重なる。教職協働が進んでいるということは、その分野の運営や業務推進に職員の参加が実現している可能性が強いことを意味している。進展している分野として、就職支援・進路指導や学生相談・生活支援など正課外教育支援分野や学生募集では9割を超え、課外活動支援や地域連携で7割となっている。

　大学の諸政策立案でも58.9％と大きくなっており、これは前項でみた中長期計画への影響度がかなりある・58％とほぼ対応している。後に出て来る中長期計画の原案策定部署に担当事務局や法人事務局長の割合が増加しているのと併せてみると、政策立案への職員の関与が大幅に拡大していると見ることができる。

　自由記述で、具体的な協働の事例として特に目立っているのは、認証評価の取り組みで、全面的な現状評価から改善策や今後の方針を導き出す作業、つまり基本政策立案作業は教職の協働が不可欠であることを示している。GPなどの補助金獲得での共同、厳しい学募状況を打ち破るための学生募集やオープンキャンパスでの共同の取り組みも多く、こうした大学の特色、コアとなる事業を導き出しブラッシュアップして社会的評価につなげていく中心業務への職員関与が拡大している。

第4章　戦略経営を担う職員　309

教職協働が行われている分野

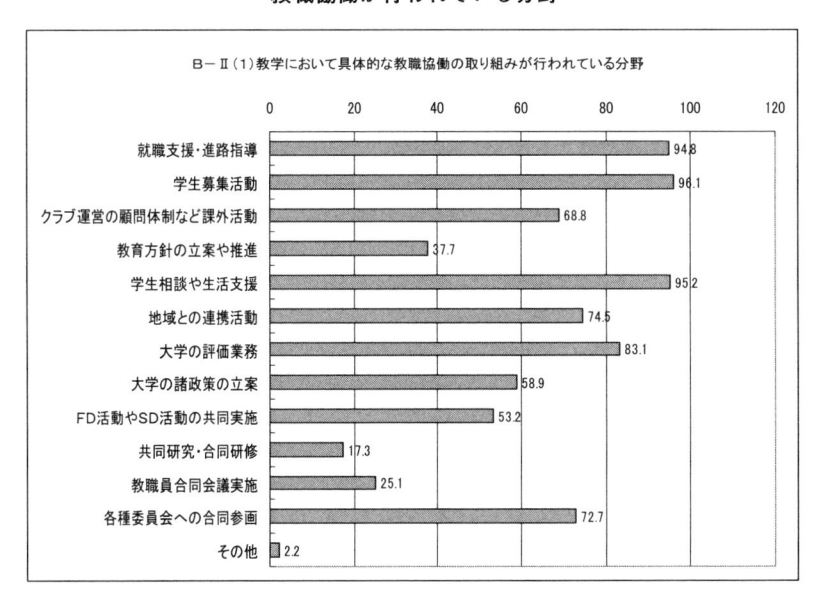

B-Ⅱ(1) 教学において具体的な教職協働の取り組みが行われている分野

分野	%
就職支援・進路指導	94.8
学生募集活動	96.1
クラブ運営の顧問体制など課外活動	68.8
教育方針の立案や推進	37.7
学生相談や生活支援	95.2
地域との連携活動	74.5
大学の評価業務	83.1
大学の諸政策の立案	58.9
FD活動やSD活動の共同実施	53.2
共同研究・合同研修	17.3
教職員合同会議実施	25.1
各種委員会への合同参画	72.7
その他	2.2

教職協働を進めるために必要なこと

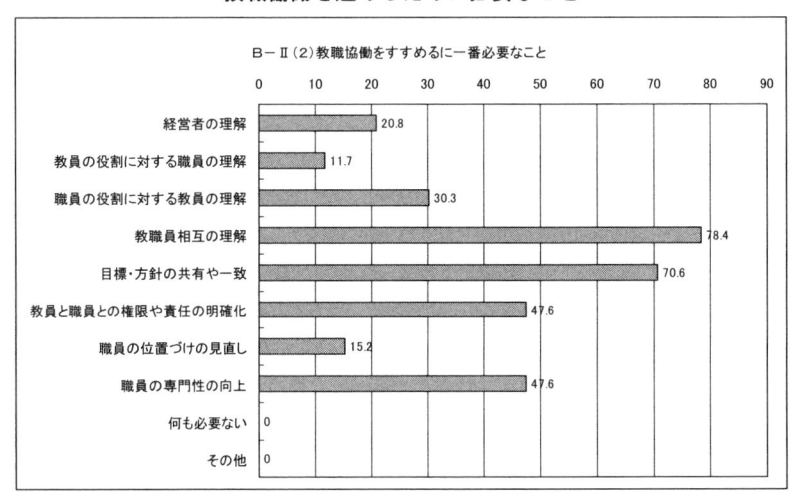

B-Ⅱ(2) 教職協働をすすめるに一番必要なこと

項目	%
経営者の理解	20.8
教員の役割に対する職員の理解	11.7
職員の役割に対する教員の理解	30.3
教職員相互の理解	78.4
目標・方針の共有や一致	70.6
教員と職員との権限や責任の明確化	47.6
職員の位置づけの見直し	15.2
職員の専門性の向上	47.6
何も必要ない	0
その他	0

過去5年間で教職協働で前進があった点（自由記述の主なもの）

認証評価・自己点検評価、GPなど競争的補助金申請、中期計画・将来構想の策定、学部・学科改組、就職支援、地域連携（社会貢献）事業、FD・SD活動、学生募集（オープンキャンパス）、教育改善、退学率改善、など。

2）「財務運営に関する実態調査」

（私学高等教育研究所、2009年9月、回答235法人）
中長期計画策定にあたっての審議機関、決定機関

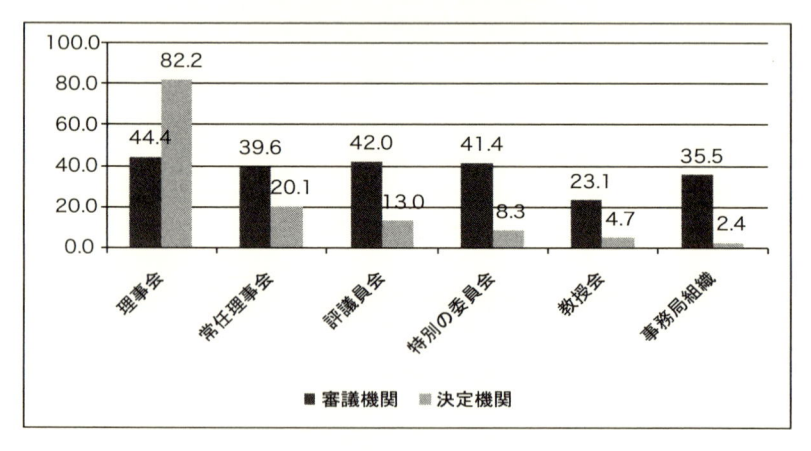

中長期計画策定の体制（複数回答、％）

	審議機関	決定機関
理事会	44.4	82.2
常任理事会	39.6	20.1
評議員会	42.0	13.0
特別の委員会	41.4	8.3
教授会	23.1	4.7
事務局組織	35.5	2.4

政策にかかわる審議機関としては、教授会より事務局がはるかに関与していることが見て取れる。中長期計画策定の一般的流れとしては、原案を取りまとめる特別の委員会で議論の後、事務局組織ならびに常任理事会で何回かの議論の往復を経て成案を作り上げる。その上で、教授会、評議員会等での意見聴取を行った後、理事会で最終決定に至ると思われる。事務局組織は、決定機関としての役割は最も低いが、策定過程にお

いては重要な役割を担っていると言える。

3)「私大理事会の組織・運営・機能・役割に関する調査」

(私学高等教育研究所、2007年3月、回答298法人)
職員の理事登用の状況

充て職理事の人数

人数	充学園長 N	有効%	充学長 N	有効%	充学部長 n	有効%	充校長・園長 n	有効%	充事務局長 n	有効%	充教職員 n	有効%
1	50	96.2	211	81.2	13	33.3	93	68.4	38	86.4	16	40.0
2	2	3.8	40	15.4	14	35.9	33	24.3	5	11.4	13	32.5
3			6	2.3	3	7.7	7	5.1	1	2.3	3	7.5
4			1	0.4	3	7.7	1	0.7			2	5.0
5					3	7.7	2	1.5			2	5.0
6					1	2.6					1	2.5
7			1	0.4							1	2.5
8					2	5.1						
9											1	2.5
14			1	0.4								
17											1	2.5
合計	52	100.0	260	100.0	39	100.0	136	100.0	44	100.0	40	100.0

事務局長を職務上(充て職)理事としている法人の比率は14.9%(回答法人298対比)。

充て職以外の理事の人数（1） 教職員

人数	教員				職員			
	充て職以外		うち評議員兼任		充て職以外		うち評議員兼任	
	n	有効%	n	有効%	n	有効%	n	有効%
1	54	29.3	59	34.5	71	44.4	63	49.2
2	66	35.9	58	33.9	44	27.5	39	30.5
3	34	18.5	31	18.1	15	9.4	13	10.2
4	16	8.7	7	4.1	3	1.9	1	0.8
5	9	4.9	10	5.8	1	0.6		
6	2	1.1					1	0.8
7	1	0.5						
8	2	1.1	2	1.2	1	0.6		
合計	184	100.0	171	100.0	160	100.0	128	100.0

　充て職理事以外の職員理事を任用している法人の比率は53.6%。冒頭に紹介した調査は、理事会への職員理事参加は62.2%だった。どこまでが職務上の理事かは確認できないが、この3年間で職員理事、特に充て職理事は増えていると見てとれる。

意思決定への影響力調査

内容別・組織別意思決定への影響力（2） 影響力を有する組織

	理事会	常任理事会	評議員会	理事長	学長	事務局	教授会	その他
予算・決算	91.1	42.8	43.3	48.9	20.6	37.2	9.4	6.1
教員人事	33.9	29.4	4.4	45.6	65.0	8.9	76.7	9.4
職員人事	27.5	34.8	4.5	64.6	21.3	70.2	3.9	6.2
学部・学科の改廃	86.0	37.4	30.7	43.6	58.1	12.8	66.5	7.3

学内諸規定の改廃	61.5	44.7	13.4	43.0	44.7	53.1	52.5	7.8
当該年度の事業計画	82.8	47.8	41.7	49.4	42.8	44.4	17.8	7.2
前年度の事業報告	80.4	41.3	36.3	43.0	30.2	45.3	8.4	5.6
経営戦略・経営計画	84.4	45.8	29.6	60.9	35.2	36.3	12.8	5.6
通常の重要案件	36.9	58.7	10.6	68.7	48.6	45.3	23.5	7.8

　このデータでも、注目すべきは経営戦略・経営計画、事業計画、事業報告への事務局の影響力である。こうした大学の最も基本的な政策形成への影響力は、教授会をはるかに超え、学長をやや上回り、常任理事会とほぼ同じレベルでの関与を行っていることが見て取れる（前述の財務調査：中期計画の審議機関と同じ傾向）。事務局抜きには、経営方針や毎年度の法人・大学の事業計画の策定はできず、その組織的な位置づけのあり方が問われる構造となっている。

　中長期計画の素案立案への事務局の関与も大きく、法人局長34.4％、担当事務部署40.6％と多くを占め、担当理事（26.9％）が職員出身のケースも想定するとかなりの比率となる。

経営・教学の政策調整機関における職員

政策調整会議の構成員（複数回答）

	N	有効％
理事長	92	76.7
副理事長	21	17.5
専務理事	17	14.2
常務理事	62	51.7
担当理事	16	13.3
学長	111	92.5
副学長	53	44.2
学部長	87	72.5
案件担当の教学役職者	46	38.3
法人局長・大学事務局長	104	86.7
関連事務部局構成員	62	51.7
上記以外	50	41.7

政策調整の分野でも、事務局長は学長に次ぎ構成メンバー第2位で、担当部署の職員の参画も含め不可欠の構成要素となっていることが見て取れる。専務理事、常務理事、担当理事が職員出身者である場合も想定すると、経営・教学の政策一致や政策の遂行に欠かすことのできないメンバーとなっていると言える。

以上、職員の実質的役割や位置付けの高まり、特に大学の進むべき方向を決める政策分野や教育分野での役割の拡大の実体をみてきた。これらに相応しい運営参加や権限が問われているといえる。

2. 職員参加に関するこれまでの論説

こうした実際の職員の役割の高まりを背景に、これまで何人かの論者によって、職員の経営や管理運営、教学参加の必要性が語られてきた。その主張点を引用を使いながら整理してみたい。

教員統治の伝統からの脱却

まずは、職員参画について明確な課題設定と方向性を示した孫福弘氏の2002年の論文から始めたい。以下の提起は、教員統治からの脱却なくして職員の力の発揮、SDの構築はあり得ないことを明確に示すとともに、それは職員の権利獲得のためなどではなく、これからの大学の生存と進化に必須の条件であることを端的に述べている。

「『教員ギルドによる統治』の伝統から抜け出ていない大学組織運営の通念をそのままにして、まともなSDの理念は構築し得ない。大学における職員のあり方を、教員統治下での単なる事務処理官僚（＝事務屋）から、政策形成に係わる経営のプロフェッショナルや、教育・学習・研究の現場を支援し実り豊かなものに育て上げる高度専門スタッフなどの新たな定義に向かって、パラダイムシフトできるか否かが鍵となる。それはまた、職員の、権利獲得運動などという矮小なレベルの話ではなくて、21世紀における大学の生存と進化にとって必須条件なのである。

…そのような認識が『大学行政管理学会』の設立へと私を駆り立てていった。」「問題の発見から解決に至る一連のプロセスを主体的かつ創造的に担える能力がプロフェッショナルたる所以なのである。プロフェッショナルとはゼネラリストの視野の広さとスペシャリストの知識の厚みを有し、政策形成から実現に至るプロジェクト遂行能力を期待される、高度な専門職業人であるといえる。」そのためには「教員との対等な関係でのコラボレーションがOJTとしてビルトインされた職場環境が望ましい…」(孫福弘「経験的SD論」IDE 2002年)

　参考に大学行政管理学会の設立の趣旨をご覧いただければ、これが一貫した考えであることが分かる。「今日の大学という組織の運営を司る『行政・管理』の領域にあっては、『教授会自治』さらに言えば『教員自治』の伝統的大学運営をいかに『近代化』できるかが問われており、それは煎じ詰めれば『行政管理機能』のプロフェッショナル化の要請ということができましょう。」

政策的視点を持つプロフェッショナル

　そして、そこに求められる力量を教学・経営の両面から考察し、とりわけ政策的視点に基づく業務遂行こそが運営参画の基盤であるとした。

「職員の仕事は、…単なる後方支援から、教育や研究活動の現場での「前方」支援やサービス、教員との共同作業も含む業務領域の拡大があげられる。…経営戦略や意思決定レベルでの支援活動、さらには能力次第ではトップマネジメントの一角を担う経営活動そのものさえ求められる。…新しい時代の大学職員像は、アドミニストレーターとか学術支援専門職員、経営支援専門職員といった明確な職務使命を冠した職種の登場に向けて進化を遂げていくに違いない。そして、そのような新しい職員に共通の専門職能を示すカテゴリーの名称は『プロフェッショナル』であろう。…それに加えて、政策的視点を強く持ち得るか否かがポイントである。政策的視点とは何か。それは、組織の目的・使命遂行との関係で自らの職務領域に課題を見出し、それをより良く解決するため

の政策を戦略的に構想・形成でき、また実現できる能力と言えば良いだろう。」(孫副弘「プロフェッショナルとしての大学職員」文部科学教育通信No.51、2001年)

職員の教学役職への抜擢

次に山本眞一氏の提起を見ていきたい。

「激変する情勢の下、大学を維持発展させていくためには、もはや古典的な教授会中心の運営では持ちこたえられない…」「事務組織は、これまでのような行政処理や教員の教育研究活動の支援事務を中心とする機能から、教員組織と連携しつつ大学運営の企画立案に積極的に参画し、学長以下の役員を直接支える大学運営の専門職能集団としての機能を発揮するよう、組織編成を見直す、」「従来の教授会意思決定よりも進んだ形の管理運営組織を考えるならば、…現在の事務局長職は、財務や管理担当の副学長に昇格させることが適当であろう」(山本眞一「改革を支えるアドミニストレーター養成の方策」カレッジマネジメント110号2001年)

「教員と職員の間は、明らかに身分格差とも思えるような状況にあり『教授会決定』という錦の御旗のもとに、大学の重要事項は全て教員が決め、職員はそれに従うだけでよいとされていた…」しかし「もはや大学は、教員あるいは教員集団の『素人経営』で済ませるわけにはいかない。」「…副学長や学長補佐には、教員出身者だけでなく、事務職員からも適任者を抜擢していくことが重要なのである。」(山本眞一『大学力』ミネルヴァ書房2006年)

「日本では教員が自らの研究・教育を犠牲にして大学の経営・管理に必要な能力の向上に時間を割くことは考えにくいので、職員の中からアドミニストレーターを養成するのが現実的です。…アドミニストレーター育成の流れが本格化してくれば、やがて大学の組織を根本から見直す必要が生じます。これまでのように、職員が大学経営の意思決定に参加できない仕組みでは、職員の意欲は触発されませんし、せっかく高度な能力を身につけても、それを生かすことができません。職員も教員と対

等に活躍できる仕組みづくりが必要です。それは、職員の権限を強化して教員から独立して仕事ができるようにすべきだ、ということではありません。職員が教員と対等の発言力を持ち、両者が協力して大学を作っていく、協働関係の構築がカギとなります。」(山本眞一「高まるプロ職員への期待」2005年)

　このように教授会機能による管理の限界を明確にし、職員の位置づけの向上、とりわけ教学上のポストへの就任による教員との対等な協働関係の構築による改革推進を提起した。

職員からの経営トップへの登用

　清成忠男氏の提起は、教員と職員は対等であることを前提に、職員は経営トップを目指すべきだし、経営のプロとして職務の連続性が認められるというものである。

　「教員と職員は車の両輪であり、対等の関係にある。…情報を共有し、設置の目的に照らして協力関係を築き、改革を進める必要がある。」「職員は…どのような職種においても、企画力が求められる。動機付けと達成経験を繰り返し、自己形成的に企画力を蓄積させることが必要で…大学運営のプロを育成することが望ましい。」

　「長期的に見れば大学法人の内部から専門的経営者を登用することが望ましい。その際、CEOには、教員よりも職員のほうからの登用が期待できる。それというのも、職員としての大学経営のプロと専門的経営者の間には連続性が認められるからである。出発点は、職員からトップへの登用をこれまで以上に重視することを大学法人内で表明することである。登用への道が明確になれば、目標ができ職員の励みになる。」(清成忠男「変化の時代には、変化対応の人事が求められる」『カレッジマネジメント』140, 2006年)

教員・職員同数の役員構成

　筑波大の吉武博通氏も、同様に対等関係を強調した上で、役員は教・

職が同数程度で構成するのが理想とし、強固な協力関係で教育や経営にあたる職務構造の構築が不可欠だとしている。

「大学においても、職員が大学経営改革の担い手となって、学長や役員を支え、教育・研究現場では積極的に教員と協力し合いながら、この激動期を乗り切っていかねばならない。」「まず、大学が職員に何を期待すべきかについて考えて見たい。これは①経営スタッフとしての役割、②教員と協力して教育・研究を企画・推進する役割、③将来の経営予備軍（役員候補）としての役割、の3点ではないだろうか。

…②の役割とは、入試、教育課程の編成、学生生活支援、研究費の配分、競争的資金の獲得、産学連携などの業務について、教員と職員が役割に応じ、対等な立場で協力して企画し実行することを指す。…職員をもっと能動的に参画させることにより、さらに効果的に教育・研究の質を高めることができる…

③の役割については、大学としてその可能性をあらかじめ明確にしておくことが望ましい。筆者は、役員ポストを教員出身者と職員出身者が同数程度シェアし合い、それに若干名の学外者を加えるのが理想的なトップマネジメントの構造ではないかと考えている。職員のゴールとなる役職到達点が部長までとか課長までとかあらかじめ決められていては、志の高い人材は集まらない…。教員が主役、職員は脇役と言う図式を払拭し、強固な相互補完関係をベースに、協力して教育・研究や経営に当たるという職務構造を作り上げていかなければならない。」（吉武博通『カレッジマネジメント』133、「プロフェッショナル人材にどうやって育成するか」2005年）

職員は分野が違うだけで対等

川本八郎氏は、職員出身のトップとして、実践者の立場からこれらの点についてさらにストレートに提起する。

「大学職員のあり様というものを、我々は根本的に考え直して、職員の力量向上、言い換えますと職員が学園の全ての分野において主要な主

人公として登場する大学を作らなければだめであると考えます。大学の職員は先生の下僕ではありません。立場が違うけれど、自分の仕事に堂々と確信を持って提起しなければだめです。」「学部長は選挙によって2年か3年で交代します。では総体としての大学の社会的・歴史的な視野から学生実態を、誰が整理・分析し、問題を提起するかといえば、私は事務局であると思います。事務局ということは職員です。」(川本八郎『21世紀の大学職員像』かもがわ出版2005年)

「事務職員がいなければ、大学は潰れるのである。そういう重要な役割を持っている。教授や助教授と、仕事の関係においては分野が違うだけであって対等である。コンプレックスを持つなどというのは根本的な間違い…。」(川本八郎『大学行政論Ⅰ』東信堂、2006年)

「学長を選ぶ選挙に職員が参加している大学が日本にいくつあるでしょうか。教育や研究を支えるために1日中働いているのに、その代表者たる学長を選ぶ権限を与えられていないことに職員は憤りを持たないといけない。総長選挙も、学部長選挙も職員全員が参加する。そのことが、職員に誇りを持たせる。そうした素地がなければ、職員にどんな改革案を提出させても効果は上がりません。」(川本八郎前立命館理事長『ビットウィン』2002年)

「車の両輪」論の学内機構への実体化

最後に私自身のこの問題に対する主張を載せさせていただく。

重要なのは「職員は学園・大学の意思決定過程に参加し、ふさわしい権限を持って責任ある業務を遂行するという点だ。これなしには、いかに素晴らしい業務提案も実際の大学運営、戦略遂行に生かせないばかりか、事務局の主体性も、自覚も成長しない。教員のみを中心とする運営から教職のコラボレーションによる改革推進へ、明確な転換が求められる。

職員参加には、経営組織参加、教学組織参加、政策審議組織参加の大きく三分野があるが、最もハードルが高いのが教学参加だ。その背景に

は、「教授会自治」の理念や、職員の人事権が理事会にあり、形式的には学長ライン系列にない点などがあげられる。しかし、大学教育も教員の教授労働と職員の教学業務の結合によって成り立つ以上、職員組織がきちんと意思表明でき、率直な提案が出来る運営が望ましい。こうした職員の位置づけによって、大学改革のテーマを共に担う、真の教・職協働の前進、改革の前進へと繋がる。…現場業務に従事する職員が把握する問題点やニーズを踏まえる事なしに、真の改革的な、現実問題に立脚した戦略形成は不可能である。そしてそのためにも、事務局の問題分析力量や政策形成力量が厳しく問われる。」

「第一は、職員の管理運営への参画問題だ。職員の位置づけや役割の重要性の提起から、経営組織や大学機構への職員参加のあるべき姿、そこでのポストや権限など具体策が不可欠だ。これを語らない職員論には限界がある。「車の両輪」論を学内機構に実体化する取り組み、方法論なしに、職員の主体性の確立、急速な力量形成、真の教職協働は難しい。…教学との関係では、現在、副学長など重要ポストへの職員配置は徐々にではあるが広まり、大学各機関への職員参加も前進しつつある。教・職協働からさらに教・職幹部の一体的業務遂行へ進む具体論の解明が必要だ。また、これがアドミニストレーターの実現にも繋がる。」

(『大学アドミニストレーター論』学法新書、2007年)

職員参加の限界に関する指摘

職員の経営への参画については、原理的な問題の指摘はほとんど聞こえてこないが、教学運営への参加や教学ポストへの就任にはいろんな意見がある。

大学は教員と学生で成り立っており、大学の自治の基本は教授会自治なので、教学上の決定に職員が関与することは望ましくない、とする考え方はまだおそらく多くの大学の運営原理の根底に流れていると思われる。その背景には、職員は理事会(経営側)に雇用され、管理職も理事長発令でなっており、教授会の承認を得ているわけでもない。それが教

学機関の正規構成メンバーになったり、大学役職に就いたりするのは教学への介入につながるという考え方である。国立大学法人のように学長が理事長を制度的に兼任するシステムだとこの辺は違いが出てくるかもしれない。

　教学事項にかかわる決定権限が教授会にあることは自明で、その点から教授会自治を主張されることにも根拠がないとはいえない。教学運営への参画を提起するのはこの最終的な決定権への参加ではなく、決定に至る教学方針の立案形成過程への適切な職員の参加であり、決定後の執行過程への責任を持った（権限を委ねられた）参加である。そしてそこには何らかのポストへの就任や規定上の位置づけが伴わねばならないと考えている。教授会構成員そのものにも、学校教育法第93条2項「教授会の組織には、準教授その他の職員を加えることができる。」を根拠に、職員を教授会の正規メンバーにする大学も出始めている。しかし、ただちにこの動きを広め、職員の最終決定権への関与を拡大すべきだと考えている訳ではない。

　「経営や運営に参加できる道がある、というのは良い。しかし職員と経営者は機能が違う。それはスタッフをやめてなるのであって、スタッフが経営者というのはあり得ない。職員の職務はあくまで教育・研究支援、経営支援。職員の職務はそういう意味では一定の枠内にある。職員の独自性や自立性はあり、その自己形成は重要だ。しかしそれは自治参加、大学運営への参加で果たされるわけではない」とする考え方もある。これも原理的におかしいとはいえない。職員がいくら力量を高めてもイコール経営者ではない。しかし、経営や教学の担い手として重要なポストに就くことは、職員が果たすべき役割からみて、それが阻害されている今日の状況からも、推進すべきだと思う。また、今日の職員の職務のあり様を支援という言葉だけで括れるのかという点も議論すべきだ。大学の運営を決するのは教員で、職員はあくまで支援・脇役だという分担ではなく、今日の直面する課題に双方が持つ固有の役割と立場を尊重し強みを生かして協働する、そのためには同じテーブルに付き、一定の権

限を分有して運営を担うことが大切である。

　職員の、とりわけ教育分野での業務は急速に拡大している。正課を含む学生成長にかかわる教育システムの開発やキャリア形成のための学習支援、授業評価や履修実態分析、カリキュラムや授業改革、FDの前進に向けて積極的な課題提起などを行っている。職員が教員と共に学生の入学から卒業までに直接責任を負いエンロールメントマネジメントを担うなど、教育の事務から教育作りを共に担うスタンスに進化しつつある。しかしそれを教員の側からみると、「それに期待するところもある。正課授業のみで学生は育たないというのもわかる。教育は職員の支援なくして成り立たないのも当然。そういうスタッフ機能を開発するSDは必要だ。しかし、学生教育の中心的担い手に職員がなれるかというとこれは無理。やはり支援活動に止まらないと、スタッフ機能が肥大化し、どんどん教学や経営にまで介入することは、教員をそういう業務から遠ざけ、無責任化し、サラリーマン化させる」。

　この主張も、教員が教育責任を持って、学生に積極的に関与し成長させていく役割を、今以上に果たそうとする点ではあり得る主張である。しかし、その上でなお、教務系職員は教務事務の殻を破り、教育づくりに聖域なく参画し、直接の教育的指導・援助の領域にも踏み込むべきであると考える。職員の積極的教学参加は、教える側からの目線のみからの教育改善から学士力答申の提起する学生本位の教育への転換、学生満足度の向上にとっても重要な意味を持つ。双方の緊張関係の中から、より良い教育づくりを追求するのが望ましいあり方だと考える。

3．日本福祉大学における職員参加の「戦い」

職員参画の理論的根拠

　日本福祉大学の職員参画の取り組みは、40年以上にわたる継続的な職員の力量を高める努力が基本にある。この歴史については、すでに第3章で述べた。その中で取り上げた職員の管理運営参加の理論的な根拠

について、1982年に書かれた『大学職員の任務─「教学権」「経営権」の検討を通して─』(渡辺照男)の内容をさらに詳しく見てみる。

　大学職員の役割(機能)を考えると、「広義の条件整備と教育的援助指導」という言い方が妥当だ。職員の中心的役割のひとつである条件整備の「条件」とは、研究・教育・学習を構成する物的ないしは組織的な領域を指す概念。教育は、何らかの教材なしでは存在しえないし、研究は、それに必要な情報や研究資金の裏づけなしには成立しない。学習は、教育体系ないしは課外学習を保証する諸条件、施設の存在を必須のものとする。これらの「条件」が、研究・教育・学習にとって外的なものではなく、そのものを構成する有機的部分、ないしは研究・教育・学習の物的(資金、施設、設備、情報)あるいは組織・制度的側面を指す概念として一体のものと理解すべき。

　この条件整備とは明らかに「教学権」の枠内に入る仕事である。その担い手(主体)たる職員ないしは事務局は「教学権」の担い手でもある。すなわち、事務局の主要な業務は「教学権」の有機的構成部分としての条件整備業務の担い手であり、当然大学の自治(大学運営)の担い手である。

　しかし同時に、教学の物的あるいは組織的・制度的側面を対象とする「条件整備労働」は、そのこと自体のうちに「経営権」とのつながりを持っている。経営と無関係に教学権を語ることは夢物語であり現実的意味をなさない。こう考えると条件整備とは教学の有機的構成部分であるとともに経営との深いつながりを持つ独自の領域の業務であることが分かる。事務局は条件整備(大学の現実運営)に実質的な責任を持つ固有の立場から、理事会や教授会の決定の受動的な執行者の位置にとどまらず、主にスタッフ的な形をとって、積極的にその意思を統一し、責任を持って執行している。このような主体的な働き掛けがなければ大学は日常的に機能しない。

　その点から事務局は、教学と経営の統一を積極的に組織する独自の機能役割を持ち、またこれなしに教学は、一歩も現実の基盤を持って機能

することができない。その役割を果たすための事務局権限としてスタッフ権限（提案権、発言権）、事務執行権（業務編成権や裁量権）、力量を高めるための研修権などが確保されるべきである。また、その機能を担保するために経営機関、教学機関の執行的組織には正式メンバーとして参画すべきである。

　この理論的解明は、その後の職員参画の前進に論拠を与え、実践的にも大きな意義を持つこととなる。

管理運営参画の要求（青パンフ）
　こうした積み重ねを経て、1984年にまとめられた「事務局改革の現状と課題」（通称「青パンフ」）があるが、この主張と要求のポイントを具体的に見てみる。
〈管理運営全般に関する提案〉
＊教学と経営の意思の統一に基づく学園の将来発展構想の早期策定、全学合意の形成
＊教学と経営の統一意思を体現する執行責任体制の確立、政策一致を保証する体制の強化
＊学園・大学の管理運営組織の構成員への事務局代表の参加
＊学園・大学の役職者に対する選挙権ないしは信任権
＊将来構想策定にあたっての各種の検討組織（プロジェクト、委員会、協議会等）への事務局職員の正式参加と職員の総意の反映
＊運営委員会（学部長会議などに相当）における事務局出席者の発言、提言などの権限の保障
＊教授会専門委員会への事務局参画は検討課題とする。（中略）
〈経営機関と事務局の位置づけに関する提案〉
＊経営の基本構想、経営政策、重要方針（予算編成方針、学費改定など）の職員会議への速やかな報告、説明と総意の尊重
＊理事会と課長会議の懇談会の開催と認識の一致
＊事務局長の理事就任、評議員の職員枠の拡大

＊事務局の人事（採用、配置、異動など）、研修の事務局への権限移譲（以下略）

　統一政策の形成過程への職員参加、経営参加を求めつつも、直接的な教学機関への参加には慎重な表現となっており、当時の壁の厚さを伺わせる。これらは職員会議で議決後、職員の総意として経営、教学両機関に提起されるとともに、事務局改革の旗印としてその後数年間の「戦い」の指針となった。

　1990年代に入り、こうした長期にわたる職員の力量形成のたゆまぬ努力、事務局改革の積み重ねとその実際の業務遂行を通した成果、課長会議を軸とした職員幹部集団の政策・マネジメント力量の向上、青パンフなどにみられる実際の政策提起の実績と信頼等を基礎に、徐々に経営・教学機構の中に構成員として位置づけられていった。こうした、いわば「戦い」取った参加こそが、今日の本学での、職員の実践に果たしている役割であり、力であると思っている。

４．職員の管理運営参加の手法

　最後に、職員が参画を目指すべき主要機関の分類と、参加を進めるための具体的な取り組み方法について述べたい。参加の必要性だけではなく、どうしたら参加できるか、具体的な行動につながるノウハウも求められている。

正式参加すべき経営、管理運営機構の分類
(1) 理事、評議員、経営関係役員等経営機関のポスト
(2) 常任理事会、学内理事会、経営会議、財務委員会等経営執行機関への正規構成メンバーとしての参加
(3) 副学長、学長補佐、学部長補佐、就職部長、学生部長等教学機関のポスト
(4) 学部長会議、大学教学会議、大学運営委員会など教学運営機関への

提案権、議決権を持つ正規メンバーとしての参加
(5) 将来構想委員会、改革推進委員会など大学の中長期計画の検討、審議機関への参加
(6) 学生員会、教務委員会など教授会の執行機関への正規メンバーとしての参加
(7) 各種のテーマ別プロジェクト（カリキュラム改革、GP獲得、認証評価など）へのメンバー参加。

代表一人の参加から複数参加へ。議事録係、陪席、慣例的参加から規定や内規、発令による構成員参加へ。そして会議体中心の運営から権限の明確化と委譲が求められる。

参加へのアプローチ

まずは参画の前提として、全学の中期計画、経営計画、教学改革や各分野ごとの政策にかかわって、職員が現状評価や分析、他大学調査やそれとの比較、問題点や課題の抽出、その解決方策や強みの向上方策、新規事業提案など大学に求められている重要テーマについて提案すべき政策や計画、改善案を持っていること。

(1) 全体政策でなくとも、個別政策、課室単位、分掌単位の提案からで良いので、まず身の回りから改革案、改善提案を考える。とりあえず議論できる職員間で意見交換、グループで方針を共有、一致できる仲間を増やす。勉強会などの組織も有効。若手で理解のある教員との率直な議論も必要。賛同を得られれば良いが、意見は違っても一つの有力な案だとの承認が得られれば力になる。
(2) そのうえで課レベルでの議論、課長など上司の了解を得る。方針として完全に一致できなくとも、個人責任で提案、議論することの承認をとる。プロジェクト、委員会、会議体で議題として設定してもらう。そのための根回し。審議、決定に持ち込み、実践する。計画のマネジメントを行い、成果を上げ、評価を獲得する。小さなことからでも、改善を持続させることが重要。例えば学生満足度向上、退学率減少な

どで現実可能な改善を積み重ねることで実績を認知してもらい、熱意や力量への信頼を勝ち取る。教職で協働して取り組むテーマや場面を積極的に作り出し、また活用することも重要。

(3) そうした実績と信頼の上に、各委員会や会議体への正式参加の必要性を理解してもらい、規定（内規）、申し合わせ事項等の改定案を承認してもらい、委員等に正式に加わることとなる。しかし、ことはそう簡単ではなく、この規程の変更や委員の任命権などの人事は、上司や教学役職者、トップの理解と納得、少なくとも承認がいる。そのためには、その背景を作り出すことも大切だ。職員の多数が望んでいることをいろんな機会にアピールする。業務上の会議はもとより、有志・グループの会、研修会や勉強会、懇親会、組合などでの公式・非公式の場での発言。理解ある管理職を巻き込めれば大きな力になる。

(4) 改善提案は、管理運営制度の改革、組織整備のタイミング、理事長、学長、事務局長の交代時、新学部や新規事業の立ち上げ時、年度代わりなど、体制の整備や再編が課題となる時期にチャンスを逃さず行う。事務局組織体制に限定した改革からまず始め、その視点から経営や管理運営への職員のかかわり方として職員参加の改革案を提示していくやり方だと事務局組織の改善として決定できる可能性もあるが、最終的に理事会（学内理事会）、教授会（大学評議会）などの決定機関に持ち込んで決定しないと難しい場合もある。

(5) しかし、管理運営は、それぞれの人の権限にかかわる問題であり、物事を決める基本のシステムにかかわり、特に、決定権限をすべて教員が独占している組織にとっては、触れることがタブー視される問題となる。トップやキーマンには理解を求め、主張すべきは主張することが大切だが、全員の納得を得ることは難しい問題でもある。決定権者の起案決済、決定権を持つ組織での必要な決定を受け、その他機関は報告にするなど、不必要に了解を得る範囲を拡大しないことも配慮すべき点だ。

(6) あらゆる改革には、まず管理運営、組織体制の整備が先行するのが

王道であり望ましい。古いシステム、体制のままで新しい改革をやろうとしても、斬新なプラン、抜本的な改革は、調整に引きずられ実現しない。それは、本格的な改革とは、必ずこれまでやってきたことの転換となり、既得権益を侵すことにつながるからだ。抜本改革とは、従来の延長線上での事業や教育システム、業務を否定することで成り立つ。したがって抵抗も多いが、やはり、まず管理運営改革を断行するのが近道だ。体制と人事の改革に手がつけられず、順送り人事や年功型人事が変えられず、迅速果断な意思決定システムと責任体制が確立できないところでは、改革もまた進まない。

役割にふさわしい運営参画を

職員が元気な大学は、大学全体が元気、改革が前進していると言われる。その言葉自体は感覚的なものかもしれないが、その背景にある運営構造は、根拠を持ったものかもしれない。

現場実態やデータが大学の経営や教学に迅速に反映することなしに、真の問題解決は進まないし、現実問題に切り結んだ政策の推進も困難だ。学生実態を踏まえた教育の展開なしには学生満足度の向上も、学生本位の教育の実現もできない。これらの根源に、現場にいる職員が大学運営に積極的に参加し、率直に発言し、各種の提案が尊重され、生き生き活動しているかどうかがある。

教育も経営も職員の労働なしには実現し得ない。教育と経営の実際の遂行は、職員の業務を通してしか形にならず実を結ばない。この業務として結実させるという機能は、経営と教学を統合する機能であり、大学の内と外を結ぶ機能であり、政策・方針を実態・現実と接合させる機能である。

いかに優れた教育事業でも予算や人の配置（経営）と結び付かなければ現実のものとはならないし、いかに優れた方針でも、外部環境や学生実態に合わなければ実践は困難だ。逆にいえば現場にいる職員は、社会、ステークホルダーのニーズや要望を大学本体とつなぐ役割を担っており、

単なる方針の受動的執行者の立場にとどまらず、その統合を積極的、主体的に組織することが求められる。これら職員が担う経営・教学の統合機能、大学と社会・実態との接合機能こそが、業務を通して職員のみが果たしうる固有の機能である。これこそが、大学運営参画、政策形成への参画の原点、根拠であり、これを大学の一致した目標の実現に向けて、より高いレベルで発揮していかねばならない。

職員なしに大学は一日たりとも動かない。それぞれの固有な役割を踏まえた教職の新たな協働による目標遂行への営みこそが、力のある大学を作り上げる。

第4節　大学職員の固有の役割(労働)とは何か

大学職員の位置づけの変化

大学職員の労働は、長きにわたって、教員による意思決定や教育の補助的役割として位置づけられてきた。これは、大学は教員と学生によって成り立つとする古くからの大学観が背景にあるが、この教員のみによる大学統治を制度化した「大学の自治＝教授会の自治」論が強く作用していることがあげられる。この、戦前からの伝統的な制度は、外部からの大学干渉に対し自立を守る点で大きな役割を果たしてきたが、学内決定権限を独占するにつれ、教員以外の大学構成員の意思を阻害する障壁としても、強力に機能してきた。

職員の役割の変化は、2000年以前の『IDE』のふたつの特集、1979年「大学の管理と事務」、1990年「大学の運営と事務」と、2000年以後の4つの特集、2002年「大学のSD」、2005年「SD、大学職員の能力開発」、2008年「これからの大学職員」、2010年「プロとしての大学職員」を比較してみると明瞭にその違いが読み取れる。

進学率推移で変わる大学の役割

日本の大学の進学率の推移は、1970年代・15%、1990年代・25%、

2000年・40%に近付き、2010年に50%を超えた。これと連動する形で、大学に求められる機能も大きく変化してきた。これがエリート、マス、ユニバーサルの各段階の大学の特性に対応すると思われるが、職員の役割、業務領域の拡大という視点で見ると次のようなことがいえる。

(1) 教育重視への転換―職業人育成、資格教育、体験型・実践教育、学士力、社会人基礎力、狭い専門より教養など、教育のフィールドの広がりに伴う職員分担領域の拡大。黒板を背にした教育だけでは育成機能が果たせず、職員の存在なしには満足度が向上しなくなった。
(2) 進学率の上昇に伴い学生の多様化が進行―様々な学生支援システムが不可欠になってきた。
(3) 大学機能の多様化―とりわけ社会貢献機能が増大し、地域社会、自治体、企業とのつながりが重視されるようになり、この第一線にいる職員の役割が増してきた。
(4) 教育・研究活動を社会的評価に結び付ける業務の重要性の飛躍的高まり。志願者の獲得、卒業生の就職、認証評価など。この中心的担い手としての職員の重要性が増した。
(5) 法・制度、行政対応の高度化―学部新増設、各種申請業務、競争的資金獲得、経営、マネジメントの複雑化、領域拡大と高度化、PDCAサイクルの実行など。これらを担う職員の専門性への期待の高まり。

以下のような機能の拡充が、否応なく職員の業務の高度化と領域拡大を推し進めてきた。

とりわけ保護主義的な政策から大学市場化への大転換に伴い、学術的卓越性だけでない、大学の総合力、マネジメント能力が求められ、また、研究中心から教育・学生重視が問われ、これが従来型の運営システムの限界を明らかにした。

厳しい競争は、大学に真の力を問い、努力しただけ評価される。目標の実現に向け、根源的な大学の力が求められ、教員と共に職員の力、その固有の役割と専門性を生かした教職協働が求められることとなった。

職員の固有の役割とは何か

　大学行政や教育の現場で働く職員の固有の役割とは何か？大学職員の本質とは何か？これらの問いに対する答えは、これまで、あまり深く究明されて来なかった。

　かつて本学では、職員の業務を「広い意味での条件整備並びに教育的援助指導」と規定し、それをスタッフ機能、執行・管理機能、支援・サービス機能を通して実現していくと定式化した（199p参照）。これは職員の役割をかなり正確に表していると思うが、今日の状況も踏まえ、いくつかの点を補うと、以下のようなことが言える。

(1) 職員労働の基礎となる執行機能とは、大学の理念や目的、政策や事業計画を実際の業務、法令や制度、財政や人事、組織や規定、情報、施設管理…と結合させ、形にすることだと言える。これなしには経営も教学も、一歩も前に進まないし、大学は一日たりとも動かない。そして職員は、経営、大学行政、教学の全ての現場（末端）にいる。職員のチームとしての組織的な行動が、大学全体の現実を動かしている。その現場からの方針の創造的な執行のあり様、水準が、大学の質や評価に大きな（決定的な）影響を持っている。

(2) これは、裏を返せば、現場の実態と大学方針をつなぐことだと言える。実態に合わない方針では、実行はおぼつかず、成果も出せない。現場は、政策の執行現場であるとともに政策の発生源でもある。むしろ、現場に寄せられるニーズや要望をいかに方針に反映出来るかが、競争時代の大学には求められる。この実態とは、学生実態であり、大学を取り巻く環境である。この、大学政策と現場実態の結合が、今日の大学職員に、まず求められる役割である。

(3) この役割は、別の視点から見れば、教学（の理想）と経営（の現実）をつなぐ、または結合させる機能でもある。業務として執行する、ということの中には必ずこの両者の結合が入っており、経営的判断、教学上の必要性だけで業務遂行はできない。業務の本質的機能といえるこの統合を、単なる業務執行レベルから政策レベルに高めていくこと

が職員のスタッフ機能として求められる新たな役割と言える。

(4) また職員は、大学の内と外をつなぐ現場にいる。大学の内部と外部の接点で職員は仕事をしており、政策や方針を外に働きかけ、実践し、その成果や評価を作り出す業務に従事している。これは広島大学の大場淳氏が「学内構成員と外部関係者の境界で『通訳』の役割」を担っていると位置付けている通りである。大学の対外機能が拡大するとともに、逆の、地域社会、高校生や就職先企業の期待をいかに政策に取り込めるか、これが大学の前進に決定的役割を持つこととなる。

教育分野における役割

　この点では教育業務も同様で、専門教育を教授する教員と学生をつなぐ役割といえる。それは学生実態であり学生の要望であり、授業評価や履修制度、成績管理システム等の業務を通して掌握した学生実態をベースに、いかに教育効果を上げ学生満足度を高めるかという現場の視点から教育づくり、教育目的の達成に参画する役割が求められる。

　この延長の中に、大学職員としての固有の役割、教員の教育活動を支え、その目的達成を担う各種の学生支援、サービス業務が発生し、専門化していった。こうして直接の教授活動を除く多くの教育的指導、支援、相談、アドバイス等の専門職が成立し、教育分担領域が拡大、教員との境界線はしだいに不分明になってきている。これが今日では、正課教育に並ぶ正課外教育の大きな体系となり、学生育成、満足度の向上に不可欠な分野となっている。（フィールド・体験教育、進路・資格取得教育・就職指導・支援、キャリアアドバイス、学習相談、健康・学生生活支援・課外活動援助など）

　教員は教える側に位置する。職員の仕事は、教学実態から出発しており、学生の目線に立つことができるし、それなしに業務上の課題や問題は解決しない。この立場の違い、目線の違いが、学生本位の教育の実現にとっては大切な点で、教育改革の前進は職員の教育参加のあり様によっても左右されるともいえる。教育そのものも教職の協働を不可欠とし

ているが、さらにGP獲得、認証評価、学生募集など協働の舞台は急増、お互いの専門性を改めて確認し、信頼を深める契機となる場面も多く作り出されている。

教育分野での、職員の固有の役割は、開拓的な実践を通して明らかになりつつあり、アカデミック・アドミニストレーター、学術専門職員、教員外専門職員、いろんな呼称で呼ばれるこの分野の専門職化、その内実作りが求められている。

新たな職員の役割

今日の大学の競争的環境が、ますます職員の役割を鮮明にし、新たな機能を求めている。

職員の固有の役割である執行・管理、マネジメントスタッフ機能、教育的援助・サービス機能を、ただ受動的に遂行するだけでは期待される役割は果たせなくなった。目標の実現に向け、積極的に業務を組織し、作り出す役割が求められている。すなわち、現場にいる特性を生かし、条件整備・執行機能を通して得た情報をもとに、この実態を大学の改革方針に生かす、戦略を現実に合ったものとして企画・提案する役割が重視されるようになった。つまり、上から下への方針の流れと共に、下から上への企画・提案の強い流れを作り出すことが、今日の職員の新たな役割と言える。

現場の情報から大学全体を動かしうる提案型人材、教育を支援する高度な専門職が求められるが、これを日本型の大学アドミニストレーターと呼ぶのが適切だと思われる。競争環境の中で戦略経営を担う一翼に職員が登場するのも、この機能にこそ基盤がある。また、これなしに大学の前進に貢献する大学人として重要な役割を担うことも、教員に対し、専門家として「対等」に協働することもできない。そして、この中にこそ職員の働きがいや生きがいもある。

職員の登場、実態に基づく自己改革こそが、正しい改革を推進する唯一の道であり、これが大学の未来を作る。職員の固有の役割の確立と発揮、そのための開発力量の向上こそが求められる。

「戦略的に仕事をするというアプローチによって、はじめてミッションの達成も、業務の卓越性も獲得できる。」(孫福弘)

終章　戦略経営こそが大学の未来を切り拓く

二極化の分岐点—戦略経営

　戦略経営の確立について、いろんな側面から、多様な事例を見てきた。改めて、戦略経営の目的とは何か。

　これは、ひとことで言えば改革の持続である。良く引用されるダーウィン「種の起源」の言葉を借りるまでもなく、生き延び、発展できるのは、唯一変化できることによる。大学は、社会の変化、学生の多様化、父母の願いにこたえなければならない。基盤となる自らのミッションに軸足を置きながらも、常にそこから改革課題を見つけ出し、進化しなければならない。

　大学は日常的に、あらゆるステークホルダーから評価＝期待と批判を受けている。そして、浮上できる大学かどうかの別れ道は、この評価に耳を傾け、正面から立ち向かっているのか、真剣に自己改革ができているのかにある。

　立地や規模、人気学部かどうかなど客観条件によって、確かに二極化が左右される側面はある。しかし、いくつかの事例でも見たように、この条件は、絶対的なものではないことを示している。

　目標を持ち、全教職員が、一丸となって、真剣に取り組み、知恵を集めれば、道は必ず開けてくる。厳しい中だからこそ、成り行き任せ、消極的な調整型経営は、致命傷となり、衰退を加速する。マネジメントが機能しているかどうか、この戦略的経営の創出こそが、二極化の分岐にある。

. 戦略経営の効果の実証

　私学高等教育研究所のプロジェクトの「私大マネジメント改革アンケート調査」では、中長期計画を策定する法人は、この数年で急激に増加した。2006年の調査では35.3%だったものが、2009年には55.3%となった。そして、政策と計画が明確に示され、具体的で浸透しているほど改革も進んでいることが、この調査で裏付けられた。

　「財務運営に関する実態調査」に基づく両角亜希子氏の分析によると、「どのグループにおいても、中期計画を策定済みの大学の帰属収支差額比率の方が高く、計画に基づく経営が一定の効果を上げていると言える」「規模が2000名未満の大学の帰属収支差額比率はマイナス（赤字）であるが、小規模校であっても中長期計画を策定している大学ではプラスになっている。」として、以下の、**表1**、**表2**のデータを明らかにしている（『教育学術新聞』平成21年11月11日付）。

　ここから読み取れるのは、表1、「中長期計画を策定済み」で実践している大学と、「策定の予定がない」ところでは帰属収支差額比率に10%以上の差があり、今計画はないが「策定予定がある」ところとの対比でも5%程度の差が付いていること。表2を見ても、中長期計画があるところは、どの規模で見ても平均では「黒字」経営を維持しており、経営が厳しいと言われる2000名未満の大学でも、計画の有無で、同比率に数%の差が付いており、規模が大きくなるほどこの差は拡大する傾向にある。中長期計画に基づく戦略的経営の優位性、効果は、データでもはっきり証明されたと言える。さらに、中長期計画と関連付けた財政計画が出来ている大学、財務分析を行っている大学も同じ比率で15%程度の差が出ており、こうした手法の経営効果はさらに明瞭だと言える。

　また、もう一つの、**「職員の力量形成の調査」**でも、法人の目標が明確で実施計画がたてられ、教職員に浸透しているところほど、人事考課制度の導入率が高く、研修制度や管理者改革など事務局の諸改革が進んでいることもデータから読み取れる。

両角氏は、調査結果を踏まえ「厳しい経営条件のもとでも、社会状況の変化を適切に読み解き、大学の戦略として実現させれば十分に生き残り、発展することが可能である」(同)と述べているが、まさにその通りである。

表-1　中長期計画の策定状況別、帰属収支差額比率の平均値

	すでに策定済み（126校）	5.0%
現時点で策定なし（93校）	現在、策定中（33校）	3.5%
	今後、策定を予定（51校）	0.5%
	策定の予定なし（9校）	-6.2%

表-2　規模と中長期計画の策定状況別、帰属収支差額比率の平均値

収容定員（大学部門）	中長期計画の策定状況	
	すでに策定済み（126校）	現時点で策定なし（93校）
999名以下	0.6%（27校）	-1.0%（24校）
1000-1999名	1.4%（36校）	-2.7%（23校）
2000-3999名	3.2%（31校）	2.4%（27校）
4000名以上	14.4%（32校）	5.5%（19校）

出典；「計画に基づく経営の確立を」両角亜希子『教育学術新聞』2009年11月11日

経営手法は千差万別

戦略経営を、目標と計画、その遂行システムが機能していることとし、その具体的姿を、序章の「戦略経営の基本指標」で示した。しかし、これも、そのまま全ての大学に、モデル・指針として当てはまる訳ではない。いわば、あるべき姿の平均値である。置かれている大学の状況や歴史、実現すべき目標によって、選択すべきマネジメントは千差万別だ。

改革の気風が根付いていないところでは、トップダウンも必要であるし、ボトムアップが優れた改革を作り出しているところもある。トップの強力なリーダーシップが大学の改革をけん引しているところもある

し、力のある、優れた教職員スタッフが、チームで適切な政策を練り上げ、全学に浸透させ、改革を担っているところもある。経営・教学の一致にエネルギーを割き、教授会の動きに大きく影響されるところもあれば、全学一致、トップのリーダーシップは当然、という風土のところもある。

中期計画がどれだけ具体化されているかが、改革推進にとって最も大切なことであるという点は、前述のアンケートでも、「目標や計画に具体性がある」が76.5%と、次の「トップのリーダーシップがある」36.4%を、大幅に上回っていることからも、明確に言えることである。しかし、紹介した事例のひとつ、金沢工業大学のように、政策をあらかじめ具体化しすぎると、創造性ある方針の実践にとってマイナス面を持つ。そこは担当理事や現場に任せることで知恵が出され、より現実性あるものとなるというところもある。これは、目標の共有の深さ、その実現を指導する幹部層のレベル、そして何よりも、改革の積み重ねの歴史による教職員の意識の差が大きい。

常に正しいやり方、ひとつの理想のマネジメントを示すことはできない。しかし、どんなやり方にせよ、目標とその実現方策、推進体制が機能していないところで、前進はあり得ない。その点で、戦略型の経営、運営は、全ての法人に求められている。そして、その共通の原理や法則、手法を示すことは可能であり、その適用と自己改革が求められている。

痛みの伴う改革を乗り越えて

事例でもお読み頂いた通り、2年ほどにわたって、新潟を中心とした地方大学にこだわって調査を行ってきた。そこで発見したのは、深い危機意識の一致、知恵の詰まったマネジメント、教職員の献身的努力、とりわけ学生の面倒見の良さ、経費も人件費も大幅に抑制されているなかでの創意工夫である。こうした地方・中小私大の地域密着型の人材育成こそが地方経済を、そして、日本の国力を底辺で支えている。中小私大が良くならねば、日本の大学教育の水準は向上しない。しかし、この裏

には都市型大学では考えられないボーナスの大幅カットや少ない人員での不眠不休の教育への努力がある。

　改革には、痛みが伴う。前例が覆され、既得権が侵害され、負担が増えることもある。ここから、改革には、必ず抵抗や反対が付いて回ることとなる。特に、大学業界は、戦後、ほぼ一貫して成長を続けてきた。これが、ある種過保護な、一般社会とは違う環境を作り出し、保守的傾向、自己改革を好まないシステムを作り上げてきたのかもしれない。この点では、大学における改革は、特別の努力、大きなエネルギーを必要とする。しかし、これを乗り越え、やり遂げたものだけが、大学の発展を手にすることができる。学内の全てが、手放しで喜ぶような改革は、真の改革とはいえない。

　そして、この痛みの伴う改革の大本、発信源に学生、高校生、父母、地域社会、就職先企業の声がある。この声に真摯に向き合い自己改革を突き詰めることは、学内者にとってはある程度の痛みへの覚悟を不可避とする。改革は、持続するミッションやビジョンのバックボーンなしには成り立たないが、この現場の実態やニーズの原点、問題の発生場所からの提起に基づかない限り、現実性を持つものとはならないし、真の革新にはつながらない。

　ここにこそ現場にいる職員の役割があり、その戦略的提案が求められる今日的状況がある。戦略経営こそが、職員の登場を求めている。

戦略経営こそが未来を拓く
　戦略に基づく経営は、教員のみによる統治、教授会中心の大学運営の限界を乗り越え、大学に新たな運営システムを定着させることとなる。これこそが、理事、教員、職員が一体となり、ひとつの方向に向かって力を合わせて進むことができる仕組みである。
　別の側面から見れば、戦略経営こそが、日本型学校法人制度の持つ特性を強さに変え得る唯一のシステムだともいえる。設置主体である法人と、教育の担い手である教学が、責任を分有しつつ基本の方向で一致す

ること、統一的な執行体制をつくることで、教学の充実と経営の安定を結合させ、学生本位の教育を作り出すシステムとなり得る。これによって、マネジメントとガバナンスが一致した方向で統合される。

　戦略経営の強みは、大学の明日を見据えながら、現実の課題を踏まえ、そこから出発できる点である。掲げたビジョンに基づく、目標―実践―評価―改善（PDCA）の流れを、それぞれの法人に見合った形で作り上げ、動かすことができる。いくら第三者評価が定着してきても、大学は自らの自覚と力によってしか変えられない。厳しい自己認識と、課題に立ち向かう勇気こそが全ての出発点である。

　戦略経営こそが、大学の未来を切り開くことができる。

あとがき

　本書は、2007年に発刊した『大学アドミニストレーター論』以降、約3年の間に、大学関係の雑誌、新聞等に発表した論稿をベースに、新たに一部を書き加え、編集したものである。

　筆者が教えている桜美林大学大学院・大学アドミニストレーション研究科における、新たな担当科目「大学経営管理論」のテキストとしての利用も意図している。

　本書の刊行にあたっては、桜美林大学大学院での教育に関って日頃からお世話になり、出版にもご支援いただいた舘昭桜美林大学教授・大学アドミニストレーション研究科長、いつもご配慮いただいている佐藤東洋士理事長・学長、出版を引き受けていただき、貴重なご助言を頂戴した東信堂社長下田勝司氏のご理解により誕生した。まず、記してお礼を申し上げたい。

　本書は、私も所属し、研究プロジェク代表も務めさせていただいている私大協会附置私学高等教育研究所「私大マネジメント改革」チームの、足掛け5年に及ぶ私大経営実態調査と分析を基礎としており、まだ中間的ではあるが、この間の取組みのまとめの意味も持つ。研究所の瀧澤博三主幹をはじめ研究員の皆さん、とりわけ、常に調査を共にした坂本孝徳広島工業大学常務理事・副総長、両角亜希子東京大学大学院専任講師、石渡朝男和洋女子大学常務理事・事務局長、増田貴治愛知東邦大学理事・法人事務局長、沖清豪早稲田大学教授、羽田貴史東北大学教授、事務局の川又さんにはお礼を申し上げたい。本書に事例として取り上げさせて頂いた22の大学関係者には、研究所訪問調査にあたって、お忙しい中ご協力をいただいた。

　また、日本私立大学協会小出秀文事務局長、吉村猛総務部長はじめ職員の皆様には、各研修会などで発表させてもらうなど多面にわたるご支援をいただいた。

　本書の基になった諸論文は「初出一覧」に記載したが、多くの大学関

係誌紙に執筆させて頂いた。『IDE・現代の高等教育』『カレッジマネジメント』『私学経営』『文部科学教育通信』『学校法人』『教育学術新聞』などの編集部の皆さんには一方ならぬお世話になった。特に、『文部科学教育通信』には、連載という形でこれら一連の論稿を整理する機会をいただいた。また、愛知東邦大学の増田さん、日本福祉大学人事課の木戸脇さんには、論稿の一部を本書に使わせて頂いた。

　私の職場である日本福祉大学の、先輩や同僚諸氏のご理解とご支援、とりわけ渡辺照男理事長、加藤幸雄学長、黒川道男専務理事を始め、岡崎真芳、丸山悟理事、理事長学長室、総務・財務、企画部局の職員の皆さんにお礼を述べたい。また、この本の表紙をデザインした長男でデザイナーの篠田耕平や我が家族一同にも感謝している。

　長期にわたる私学高等教育研究所での調査を基にした大学経営の事例をベースに、改革を多様な側面から整理し、そこから共通する原理を明らかにしようとした。日本の大学における戦略経営のあり様をどこまで明らかに出来たかは心許ない。しかし、多くの大学の困難に満ちた実践の宝が詰まっているという点で、たくさんの示唆を含んでいるとも自負している。経営改革のあらゆる場面を取り上げ、理事として現場にいる目線でまとめたという点でも実践的な改革のヒントが含まれていると思う。

　厳しい課題に立ち向かう多くの大学の経営改革の前進に、少しでもお役にたつことが出来れば幸いである。

2010年10月　　　　　　　　　　　　　　　　　　　　信州伊那にて

参考文献

【単行本】

『大学アドミニストレーター論―戦略遂行を担う職員』（学法新書）篠田道夫著、学法文化センター、2007年
『大学とガバナビリティー・評価に堪えうる大学づくり』（学法新書）福井有編、篠田道夫第5章執筆、学法文化センター、2006年
『実務者のための私学経営入門』（改訂版）石渡朝男著、私学経営研究会編、法友社、2010年
『実践的学校経営戦略―少子化時代を生き抜く学校経営』岩田雅明、ぎょうせい、2009年
『私立大学のクライシスマネジメント』小日向允著、論創社、2003年
『私立大学の経営と拡大・再編―1980年代後半以降の動態』両角亜希子著、東信堂、2010年
『私大経営システムの分析』日本私立大学協会附置私学高等教育研究所、2007年
『私立大学マネジメント』日本私立大学連盟編、東信堂、2009年
『大学のマネジメント・その実践―大学の再生戦略』大坪檀、学法新書、2005年
『大学の組織・経営再考』（高等教育研究第5集）日本高等教育学会編、2002年
『大学のイノベーション―経営学と企業改革から学んだこと』坂本和一、東信堂、2007年
『大学の戦略的マネジメント』龍慶昭、佐々木亮著、多賀出版、2005年
『大学の管理運営改革―日本の行方と諸外国の動向』江原武一、杉本均編著、東信堂、2005年
『大学淘汰の時代』喜多村和之著、中公新書、1990年
『大学改革―秩序の崩壊と再編』天野郁夫、東京大学出版会、2004年
『大学に教育革命を』天野郁夫、有信堂、1997年
『学士課程教育の改革』絹川正吉、舘昭編著、東信堂、2004年
『大学改革、その先を読む』寺﨑昌男、東信堂、2007年
『大学改革の現在』有本章、山本眞一編著、東信堂、2003年
『大淘汰時代の大学自立・活性化戦略』清成忠男著、東洋経済新報社、2003年
『大学再生への具体像』潮木守一著、東信堂、2006年
『学校の組織マネジメント能力の向上』木岡一明著、教育開発研究所、2006年
『私立大学の経営と教育』丸山文裕、東信堂、2002年
『私立大学の経営戦略序論』井原徹著、日本エディタースクール出版部、2008年

『大学経営論』福島一政著、日本エディタースクール出版部、2010年
『大学の経営戦略』阿部美哉著、学校法人経理研究会、1989年
『大学経営戦略』川原淳次、東洋経済新報社、2004年
『大学経営論―大学が倒産する時代の経営と会計』守屋俊晴著、東洋出版、2009年
『大学経営学序説―市民的公共性と大学経営』重本直利著、晃洋書房、2009年
『大学のマネジメント』山本眞一、田中義郎著、放送大学教育振興会、2008年
『大学マネジメントの理論と実際』太田和良幸著、黎明書房、2003年
『少子化時代の私学経営』日本私立学校振興・共済事業団、2006年
『学校法人経営改善の手法』雑賀憲彦、大西美喜男著、ぎょうせい、2004年
『大学・高等教育の経営戦略』日本教育経営学会編、玉川大学出版部、2000年
『私立学校法講座』小野元之著、学校経理研究会、2009年改訂版
『組織IQ』鈴木勘一郎、角川書店、2001年
『戦略立案ハンドブック』デービッド・アーカー著、今枝昌弘訳、東洋経済新報社、2002年
『戦略リーダーの思考技術』大仲忠夫、ウイリアム・ドルフィネ著、ダイヤモンド社、2000年
『なぜ新しい戦略はいつも行き詰るのか』清水勝彦、東洋経済、2007年
『組織の〈重さ〉』沼上幹・軽部大・加藤俊彦・田中一弘・島本実著、日本経済新聞出版社、2007年
『組織自律力』佐藤剛著、慶応義塾大学出版会、2006年
『大学改革の海図』矢野眞和著、玉川大学出版部、2005年
『30年後を展望する中規模大学』市川太一著、東信堂、2007年
『アメーバ経営―ひとりひとりの社員が主役』稲森和夫著、日本経済新聞社、2006年
『組織の盛衰』堺屋太一著、PHP研究所、1993年
『落下傘学長奮戦記』黒木登志夫、中公新書ラクレ、2009年
『消える大学、残る大学―全入時代の生き残り戦略』諸星裕、集英社、2008年
『崖っぷち弱小大学物語』杉山石丸、中公新書ラクレ、2004年
『大学職員論』篠田道夫編著、地域科学研究会・高等教育情報センター、2004年
『大学職員は変わる―東大SDトータルプランの実践―』上杉道世著、学校経理研究会、2009年
『大学キャリアガイド』『新人職員応援ブック』東京大学業務改善プロジェクト本部、学校経理研究会、2008年
『大学職員研究序論』高等教育研究叢書74（広島大学高等教育研究開発センター）2003年
『新時代の大学経営人材―アドミニストレーター養成を考える』山本眞一他編著、ジアース教育新社、2005年

『SDが変える大学の未来―大学事務職員から経営人材へ』(2004年)『SDが育てる大学経営人材』(2004年)、『SDが支える強い大学づくり』(2006年) 山本眞一編、文葉社
『大学行政論（Ⅰ）』(2006年)『大学行政論（Ⅱ）』(2006年) 川本八郎他編、東信堂
『政策立案の「技法」―職員による大学行政政策論集―』伊藤昇編著、東信堂(2007年)
『上司は思いつきでものをいう』橋本治、集英社新書、2004年
『リーダーシップの科学―指導力の科学的診断法』三隅二不二著、講談社、1990年
『目からウロコのコーチング』播磨早苗、PHP研究所、2004年

【論文】

「大学経営のイノベーション」孫福弘『大学と教育』1998年1月号
「日本型大学行政管理職の組織と役割」孫福弘『Between』2001年10月号
「私立大学と国立大学のガバナンス」孫福弘『学校法人』2003年7月号
「私学経営理念の確立」神山正『私学経営』2000年6月
「私立大学のグランドデザイン」絹川正吉『IDE・現代の高等教育』2004年1月号
「大学における政策立案・企画機能」佐藤英善『大学時報』2000年5月号
「学園における意思決定システムとその機能化の条件」伊藤昇『大学時報』2004年3月号
「危機を迎える私立大学の経営―経営管理の確立―」小日向允『私学経営』2003年12月号
「大学事務組織改革の潮流」『大学時報』小特集2006年3月号
「大学と教員―FD・SDへの取組、教員および職員の資質向上」『大学と学生』特集2003年7月
「大学のSD」特集『IDE・現代の高等教育』2002年5-6月号
「大学職員のキャリアアップ」特集『Between』2002年5月号
「変化する職員の役割と人材育成」特集『大学時報』2003年1月号
「SD―大学職員の能力開発」特集『IDE・現代の高等教育』2005年4月号
「これからの大学職員」特集『IDE・現代の高等教育』2008年4月号
「経営革新をサポートする職員組織の確立を」孫福弘『Between』2004年6月号
「大学職員の役割と能力形成―私立大学職員調査を手がかりとして―」福留留理子『高等教育研究』第7集.2004年
「大学職員の『専門性』に関する一考察」山本淳司『国立大学マネジメント』2006年12月
「大学職員のキャリアパスを考える（上・下）」福島一政『教育学術新聞』2007年

2月21日、28日
「プロフェッショナル人材にどうやって育成するか」吉武博通『カレッジマネジメント』2005年7—8月号
「大学職員再考」特集『大学時報』2008年5月号
「日本福祉大学における人事・賃金制度改革」岡崎真芳『私学経営』2007年3月号
「西南学院における職員人事制度の導入」秦敬治『カレッジマネジメント』2003年11・12月
「大学改革と職員の能力開発」井原徹『私学経営』2004年11月号
「私学における賃金制度改革の理論と実務」石渡朝男『私学経営』2006年3月号
「京都産業大学における職員人事制度改革」岡本浩志『学校法人』2009年1月号
「職員人事制度改革と能力主義人事考課について」宮崎一彦『私学経営』1999年11月号（淑徳大学）
「職員人事考課制度の運用と今日的課題」室谷道義『私学経営』2001年8月（関西学院大学）
「小さな大学でもできる人事考課―兵庫大学の事例・HMBOとは」副島義憲『私学経営』2008年9月
「広島修道大学における人事考課制度」室田邦子『私学経営』2008年4月号
「事務職員の人事考課制度について－実施の試みから現在の制度改革まで－」高田幸子『私学経営』2005年4月号（名古屋女子大学）
「大谷大学における事務組織再編と人事制度改革」古角智子『私学経営』2007年3月号
「西南学院における職員新人事制度」秦敬治『私学経営』2004年7月号

初出一覧
序章
(1)「戦略的マネジメント実現の基本手法と実践事例―中長期計画の策定と具体化による改革の推進」『私学経営』2007年6月号
(2) ジアース教育新社『文部科学教育通信』「戦略経営の確率に向けて」連載、2008年9月22日（No.204）〜 2008年10月27日（No.206）

第1章
(1) 研究叢書『私大経営システムの分析』「第2章・大学訪問調査の概要まとめ」私学高等教育研究所、2007年11月
(2) 私大協会『教育学術新聞』「アルカディア学報」連載
「私学経営改革の課題」(2006.4.15)「政策の全学浸透による改革」(2006.11.8)「長期計画の策定と推進体制」(2007.2.28)「個性ある教育を担う経営」(2007.7.25)「PDCAの全学的定着」(2007.10.10)「伝統と革新のバランス」(2008.5.7)「周年事業を機に改革を推進」(2008.10.15)「獲得GPで教育を特色化」(2009.4.1)「危機に正面から立ち向かう」(2009.4.15)「日常改革の積み重ねで前進」(2009.4.15)「評価生かした堅実な改革推進」(2009.9.2)
(3) ジアース教育新社『文部科学教育通信』「戦略経営の確立に向けて」連載、2008年12月8日（No.209）〜 2009年9月14日（No.227）

第2章
(1)「中長期計画の実質化に向けて―目標を鮮明にした戦略経営こそが、大学の未来を切り拓く」篠田道夫『カレッジマネジメント』2009年5月
(2)「強い経営を目指して―中期計画の実質化」『教育学術新聞』5回連載、①「2極化を左右する中期計画―その意義と基本構造」②「強みが未来を切り拓く―戦略の要諦を押さえる」③「トップとボトムの結び目が鍵―誰が責任を負うのか明確に」④「平等型から選択と集中へ―目標、計画、予算、業務の連結」⑤「戦略遂行の先頭に立つリーダー―若手チェンジリーダーの登用も」2008年11月5日〜12月17日
(3)「中長期計画に基づく戦略的マネジメントの構築―私学高等教育研究所『私大経営システムの分析』の概要」『学校法人』2008年2月号
(4)「長期計画の策定と推進体制―戦略経営の確立を目指して」『教育学術新聞』2007年2月28日
(5)「教学マネジメントの推進―学生中心へ教職の本格協働を」『教育学術新聞』「マネジメント・ガバナンス特集」2009年3月11日
(6)「戦略と業務（現場）を結ぶ管理者の重要性―新たな管理者像の構築を目指して」『私学経営』2005年6月号
(7)「理事会の組織・運営・機能・役割アンケートを読む―私学高等教育研究所の実態調査からみる経営の現状と課題―」『私学経営』2009年9月
(8)「私大経営実態調査及び日本福祉大学に見る戦略的マネジメントの構築」『私

学経営』2008年3月号
(9)「持続的改革を支えるための管理運営とマネジメントに取り組む―日本福祉大学の場合」『カレッジマネジメント』2004年3・4月号
(10)「改革推進と経営体制―理事会「執行役員制」導入の試み」『教育学術新聞』2003年5月21日
(11)「日本福祉大学事務局改革の歩みと挑戦―『大学職員論』での提起とその背景」『IDE―現代の民主教育』2005年4月号
(12)『文教ニュース』「国立大学法人・私学の窓から」連載、2005年10月
(13)「私大の個性を生かし、改革を励ます評価―日本高等教育評価機構の新たな評価活動に参加して」『私学経営』2005年11月号
(14)「財政に占める人件費の位置とその削減方策―実態調査における各大学の事例を踏まえて」『学校法人』2009年12月号
(15) ジアース教育新社『文部科学教育通信』「戦略経営の確立に向けて」2008年9月8日（No.203）〜連載中

第3章
(1)「私立大学の職員像」、『IDE 現代の高等教育』2008年4月号
(2)「人事育成制度の変遷と職員の開発力量の形成―各大学の人事考課制度改善の取組みを踏えて―」『私学経営』2009年4月
(3)「職員の開発力量を如何に養成するか―戦略目標の遂行を通した育成システム構築の試み（1）〜（3）」篠田道夫、木戸脇正、『学校法人』2008年7月号〜9月号
(4)「大学職員の経営・管理運営への参画を考える」『私学経営』2010年4月

著者紹介

篠田道夫（しのだ みちお）
学校法人日本福祉大学　常任理事
桜美林大学　教授
日本福祉大学　学園参与

昭和25年2月生まれ、現住所　長野県伊那市　愛知大学卒業。昭和47年4月より学校法人日本福祉大学に職員として勤務。図書館課、学生課、庶務課を経て、広報課長、庶務課長、総務部長、大学事務局長、学園事務局長を歴任。平成5年より学校法人日本福祉大学評議員。平成9年より同理事就任（平成25年3月まで）。平成25年より同学園参与就任。
平成24年4月より桜美林大学大学院大学アドミニストレーション研究科教授。

［主な役職］
日本私立大学協会附置私学高等教育研究所　研究員「私大マネジメント改革」チーム研究代表／（財）日本高等教育評価機構　評価システム改善委員会委員、評価員養成検討委員会副委員長／中央教育審議会　大学教育部会　専門委員（平成25年2月まで）／文部科学省　学校法人運営調査委員

［著書］
『大学アドミニストレーター論―戦略遂行を担う職員』学法新書、2007年
『大学とガバナビリティー・評価に耐えうる大学作り』学法新書（共著）2006年
『大学職員論―経営革新と戦略遂行を担うSD』地域科学研究会、2004年

大学戦略経営論
――中長期計画の実質化によるマネジメント改革　　＊定価はカバーに表示してあります。

2010年11月15日　初　版第1刷発行　　　　　　　　〔検印省略〕
2013年 9月 1日　初　版第2刷発行

著者 Ⓒ 篠田道夫／発行者 下田勝司　　　印刷・製本／中央精版印刷

東京都文京区向丘1-20-6　郵便振替 00110-6-37828
〒113-0023　TEL (03)3818-5521　FAX (03)3818-5514
発行所　株式会社 東信堂

Published by TOSHINDO PUBLISHING CO., LTD
1-20-6, Mukougaoka, Bunkyo-ku, Tokyo, 113-0023, Japan
E-mail : tk203444@fsinet.or.jp　http://www.toshindo-pub.com

ISBN978-4-7989-0016-2 C3037　　　　　　　Ⓒ Michio Shinoda

東信堂

転換期を読み解く——潮木守一時評・書評集	潮木守一	二六〇〇円
大学再生への具体像【第二版】	潮木守一	二四〇〇円
フンボルト理念の終焉？——現代大学の新次元	潮木守一	二五〇〇円
いくさの響きを聞きながら——横須賀そしてベルリン	潮木守一	二四〇〇円
大学教育の思想——学士課程教育のデザイン	潮木守一	二八〇〇円
国立大学法人の形成	絹川正吉	二六〇〇円
国立大学・法人化の行方——自立と格差のはざまで	大崎仁	二六〇〇円
転換期日本の大学改革——アメリカと日本	天野郁夫	三六〇〇円
大学の責務	江原武一	三六〇〇円
大学戦略経営論	篠田道夫	三八〇〇円
大学の財政と経営		三四〇〇円
中長期計画の実質化によるマネジメント改革 立川明・坂本辰朗 D・ケネディ著／井上比呂子訳		
私立大学マネジメント	丸山文裕	三三〇〇円
私立大学の経営と拡大・再編 （社）私立大学連盟編		四七〇〇円
大学の発想転換——一九八〇年代後半以降の動態	両角亜希子	四二〇〇円
ドラッカーの警鐘を超えて——体験的イノベーション論二五年	坂本和一	二〇〇〇円
30年後を展望する中規模大学	坂本和一	二五〇〇円
大学のマネジメント・学習支援・連携	市川太一	二五〇〇円
戦後日本産業界の大学教育要求	中留武昭	三三〇〇円
大学のカリキュラムマネジメント——経済団体の教育言説と現代の教養論	飯吉弘子	五四〇〇円
教育機会均等への挑戦——授業料と奨学金の8カ国比較	小林雅之編著	六八〇〇円
アメリカ連邦政府による大学生経済支援政策	犬塚典子	三八〇〇円
アメリカ大学管理運営職の養成	高野篤子	三三〇〇円
［新版］大学事務職員のための高等教育システム論——より良い大学経営専門職となるために	山本眞一	一六〇〇円
アメリカにおける多文化的歴史カリキュラム	桐谷正信	三六〇〇円
現代アメリカの教育アセスメント行政の展開——マサチューセッツ州（MCASテスト）を中心に	北野秋男編	四八〇〇円
現代アメリカにおける学力形成論の展開——スタンダードに基づくカリキュラムの設計	石井英真	四二〇〇円
スタンフォード 21世紀を創る大学	ホーン川嶋瑤子	二五〇〇円

〒113-0023 東京都文京区向丘1-20-6
TEL 03-3818-5521　FAX 03-3818-5514　振替 00110-6-37828
Email tk203444@fsinet.or.jp　URL:http://www.toshindo-pub.com/

※定価：表示価格（本体）＋税

東信堂

大学の自己変革とオートノミー―点検から創造へ	寺崎昌男	二五〇〇円
大学教育の創造―歴史・システム・カリキュラム	寺崎昌男	二五〇〇円
大学教育の可能性―教養教育・評価・実践	寺崎昌男	二五〇〇円
大学は歴史の思想で変わる―FD・評価・私学	寺崎昌男	二八〇〇円
大学改革 その先を読む	寺崎昌男	一三〇〇円
大学自らの総合力―理念とFD そしてSD	寺崎昌男	二〇〇〇円
高等教育質保証の国際比較	羽田貴史編	三六〇〇円
大学教育の臨床的研究―臨床的人間形成論第I部	田中毎実	二八〇〇円
臨床的人間形成論の構築―臨床的人間形成論第2部	田中毎実	三二〇〇円
大学教育のネットワークを創る―FDの明日へ	京都大学高等教育研究開発推進センター編	二八〇〇円
ポートフォリオが日本の大学を変える―ティーチング/ラーニング/アカデミック・ポートフォリオの活用	松下佳代編集代表	二五〇〇円
ティーチング・ポートフォリオ―授業改善の秘訣	土持ゲーリー法一	二〇〇〇円
ラーニング・ポートフォリオ―学習改善の秘訣	土持ゲーリー法一	二五〇〇円
大学教育改革と授業研究	土持ゲーリー法一	一八〇〇円
大学教育実践の「現場」から	須藤敏昭	三二〇〇円
学士課程教育の質保証へむけて―学生調査と初年次教育からみえてきたもの	山田礼子	三二〇〇円
大学教育を科学する―学生の教育評価の国際比較	山田礼子編著	三六〇〇円
初年次教育でなぜ学生が成長するのか―全国大学調査からみえてきたこと	河合塾編著	二八〇〇円
アクティブラーニングでなぜ学生が成長するのか―経済系・工学系の全国大学調査からみえてきたこと	河合塾編著	二八〇〇円
教育哲学問題集―教育問題の事例分析	宇佐美寛	二四〇〇円
教育哲学	宇佐美寛	二四〇〇円
［新訂版］大学の授業	宇佐美寛	二四〇〇円
大学授業の病理―FD批判	宇佐美寛	二五〇〇円
授業研究の病理	宇佐美寛	二五〇〇円
大学授業入門	宇佐美寛	一六〇〇円
作文の論理―〈わかる文章〉の仕組み	宇佐美寛	一九〇〇円
作文の教育―〈教養教育〉批判	宇佐美寛	二〇〇〇円
問題形式で考えさせる教育	大田邦郎	三〇〇〇円
視写の教育―〈からだ〉に読み書きさせる	池田久美子	二四〇〇円

〒113-0023 東京都文京区向丘1-20-6 TEL 03-3818-5521 FAX03-3818-5514 振替 00110-6-37828
Email tk203444@fsinet.or.jp URL:http://www.toshindo-pub.com/

※定価：表示価格（本体）＋税

東信堂

子ども・若者の自己形成空間――教育人間学の視線から	高橋勝編著	二七〇〇円
君は自分と通話できるケータイを持っているか――「現代の諸課題と学校教育」講義	小西正雄	二〇〇〇円
教育文化人間論――知の遊遙/論の越境	小西正雄	二四〇〇円
グローバルな学びへ――協同と刷新の教育	田中智志編著	二〇〇〇円
教育の共生体へ――ボディ・エデュケーショナルの思想圏	田中智志編	三五〇〇円
人格形成概念の誕生――近代アメリカの教育概念史	田中智志	三六〇〇円
社会性概念の構築――アメリカ進歩主義教育の概念史	田中智志	三八〇〇円
教育の自治・分権と学校法制	結城忠	四六〇〇円
教育による社会的正義の実現――アメリカの挑戦	D・ラヴィッチ著 木藤美津子訳	五六〇〇円
学校改革抗争の100年――20世紀アメリカ教育史1945-1980	D・ラヴィッチ著 末藤・宮本・佐藤訳	六四〇〇円
教育における国家原理と市場原理――チリ現代教育政策史に関する研究	斉藤泰雄	三八〇〇円
ヨーロッパ近代教育の葛藤――地球社会の求める教育システムへ	太田美智子編	三二〇〇円
ミッション・スクールと戦争――立教学院のディレンマ	関啓子編	三二〇〇円
多元的宗教教育の成立過程	前田一男喜編	五八〇〇円
未曾有の国難に教育は応えられるか――アメリカ教育と成瀬仁蔵の「帰一」の教育	大森秀子	三六〇〇円
「じひょう」と教育研究、年	新堀通也	三二〇〇円
演劇教育の理論と実践の研究――自由ヴァルドルフ学校の演劇教育	広瀬綾子	三八〇〇円
教育の平等と正義	K・ハウ著 大桃敏行・中村雅子・後藤武俊訳	三三〇〇円
〈シリーズ 日本の教育を問いなおす〉		
拡大する社会格差に挑む教育	西村和雄・大森不二雄・倉元直樹・木村拓也編	二四〇〇円
混迷する評価の時代――教育評価を根底から問う	西村和雄・大森不二雄・倉元直樹・木村拓也編	二四〇〇円
教育における評価とモラル	西村和雄編 戸瀬信之編	二四〇〇円
地上の迷宮と心の楽園〔コメニウス セレクション〕	J・コメニウス 藤田輝夫訳	三六〇〇円

〒113-0023 東京都文京区向丘1-20-6　TEL 03-3818-5521　FAX 03-3818-5514　振替 00110-6-37828
Email tk203444@fsinet.or.jp　URL:http://www.toshindo-pub.com/
※定価：表示価格（本体）＋税